ティモシー・ケラー［著］
峯岸麻子［訳］
Timothy Keller

この世界で働くということ
仕事を通して神と人とに仕える

Every Good Endeavor

Connecting Your Work to God's Work

いのちのことば社

福音は本当にあらゆることを変えることができる。
その事実を私たち教会員が理解できるように助けてくださった
リディーマー教会の「信仰と仕事センター（Redeemer's Center for Faith & Work）」のスタッフ
およびボランティア指導者の皆さんに

目次

一九五七年、神様の恵みによって私は霊的覚醒《れいてきかくせい》を経験しました。この経験によって、私はより濃密で、満足感にあふれた、生産的な人生を送ることができるようになりました。その当時、この覚醒に感謝しながら、私は謙虚になって、自分の音楽を通して他の人を幸せにする力と特権とをいただきたいと神様に祈りました。そしてこの祈りも、神様の恵みによって叶《かな》えられてきたと私は感じています。**すべての賛美が神様にありますように**。……

このアルバムは、私から神様への慎《つつ》ましい捧《ささ》げ物《もの》です。心の中で、または口に出して「**神様ありがとうございます**」と言うのと同じように、私たちの仕事を通して神様に感謝を捧げたいという思いで作りました。どうか、すべての人のあらゆる働きと努力に、神様の助けと力が与えられますように。

ジョン・コルトレーン『至上の愛（*A Love Supreme*）』ライナーノーツからの抜粋

序文

一九八九年、「私の教会に来てみない?」と同僚から声をかけられた。それはマンハッタンにできたばかりのリディーマー長老教会という教会だった。教会というものに対する私の考えは、もう何年も前にしっかりとできあがっていた。家族で通っていた教会で教わることは物事の本質ではなく、どちらかといえば形式的なことであり、それは見識のある思考によっていとも簡単に論破されてしまうもの。それが私の結論であった。

しかし、そのリディーマー長老教会では、いくつかの新しい発見があった。牧師が聡明《そうめい》だった。また牧師然とせず、ごく普通の語り口で話す人だった。聖書に真摯《しんし》に向き合っているようで、人生の重要な側面——例えば私にとっては仕事——に聖書を適用しようと努力していた。

それから数年、信仰にすべてを捧《ささ》げ、聖書の真理と約束に「人生を捧げる」決心をする時が私に訪れた。しかし私の心に不安があったことは事実である。このように決心したからには、職場における出世も、物質的に快適な生活もともに断念しなければならないのか、という不安だ。というのも先にクリスチャンになっていた兄弟二人は海外宣教の道に「召され」、一人は水道も電気もないアフリカの田舎に住んでいたからである。もし本当に神を第一にするなら、どこであろうと、神がお示しくださった場所で仕える覚悟がなければならないはずだ。そして神は私を召された。献身の決心をした数週間後、びっくりするようなことが起きた。私の上司で会社の最高経営責任者だった男性が急病で職責を降りることになり、後任に私を指名したのだ。さまざまな状況を鑑みても、神は第三国ではなく、ビジネスの世界で働くことを私に求めている。これが神のみこころなのだと私は確信した。

それから十年、私はニューヨーク、ヨーロッパ、シリコンバレーで、起業系ハイテク会社の役員を務めた。毎日のすべての仕事が、会社のリーダーとして「神に仕えるよう召されること」の意味を模索する戦場であった。そんな私に、リディーマー教会と主任牧師のティム・ケラーは素晴らしい基礎知識を与えてくれた。救い主イエスの福音によって私は変えられ、そのことにより人間関係の中で「神に用いられる」。そしてリーダーとして会社を率いる方法においても特別なものになることを学んだ。コンセプトはいいじゃないか。でも、それを実践したらどうなるのだろう。

私が模範にできるような実践の例はほとんどなく、たまにあったとしても、それはアメリカ人のほとんどが教会に行っていた古きよき時代の残骸《ざんがい》のようなもので、時代遅れだった。ある社長は机の上に聖書を置いていたので、ときおり、社員が聖書のことを聞いてくると言っていた。またある社長は、会社のために祈ったら、業績が大きく伸びたという。そうした社長の多くは、支援している慈善事業や団体への多額の寄付金を手に入れるための手段として、会社の仕事を捉《とら》えていた。機会があると、私は牧師やビジネスの世界で働く人々に質問した。「あなたの信仰は仕事にどのように結びついていますか」。彼らの答えは、職場におけるクリスチャンの使命とは、これがすべてとはいわないが、主に一緒に働いている人に福音を宣べ伝えることだというものが多かった。しかしその後、彼らは慌てて、自分には伝道の賜物《たまもの》はないんだと付け加えるのだ。こうしたアプローチはどれも、信仰が働き方にどのような影響を与えるべきかという私の疑問を解決してくれるものではなかった。

新興のハイテク業界というのは、やたらと自信家にあふれている。一九九〇年代は、それが一層顕著であった。アメリカでは起業家やエンジニアは神と崇《あが》められ、テクノロジーこそ、社会のあらゆる問題への答えであると信じられていた。私の会社の社員も、会社のビジョンやテクノロジーを必死に世間に広めていた。その姿勢は、私が見たことのあるどんなクリスチャンよりも熱心だった。自分の会社を株式上場させるという希望は、キリスト教が語る捉えどころのない天国のイメージよりもずっと具体的で、人をやる気にさせた。

私が一緒に仕事をした人は、そのほとんどがとてもよい人だった。多大な社会貢献をするために仕事に打ち込む、しっかりした、尊敬に値する人ばかりであったが、仕事には、教会も聖書の語るイエスも必要としていないようだった。仕事の喜び、忍耐すること、希望を持つこと、チームワークや真実を語ることについて、クリスチャンではない彼らから、私は素晴らしい教訓を学んだ。福音派の教会で日曜礼拝に出ている人よりも、週末に瞑想セミナーに行った社員のほうがずっとリフレッシュしているように見えた。こうして職場とは効果的かつ積極的に神に仕える場所ではなく、神が私を練り清めてくださる鍛錬の場所であると私は考えるようになっていったのである。

私は福音の真理を信じている。神はすべての創造主であり、神のイメージどおりに人間を造り、そしてこの世界で壊れてしまったすべての物を贖《あがな》い出すために、ひとり子を送ってくださったことを信じている。また神が、一人の働き手またリーダーとして、私の人生に目的を持っていて、この世界に建設的な変化をもたらす素晴らしい働きをする人とともに働かれるのだと信じている。しかし、私が指導者として経営を任されたのは競争の激しい業界であり、どんな手段を使っても勝つことを求められる職場である。こんな状況の中で、どうやったら神の計画を実践できるというのか、私にはまったくわからなかった。

リディーマー教会以外で、この問題に対する対処法を指導してくれた教会はなかった。私が話をした牧師たちは、教会での奉仕について語るばかりで、社会貢献に必要な学びや訓練の必要性を訴える人はほとんどいなかった。一九九〇年代後半、好景気の風が吹き荒れるシリコンバレーでは、教会にいる人々の多くが、この世界あるいは自分自身の中にある傷のすべてを忘れてしまっているかのようだった。貧困問題に大きく心を痛めても、ハイテク業界の制度や構造、文化こそがアメリカ社会の傷を生み出しているかもしれないと考えることはなかった。私にとっての「仕事の中で信仰に生きる」ことも申し訳程度にクリスチャンっぽい言動をとること、自分自身の勝手な判断基準をもとに悪い言動を避けること、時事問題の話では抜け目なく大勢の意見と合わせること、となんともお粗末な内容に小さくまとまってしまった。

私が要職を務めた最後の会社では、リーダーとして素晴らしい経験をさせてもらった。前任の創業者は、創業当時のスタッフや顧客に対して革新的な製品を作ることや株式上場による金銭的な利益について熱心に説いたという。結果、株式上場査定額が二億ドルから三・五億ドルと見込まれた私たちの会社には、二〇〇〇年代前半にさまざまな投資銀行が争うように群がってきた。どの製品も商品化前で、ベータ版のいくつかを利用している消費者がやっと出てきたという時期である。私の仕事はスタッフ・投資家・顧客の信頼を得ること、製品を市場に出すことによって約束を果たし、利益を生み出して損益ゼロの状態にすることであった。このすべての方面で進展を見せなければ、というプレッシャーと戦う日々。そんな毎日のどこに福音を取り入れればいいのか、必死に考えていた。当時の私が注視していたのは以下のようなことである。

● 福音は、神は私の行動のすべてに心を配り、私の祈りを聞いてくださると語っている。私の祈りは希望どおりには応えられないかもしれない。しかしそれは、神が私の知らないことをも知っているからである。私がどの程度成功しようと失敗しようと、それは神が私に準備している素晴らしい計画の一部である。神は私の力と忍耐力の源である。

● 福音は、私たちが作る製品、私たちが働く職場、私たちが仕える顧客に神が心を配っていることを思い出させてくれる。神は私たちを愛しているだけでなく世界をも愛し、私たちが世界に仕えることを望んでおられる。神が人間を愛し、社会を刷新していくうえで、私の仕事は極めて重要な役割を果たす。神は私たちにビジョンや希望を与えてくださる。

● 福音はよい知らせである。牧師でありカウンセラーでもあるジャック・ミラーはこう語っている。「元気を出しなさい。あなたは今まで自分が考えようとした以上に罪人です。けれども今まで自分が考えようとした以上に愛されてもいるのです[1]」。つまり、私はこれからも過ちと罪を重ね続けるが、神はその善と恵みをもって、私の人生に勝利をもたらす。

● 福音は、リーダーとして働く意味を与える。私たちは、すべての人とその仕事を尊敬し、人々が活躍できる環境を、人が天賦《てんぷ》の才能を使って社会貢献できる環境を作らなければならない。私たちが生み出す組織や社会において、恵み・真理・希望・愛を体現しなければならない。

● 私たちは言葉や仕事、また人々を指導するなかで、自分と神との関係、そして神の恵みを現さなければならない。決して完璧《かんぺき》な模範としてではなく、キリストを指し示す存在とならなければならない。

朝も夜もない働き詰めの一年半が過ぎ、ITバブルの波に乗っていた私たちの会社は、バブル崩壊とともに倒産した。製品は、予定どおり市場に送り出していた。しかしベンチャー投資の勢いが引いてしまった後に、追加の利益を生み出すことができなかったのだ。こうした状況の中で、せめて製品の販売を続け、少しでも社員の雇用を維持し、投資家に少しでも運用益を払ってくれる買収先を見つけてくれるようにと、銀行に頼んだ。しかしやっと見つかった買収先も、市場の動きに恐れをなし、契約成立数日前に手を引いてしまったのである。その結果、その翌日には百人の従業員を一時解雇し、知的所有権を売らなければならない状況に追い込まれたのである。

あんなに一生懸命、必死に働いたのに、何でこんなことが起きるのだ。個人の問題としてだけでなく、会社や業界といった観点からも、神に対する私の疑問や抗議の思いは広がるばかりだった。この仕事に就きなさいと私をはっきりと「召した」のに、なぜ神は会社を成功させてくださらなかったのか。従業員の力を借りて正しいことをしようと努力したのに、従業員は仕事を失い、破綻《はたん》したハイテク市場に放り出されてしまったではないか。収益と評価額の急増を掲げた自社のビジョンも、ＩＴバブルとその崩壊に一役買ったのだろうか……。社会全体、そして出資者や利害関係者に対する、私の責任は？　これまでクリスチャンの経営者や企業人から聞いたのは、神のおかげで大成功を収めることができたという話だけで、事業に失敗した私が参考にできる話はない。この失敗に、いったい私はどう対応すればいいのか。こんな状況にもよい知らせとなる福音を聞きたかった。

しかし、会社の営業は明日までと発表した後、素晴らしいことが起きた――といっても、このことがどれだけ素晴らしい贈り物であったかを十分に理解するためには、いくらか時間がかかったが。会社を閉める当日、従業員が自発的に会社に集まって、これまでの仕事の成果を喜び、お互いを称え合うためにパーティーを計画したのである。もちろん、給料が出ないことは百も承知のうえである。切なさが漂う集まりではあったが、楽器を持ってきて演奏する人あり、終業後に習っていた太極拳クラスの成果を見せる人あり。社員は、みんなで共有した楽しい時間を思い、会場は笑顔に包まれた。私は驚嘆した。会社としては残念な結果に終わってしまった。しかし、自分の仕事や同僚との関係に喜びを見出したこの社会と組織とを社員は称えていたのである。その日私が目にしたことこそ、職場で神が働くということではないか、という結論に私は達した。人々が癒《い》やされ、新しくされ、回復する。それはまさに神のみわざである。

この苦しい時期、私を助けてくれなかった教会には失望した。しかしそれから半年。なんとリディーマー長老教会で新しく始めるビジネスマン伝道のため、ニューヨークに戻ってきてほしいという話が舞い込んだ。これは、詩的正義〔正義は報われ悪は罰を受けるという因果応報の理念〕といえるのではないだろうか。この十年、私は神と格闘し、福音が人を変える力について考え続け、クリスチャンとして職場でどう行動するべきかという命題に何のアドバイスもくれない教会に不満を持ち続けてきた。そんな私に神はチャンスを与えてくれていた。職場や仕事で、福音がもたらす希望と真理をよりよく実践するためにはどうすればいいのかという疑問を持った私が、同じ疑問に苦しむ人々を手助けするという機会に恵まれたのである。

本書は、神・イエス・聖霊についての基本的な考え方について書いてある。この三位一体なるお方との関係において、私たちはいかなる存在なのか。また私たちがなすために創造された目的である仕事に対して、これらすべてがどのような影響を与えるかということを書いた本である。私たちが置かれているこの社会・文化の中で、歴史の中で、仕事の中で、組織の中でどのように働くのか。これは、どんな人でも、自分が属するコミュニティーの中でしっかりと考えるべきトピックだ。しかしその質問に対する答えはすべて、この基本的な神学に懸かっている。つまり、神とは何者か、神と人間との関係、世界に対する神の計画、そして救い主キリストのよい知らせ（福音）が私たちの人生や仕事に取り組む姿勢を根底から覆すという神学の本質を見つめることで、答えが導き出されるのだ。

この二十五年、説教や牧会の中で、私たちの「仕事人生」に福音を適用することを指導してくれたティム・ケラーに感謝する。私たちが仕事をするとき、信仰をもって人生を歩むようにと神は呼びかけておられる。その呼びかけはどのようになされているのか。ティムが時間を割いてこうした基本的アイデアを本にまとめてくれたことを感謝する。この本のおかげで、私たちはみんな、仕事の中で信仰とともに生きることを神がどのように呼びかけておられるのか、より深く知ることができるのだ。

リディーマー教会　信仰と仕事センター
常任理事　キャサリン・リアリー・アルスドーフ

序章

仕事――その本来の姿を取り戻すことの重要性

ロバート・ベラーの『心の習慣――アメリカ個人主義のゆくえ』は、画期的な本でした。この本を読んだ人の多くが、社会の結束を蝕《むしば》んだ（そして今も蝕んでいる）ものを「表現的個人主義」と表現するようになりました。またこの本とは違うところで、ベラーはアメリカ人は個人の選択と表現を重要視し、共同生活や人の絆《きずな》を生む圧倒的な真理や価値観を必要としないレベルにまで祀《まつ》り上げたと主張しています。「私たちはますます個々人の聖《きよ》さを認めるようになっている。（しかし）その個人を結びつける社会的な組織を考え出す私たちの能力は失われつつある。……個人が聖いのであって、その聖さは全体や公共の利益に対する配慮などとは比べものにならないのである」[2]。しかし『心の習慣』の終盤で、このほころんだ社会の再構築に大きく貢献する方法をベラーは提言しています。

真に成果をあげるためには……ヴォケーションあるいはコーリング〔ともに「召命」という意味がある〕の概念……を生かし直す……のでなければならない。すなわち、労働をたんなる自らの出世の手段ではなくて、みなの者のための貢献として捉《とら》える見方に、新しい形で立ち返るということである。(3)

これは、素晴らしい提言です。ベラーの主張が正しいなら、この崩壊した社会を回復する希望の一つは、仕事を単なる作業とするのではなく、すべての人間が召命として仕事をすることにあります。ラテン語で「呼ぶ」という意味のvocare《ヴォカーレ》は英語vocation《ヴォケーション》〔神に特定の職業に召されたという召命感〕の語源です。今日、vocationという言葉は単に「仕事（＝job）」と捉えられることもありますが、それは本来の意味とは違います。job《ジョブ》（単なる仕事）は、それが自分以外の誰《だれ》かに頼まれた仕事、そして自分のためというよりは、頼んできたその人のために遂行するときに初めて、vocation（召命感をもって臨む仕事）になるのです。だから仕事を自分の興味や利害を超えて勤《いそ》しむ責務と捉えなおすときに初めて、単なる仕事が召命感をもって臨む仕事に変わるのです。これから見ていきますが、仕事を単なる自己満足や自己実現の道具と捉えると、人は徐々に壊れていきます。そしてベラーや他の多くの人々が指摘しているように、それは個人だけでなく社会そのものを弱体化させます。

しかし、古い考え方を「新しいものとして再び手に入れる」ためには、その古い考え方の根源をよく見なければなりません。この場合、仕事を召命として捉えるという考え方の源は聖書にあります。そういうわけで本書では、ベラーの主張を手がかりに、キリスト教信仰と職場との間にある躍動的かつ画期的な関係を明らかにする手助けができればと思います。この信仰と職場との関係――これにまつわるすべての概念と実践も含めて――を「信仰と仕事の統合」と呼んで考察していきます。

信仰と仕事をつなげるたくさんの道

信仰と仕事の統合を模索しているのは私たちだけではありません。しかし宗教改革以来、今日ほどキリスト教信仰と仕事との関係が注目を浴びたことはなかったでしょう。この問題を取り上げた書籍・学術研究・教育プログラム・オンライン討議などの数は、この二十年で飛躍的に伸びています。しかし、このように信仰と仕事の関係を探る動きが盛んになっているにもかかわらず、仕事に関する実践的な指導を求めているクリスチャンに、助けが与えられることはほとんどありません。キャサリン・アルスドーフ（序文の執筆者）も、こうした議論の中で提供される実践例やアドバイスの底の浅さに失望を覚えていた一人でした。また「職場でクリスチャンはどのようにするべきか」という質問に対する答えが多様すぎて（あまりにも多様なので不協和音と呼ぶ人もいるほどです）、困惑している人もいます。

「信仰と仕事」に関する現代の運動を、川に見立てて考えてみましょう。「信仰と仕事」という川には、まったく異なる性質を持つしかも多くの源流から水が流れ込んでいます。仕事と信仰の統合を助けたいと熱心に追求している団体のほとんどはおそらく、聖書やキリスト教信仰を福音派の立場から理解している人々だと思います。しかし福音派以外の流派や派閥もこの問題に大きな貢献を果たしています。例えば、教会一致運動《エキユメニカル》（キリスト教の各教派間の相互理解を深め、その統合を最終目的とする運動）は、クリスチャンが自らの仕事を通して世界における社会正義を実現できると強調してきました。この考え方により、誠実で勤勉に仕事に取り組むためには、明確なキリスト教倫理の実践が必要であるという理解が進みました。[4] 二十世紀に発展したスモール・グループ運動では、職場で問題や苦難があるとき、クリスチャンはお互いの成長を助け、支え合う必要があると強調しています。こうした流れを見ると、誠実で勤勉に仕事に取り組むには、内面の霊的刷新と心の変容が求められていることがわかります。[5] 福音主義の中にある、リバイバル（信仰の復興）への強い衝動から見るならば、職場は特にイエス・キリストを証しする場所だということになります。[6] 誠実に仕事に取り組むということは、何かしらの形で、自分とイエスが実際に似た者として公に認められるということです。例えば、自分の仕事ぶりを見た同僚が、イエスについてもっと知りたいと思うようになったりするということです。

「信仰と仕事の統合」について、古い文献に助けを求める人もたくさんいます。十六世紀の宗教改革者、特にマルティン・ルターやジャン・カルヴァンは、すべての仕事は（それがいわゆる一般の世俗的な仕事であっても）、修道士や司祭の仕事と同じように、神からの命を受けた仕事であると述べています。(7) ルター神学の源流では、すべての仕事に尊厳があると強調しています。その神学によれば、人間の労働を通して、神は人類全体を配慮し、食事・衣服・住居を与え、支えておられるということです。ルター神学が唱えるように、仕事をしているときの私たちは、他者への愛という神の摂理を実践している「神の指」なのです。そう考えるとき、仕事は単に生計を立てるための手段ではなくなり、隣人を愛することが目的となります。また仕事を通じて自分を認めてもらいたいという過酷な重荷からも解放されます。アブラハム・カイパーなどのカルヴァン派（あるいは「改革派」）は、仕事を神の召しと捉《とら》えることに関して、別の角度からも教えており、仕事は単に神の創造に関わるものというだけではなく、創造のわざを導き、構築していると言います。つまり仕事をする目的とは神を称え、人々が栄える社会を造り出すことであるという主張です。もちろん、私たちは隣人を愛するべきです。しかし、キリスト教ではそれだけでなく、人間の性質について、また人類の繁栄に何が必要かということを、非常に具体的に語っています。私たちクリスチャンの仕事はこうしたキリスト教の考えと調和してなされなければなりません。だから、キリスト教的な「世界観[8]」に基づいた仕事とは、忠実に仕事をするということなのです。

仕事を「神に召された仕事」として再確認する作業の中で、こうした異なるさまざまな教派は、それぞれに異なる答えを主張します。こうした川の流れ（主張）はお互いをしっかりと補完するものではないため、時にクリスチャンを混乱させてしまうのです。ルター神学は改革派の「世界観」の考えに反対し、クリスチャンはノンクリスチャンと大きく異なる方法で働くべきではないと主張する傾向にあります。主流派の教会は、救いに至る道は古典的なキリスト教の教えにしかないとは考えていません。そのため伝道に関して福音派のような緊急性を感じていないのです。改革派の世界観に立つ著述家や組織が強調していることはあまりにも認識的で、内面的な心の変化にはほとんど配慮していないと多くの人が考えています。しかしこうした人々ですら、内面的な心の変容や霊的な成長が真に何を意味し、どのようなものかという点では、意見の一致を見ていません。だから、あなたが誠実に仕事をしたいと思うクリスチャンであれば、職場で神に仕えることに関し、ここに挙げるような意見を比較検討しながら、悩んでいるのではないでしょうか。

職場で神に仕えるとは……

- この世界で社会正義を推し進めることである。

- 誠実な人間であり、同僚に伝道することである。
- 優れた能力と技能をもって素晴らしい仕事をすることのみである。
- 美を造り出すことである。
- キリスト教的な動機をもとに神に栄光を帰し、その目的のために社会と関わり影響を与えることである。
- 浮き沈みがあっても、感謝と喜びを持ち、福音によって変えられた心をもって働くことである。
- 自分に最大の喜びと情熱を与えてくれることなら、どんなことでもすることである。
- できる限りお金を稼いで、その分、他者への経済的な支援を惜しみなく行うことである。

こうした考えの一つひとつは、どの程度お互いに補完、あるいは矛盾しているでしょうか。どの意見にも聖書的に正しい考えがそれなりに入っていることを考えれば、この質問に答えを出すのは難しいことです。どの意見にも社会的要素や神学的な約束がたくさん含まれているために、答えを出すのが難しいわけですが、それだけでなく、仕事の種類や分野によっても、こうした要素が異なった作用をするので、簡単に答えが出ないのです。仕事に対する姿勢は、キリスト教の倫理・動機・固有性・証拠・世界観などで形作られるわけですが、それは仕事の内容や種類によって大きく変わります。

例えば、ビジュアルアートの仕事に携わっているクリスチャンの女性がいたとしましょう。正義を重んじ、すべての取引に誠実に当たっています。よいときも悪いときも周囲から助けてもらえるような人物でした。仕事で出会う人々には自分がクリスチャンであることを伝え、また自分の制作活動は自己満足や地位を高めるためではなく、神や隣人に仕える手段であるということを理解していました。さて、こうしたことをすべて鑑みて、このアーティストは信仰と仕事を統合させたといえるでしょうか。さらに、現実の本質を語るキリスト教の教えは、彼女が作品を通して描くもの、そしてそれをどのように描くかということに影響を与えているでしょうか。その作品は罪や贖罪《しょくざい》、未来への希望といった彼女の信仰から影響を受けているでしょうか。当然、そうであるといえるでしょう。このように、誠実に仕事をするには自分の意志・感情・魂・知性のすべてを注ぎ込まなければならないことがわかります。私たちが取り組む日々の仕事というキャンバスには、自分の信条に基づいた思考や言動が描かれるのです。

一方、あなたがクリスチャンのピアニスト、あるいは靴職人だとしたらどうでしょう。あなたが作る靴の種類や「月光ソナタ」の弾き方にキリスト教的世界観が何か影響を与えるでしょうか。この問いに対する答えはそう明快ではありません。

このような複雑な状況から私たちを救い出してくれるのは、誰《だれ》でしょう。

本を読み始めたり、何かのグループに参加して「信仰と仕事の統合」について研究し始めたりした人は、(1) 神学のある一流派の考え方を取り入れるだけ、あるいは(2) さまざまな神学的流派の相矛盾する教えを読んだり聞いたりして、すでに混乱している、のいずれかの状況にあります。信仰と仕事の統合を強調する教会や団体には、一つあるいは二つの神学的流派だけを重要視し、それ以外の流派を排除するという、ややバランスを欠く傾向が見られます。だからといって「すべての考え方を混ぜ合わせれば、どうにか一貫性のある答えが生まれるだろう」という希望的観測から、単純にすべての考え方を取り入れたところで、それも解決ではありません。

この本の中で、こうした違いのすべてを解決しようとは思っていません。それでも、こうした混乱を少しでも取り除き、わかりやすくしたいと望んでいます。そのために、先に挙げたリストについて二つの観察をすることから考察を始めたいと思います。まずは、リストの前提文に「主な」という言葉を付け足し「職場で神に仕える主な方法は……」と書き換えます。するとリストに挙げた意見がお互いに矛盾だらけで、リストの中の一つあるいは二つだけを選び、残りは無視せざるをえないことがはっきりします。それどころか、信仰と仕事の問題に強い関心を寄せる人のほとんどは、意識している／していないにかかわらず、このようにしているのです。しかし提案のリストはそのままにしておいて、それぞれの提案を職場で神に仕えるための一つの方法と考えるなら、それぞれの文章は最終的にお互いをしっかり補完するようになります。次に、すでに述べたように、あなた自身が召された仕事やあなたの置かれた社会や時代によって、リストに挙げた諸要因はかなり違った形をとったり、重要度を帯びたりすることがありえます。以上の二点をしっかりと踏まえるなら、異なる流派・意見・真理を一種のツールとして用い、あなたが働く分野・時代・場所に適した信仰と仕事の統合のモデルを作り上げることができるのです。

このように、リスト上の考え方をより明快にわかりやすくすることは重要ですが、こうした考え方をさらに活き活きと、現実的で実用的にしていくことも同じように重要です。信仰と仕事の統合は、奥が深くて語り尽くせないトピックです。この問題について、キリスト教信仰が（直接的また間接的に）説く深い言葉を通して、皆さんの想像力を豊かにし、また実際にそれを行動に移せるようにすることが、この本の目的です。仕事のために学んでいる人、仕事を探している人、仕事をしようとしている人、そしてこれから仕事に行こうとしている人など、あらゆる人々にとって、聖書は知恵と情報源と希望の宝庫です。キリスト教の聖書は仕事に「希望を与えてくれる」と言うとき、私たちは二つのことを同時に認めていることになります。それは、この世界で「召された仕事」を追求するというチャレンジに挑むなら、仕事はこの上なく苛立《いらだ》たしく難しいものになりうるということ、また霊的な希望は極めて深くなければならないということです。『ニグルの木の葉』（J・R・R・トールキン著）という短いお話があります。この話は、一般的にはその価値があまり認められていません。しかし、この深い霊的希望について、これほど私たちの心を揺さぶる話はほかにないでしょう。

木は本当にここにある

『指輪物語（ロード・オブ・ザ・リング）』を書き始めてしばらく、J・R・R・トールキンのペンはすっかり止まってしまいました。(9) 誰《だれ》も見たことのない世界を描き出す。それが、トールキンがこの本のビジョンとして掲げていたアイデアでした。ギリシアやローマ、あるいはスカンジナビア地域ですら、さまざまな神話が残され語り継がれている中で、イギリスでは、おとぎの国に住む妖精たち（小人や妖精、巨人や魔法使い）を描いた神話はほとんど残っていません。古英語学や古代北欧語学の一流の学者であったトールキンは、そのことを熟知し、古いイギリス神話を新たに想像したり再現したりすることをいつも夢見ていました。『指輪物語』は、この失われた妖精たちの世界をルーツとした物語です。この作品を書くには、数種類の架空の言語と文化、そしていくつもの国の歴史を数千年間分も作り出す必要がありました。こうした努力が話に深みと現実味を与え、物語全体が迫力と魅力にあふれたものになると、トールキンは信じていました。

原稿を書きながら、物語がいくつかのサブプロット（物語の本筋を支える挿話）に展開する場所に来ました。主な登場人物は、この話で描かれている架空の世界のさまざまな場所を旅し、危機的な状況に出会い、複雑に絡み合う事件に巻き込まれていきます。こうした数々の話をしっかりと展開しかつ満足のいく結末に導くのは大変な作業でした。それだけでなく、第二次世界大戦が始まったのです。五十歳になっていたトールキンは、もちろん徴兵はされませんでしたが、この戦争はトールキンの創作活動に大きな影を落とすようになりました。第一次世界大戦の恐ろしさを直接体験していたトールキンは、それを忘れることができませんでした。イギリスの立場はかなり不安定で、いつ侵略されてもおかしくない状況でした。兵隊ではない一般市民とはいえ、トールキンが命を落とさないという保証はどこにもなかったのです。

そんな状況の中で、生きている間にこの作品を書き終えることはできるのだろうかと、トールキンは絶望を覚え始めました。この作品に費やした時間は決して小さなものではありません。『指輪物語』を書き始めた段階で、制作に必要な言語・歴史・背景事情などの研究にすでに数十年を費やしていました。脱稿できないのではないかという思いは「考えるだに恐ろしい、心の凍るようなこと」[10]でした。そんなある日のこと、トールキン宅の近くの道路《どうろ》脇《わき》に植わっていた木が隣人によって切られ、跡形もなくなっていたのです。トールキンは自分が描いていた神話的な物語を、自分の中にある「内なる〝木〟」と捉《とら》え、それがあの近所の木と同じ運命を辿《たど》るのではないかと思い始めるようになり、「気力も、思考力も」[11]失ってしまいました。ある朝、短編の構想とともに目覚めたトールキンはそれを書き留めておきました。『ダブリン評論』から作品を求められたとき、トールキンはある画家について書いたその短編に『ニグルの木の葉』という題をつけて送りました。

『ニグルの木の葉』は、冒頭に画家について二つのことが書いてあります。まず、画家の名前はニグルだということ。トールキンが寄稿している『オックスフォード英語辞典』ではニグルの意味を「取るに足らない……効果的でない方法で働く。些細《ささい》な細部に不必要に時間を費やす(12)」と定義しています。ニグルはもちろん、トールキン自身のことで、こうした点が自分の短所の一つであることをしっかりと自覚していたのです。完璧主義者だったトールキンは、自分の作品に満足することはありませんでした。また、些細なことにこだわりすぎて、より重要なことから気が逸《そ》れてしまい、心配性でぐずぐずする傾向にありました。本の中のニグルも同じでした。

またニグルは「長い旅に出なくてはならなかった。旅はいやだった。全くのところ、考えただけでもうんざりした。しかし、逃れるすべはなかった」。ニグルはぐずぐずと出発を延ばし続けていましたが、いつかは旅に出なくてはいけないということも理解しています。トールキン同様、オックスフォードで古英語文学を教えていたトム・シッピーはアングロ＝サクソン系文学において「しなければならない長い旅(13)」とは死であると説明しています。

ニグルには、描こうとしている特別な絵がありました。一枚の木の葉のイメージから、木全体の様子が心に浮かんだのです。そして木の後ろには、「田園の風景があらわれはじめた。かなたには、大地を覆いつくすかに見える森林が見え、雪をいただいた山々の姿が望まれた」のでした。ニグルはその木の絵を描くこと以外の関心を失っていきます。自分の絵のイメージを具現化するため、ニグルは梯子《はしご》が必要なほどの巨大なキャンバスを用意しました。自分が死ぬ運命にあることを理解しながら、ニグルは自分に「とにかく、この一枚だけは、本当にこのおれの絵だといえるこいつだけは、仕上げられるだろうよ、あのいやらしい旅に出る前にな」と言い聞かせるのでした。

「あそこに一筆加えるかと思えば、ここの一劃《いっかく》を消しとる」ことをしながらキャンバスに向かいますが、作業は進みません。理由は二つありました。まずニグルが「木よりも、葉の方をうまくかけるたちの絵かきだったのだ。一枚の絵をかくのに、ニグルは長い時間を費やした」ことでした。木の葉の影や艶《つや》、しずくを本物のように描こうとしたのです。どんなに一生懸命描いても、キャンバスの上に表現されるのはほんの小さな部分だけでした。二つ目の理由はニグルの「親切心」でした。ニグルは、近所の人からの頼まれごとにいつも応えていて、作品に集中することができずにいました。特にニグルの絵の価値をまったく理解しないパリシュは、たくさんの頼みごとをしてきました。

ある晩、生命の終わりが近いことを感じていたニグルのもとに、妻の具合が悪くなったので医者を呼んできてほしいと、パリシュがやって来ます。外は寒く雨も降っていました。医者を呼びに行ったニグルは、悪寒と高熱に襲われますが、それでも絵を完成させようと必死にキャンバスに向かいました。そのニグルのもとに「運転手」がやって来て、先延ばしにしていた旅に、ニグルを連れ出すと言います。ついに旅に出なければならないことを悟ったニグルは、泣き崩れました。「『ああ、どうしよう！』気の毒に、ニグルは泣き出した。『まだ絵が完成していないというのに！』」。ニグルの死後、時が経ってその家を買った人々がぼろぼろになったキャンバスに『一枚の美しい葉』だけが、無傷のまま残されているのを見つけます。その絵は町立美術館に寄贈され、「そして長い間、『ニグル作「木の葉」』は、壁の片隅にかけられていた。だが、それに気づく者はほとんどいなかった」

しかし話はここで終わりません。死んだニグルは電車に乗せられ、死後の天国の世界の山々に連れていかれます。その途中で、二つの「声」がしました。一つの声は「正義」のようでした。重々しいその声は、ニグルは多くの時間を無駄にし、人生で成し遂げたことはあまりにも少ないと言います。一方もう一つの声は「慈悲」のようです。「やさしいとはいいかねるが」、先ほどの声よりも穏やかな声でニグルは自分の行動をしっかりと理解し、他人に尽くすという選択をしたのだと、正義に反論したのでした。他者に尽くした褒美として天の国のはずれに住まいを与えられたニグルの目に、ある物が飛び込んできます。そこに向かって走ってみると、「ニグルの前に、あの木が立っていた。完成したあの木が、あれほどしばしばかくもあろうかと感じ、推測したにもかかわらず、ニグルがその姿をとらえることに成功しなかったあの木が、生きた葉をひらき、のびた枝を風にゆらしている……。ニグルは、木をじっと見つめた。そしてゆっくりと腕を上にのばし、それを広くひろげた。『贈り物だ！』[14]」。

ニグルがかつて住んでいた国（この世）は、ニグルのことを忘れ去りつつありました。そこでは彼の作品は未完成で、それを役に立つと感じる人はほとんどいません。しかし彼が住む新しい国（＝永遠の現実世界）で、ニグルの木は細部まで完璧《かんぺき》に描かれ、完成していました。そしてそこに描かれた木は、自分の死と同時に死んでしまう、かつて描いた単なる空想とは違いました。それは、永遠に生きる、永遠に喜ばれる真の現実の一部だったのです[15]。

これまで、この『ニグルの木の葉』の話を、さまざまな職業の人（特に芸術家やクリエイティブな仕事をしている人）に何度も語ってきました。その中で、神や死後の世界を信じる／信じないに関係なく、大いに感動したと言ってくれた人がかなりいました。トールキンは芸術に関して（実際にはすべての仕事に関して）、キリスト教的な理解を強く持っていた人でした[16]。神が人間に能力や才能を与えておられるのは、神が人間に成したいと思っているみわざを、人間同士の中で実現なさるためであると、トールキンは信じていたのです。例えば著述家であれば、現実の本質を語る話を描くことで、人々の人生に意義を与えることができるでしょう[17]。ニグルは自分が「感じ、推測した」木は「創造の真実の一部[18]」であると確信しました。また、この地上でトールキンが人々に明らかにすることができたのはほんの一部だったとしても、それは真実のビジョンの一部だったのだと確信したのでした。このように、トールキンは自分自身の物語によって慰められたのでした。このおかげで「トールキンの恐れが幾らか払いのけられて、再び仕事ができるようになり」、またC・S・ルイスの友情と愛のある叱咤《しった》激励《げきれい》により、またペンを執ることができたのでした(19)。

芸術家や起業家は、ニグルの気持ちを容易に理解できるでしょう。彼らが仕事をするとき、その根底にあるのはビジョンです。そのビジョンは彼らだけが思いつくような世界観から生まれ、それは時に壮大なものです。しかし、自分のビジョンの多くを実現できたといえる人は非常に少なく、いい線まで行ったという人もほとんどいません。またトールキンのように極端に完璧主義で几帳面な人々も、ニグルの性格に大きく共感できるでしょう。

しかし実際には、人間はみんなニグルなのです。どんな人でも、何かをやり遂げる自分の姿を想像しながら、それができない自分を見出すのです。忘れられる存在になるよりも成功を収めることを願い、人生において何か有益なことをしたいと望むのです。しかしそれは自分の力が及ぶことではありません。もし人生がこの世のことだけならば、太陽が消滅するときに、すべては焼き尽くされ、過去を覚えている人は一人もいなくなります。すべての人間は忘れ去られ、私たちのすることは何一つ役に立たず、ありとあらゆる努力が（最高の努力でさえ）、無価値に終わります。

もし神がいなければ、そうなるでしょう。聖書の神が実在なさり、今の現実の根底や背景に

「真の現実」があるならば、この世での人生が唯一の人生ではなくなります。そして、神の召しに応えてなされるすべてのよい努力が（最も簡単なものでさえ）、永遠に重要なものとなる。これこそ、キリスト教の信仰が約束していることです。コリント人への手紙第一15章58節で、パウロは「自分たちの労苦が、主にあってむだでない」と書いています。ここでパウロはキリスト教の伝道について語っていますが、トールキンの物語を読めば、すべての仕事に関し、このパウロの教えがいかに本質を語っているかということがわかります。トールキンはキリスト教の真実を通じ、この世界でとても慎《つつ》ましやかな成功を収めようと自らを整えたのです。（しかし皮肉にも、多くの人は、トールキンの作品を天才ゆえに成しえた仕事と称え、歴史上最も広く読まれた本の中にその名を刻んでいます）

では、あなたはどうでしょう。若いころに、あなたが都市計画の仕事に就いたとしましょう。なぜこの仕事を選んだのでしょう。あなたは都市が大好きで、真の都市とはこうあるべきだというビジョンを持っていたからです。しかしあなたはおそらくがっかりするでしょう。人生をかけて仕事をしても、あなたは一枚の木の葉、あるいは一本の木の枝程度の仕事すらできないからです。しかし、新しいエルサレム、天なる都市は実在します。そしてその都市は花婿のために着飾った花嫁のように、この地上に舞い降りてくるのです（黙示録21―22章）。

あるいは、弁護士だったらどうでしょう。正義に対するビジョン、社会は公正と平和によって統治されるというビジョンを持つあなたは、法曹界に進みます。それから十年、重大な案件に取り組もうと努力しても、自分の仕事のほとんどがつまらないものであると気づいたあなたは、深く幻滅することでしょう。人生の中で一度や二度は、結局は「一枚の葉っぱを出しただけだ」と感じたことがあるに違いありません。

どんな仕事に就いたとしても、「木は実在する」ことを知らなければなりません。公正と平和の町、光輝と美の世界、物語、秩序、癒《い》やし……。仕事に何を求めようとも、木はそこにあるのです。そこには神がおられ、神がもたらそうとしておられる回復した未来の世界があり、あなたの仕事は、その世界の存在を（少なくともその一部を）他の人々に知らしめるのです。最高に頑張ったとしても、あなたはその世界のほんの一部を見せることしかできないでしょう。しかし、美・調和・正義・慰め・喜び・コミュニティーなど、あなたが探し求める一本の木は必ず生まれるでしょう。このことを知っていれば、人生で一枚か二枚の木の葉しか得られなかったとしても、あなたはがっかりすることはありません。そして充足感と喜びをもって仕事に臨めます。成功してのぼせ上がることも、失敗して挫折《ざせつ》することもないのです。

「このことを知っていれば」と私は言いました。このような姿勢で仕事に臨むには、つまりトールキンのようにキリスト教信仰によって仕事への慰めと自由を得るには、次の三つの質問に対する聖書的な答えを理解しなければなりません。

- なぜ仕事をしたいのか（充実した人生に仕事が必要なのはなぜか）。
- なぜ仕事は辛いのか（無益で無意味で困難な仕事が多いのはなぜか）。
- 福音によって、こうした困難を乗り越えて仕事から満足を得るためにはどうすればいいのか。

本書では、この三つの質問に対する答えを、それぞれ三つの部の中で探していきます。

第1部

仕事に対する神の計画

第1章　神はどのような思いで仕事をデザインなさったのか

こうして、天と地とそのすべての万象が完成された。神は第七日目に、なさっていたわざの完成を告げられた。すなわち第七日目に、なさっていたすべてのわざを休まれた。神は第七日目を祝福し、この日を聖であるとされた。それは、その日に、神がなさっていたすべての創造のわざを休まれたからである。……神である主は人を取り、エデンの園に置き、そこを耕させ、またそこを守らせた。（創世2・1―3、15）

初めに仕事があった

聖書は、その冒頭でどんなことよりも先に仕事について語っています。つまり、仕事はそれほど重要であり基本的なことなのです。創世記の著者は神による世界の創造を仕事と表現しています。[20] 実際、宇宙を造るという壮大なプロジェクトも通常の七日間の労働時間の中で語られ、[21] その後、神が造られた楽園で人間が働く姿が描かれています。仕事は、神による秩序立った天地創造と人間の生きる意味と関連づけられているという価値観。それは、この世界にある素晴らしい信条や信仰体系の中でも別格です。

創世記に書かれた天地創造の話は、起源について語った古代の文書の中でも特殊なものです。さまざまな社会において、この世界や人類の歴史は、宇宙エネルギーの衝突によって始まったといわれています。バビロニア神話の創世記叙事詩『エヌマ・エリシュ』では、マルドゥクという名の神がティアマトという女神に勝利し、その遺骸《いがい》を使って世界を造り出したとあります。『エヌマ・エリシュ』そして他の似たような天地創造の話では、宇宙は緊張関係にある不安定な勢力バランスの姿として描かれています。(22)しかし聖書では、こうした勢力の衝突の結果で天地が生まれたのではないと書かれています。なぜなら神に敵対できる勢力などないからです。実に、この天地にあるすべての勢力と存在は神によって創造され、神の支えによって維持されています。(23)つまり、天地は紛争の余波の結果として生まれたものではなく、職人がしっかりとした設計図を引いて生まれたものです。兵士が塹壕《ざんごう》を掘るような乱暴な形ではなく、芸術家が最高傑作を作り出すように、神は世界を創造されたのです。

ギリシア神話にある天地創造では、黄金時代を皮切りにいろいろな「人間時代」が続いていく様子が描かれています。黄金時代、人間と神々は地上で調和の中に共存しています。これは一見、エデンの園の話に似ているようですが、そこには決定的な違いがあります。詩人のヘーシオドスは、黄金時代には人間も神もいっさい仕事をする必要がなかったと書いています。その楽園では、食べ物が十分にあったからです。[24] 創世記はそれとはまったく違います。繰り返しになりますが、創世記の最初の数章では、一般的な人間の仕事を指すヘブル語の *mlkh*〔マルカー〕という言葉を使って、神が「仕事」に従事していたことを記しています。ある研究者によれば、「天地創造を含む神の非凡な活動が、このような単語を用いて描かれるとはまったく考えられないことである[25]」。

ということは、天地の初めに神は働いておられたのです。仕事は天地創造の後に導入された必要悪ではなく、また人間が従事すべく作られたものの、偉大な神ご自身にはふさわしくないもの、ということでもありません。そうではなく、神は純粋に仕事を楽しまれました。仕事には、こんなにも素晴らしい始まりがあったのです。

神が定められた仕事のかたち

創世記1章の中で、神が仕事に勤《いそ》しんでおられたのはもちろん、それを楽しんでおられると描かれているのは注目すべき点です。「神はお造りになったすべてのものを見られた。見よ。それは非常に良かった。……こうして、天と地とそのすべての万象が完成された」（創世1・31、2・1）。神は自分の成した仕事が素晴らしかったことを認識しておられます。天地創造の後、一息ついた神は「お造りになったすべてのもの」を受け入れて、実際に「これは素晴らしい」と言われたのです。よい仕事や満足のいく仕事ができたとき、人はみんなその中に自分の存在を認めるものです。「神により完成された天と地の調和と完全性は、そこにあるさまざまな要素のどれよりも、創造主の性質を最もよく表現している[26]」

創世記2章では、神が天地創造という仕事をした後、神が創造したものを世話しておられる様子が描かれています。これは、神学者が言うところの「神の摂理」という働きです。神は人間を創造し、そしてその後人間に必要なものを与えるために働かれました。神は人間を創造し（創世2・7）、人間のために園を造り、水で潤し（創世2・6、8）、人間のために妻を創造されました（創世2・21―22）。この後、聖書の残りの箇所では、神が「供給者」としての仕事を続け、この地を水で潤し、耕し（詩篇104・10―22）、お造りになったすべてのものに食べ物を与え、苦しむすべての人に助けを与えて人間を慈しみ、命あるすべてのものの必要を気にかけておられる様子が描かれています（詩篇145・14―16）。

そして最終的に、神は自分が働くだけでなく、自分の仕事を引き継ぐようにと、人間に命じておられます。創世記1章28節で神は人間に「地を満たせ。地を従えよ」とおっしゃいました。

「地を従えよ」という言葉は、神が創造されたものはすべてよかったものの、そこにはまだまだ発展の余地があったということを示しています。人間が仕事を通し、その未開の可能性を切り拓《ひら》くために、神はそのような余地を残されたのでした。[27] 創世記2章15節で神は人間を園に置き、「そこを耕させ、またそこを守らせた」とあります。この言葉が意味するのは、神が人間の供給者として働かれる一方、人間も神のために働くということです。事実、神は人間を通して働かれます。詩篇127篇1節の「主が家を建てるのでなければ、建てる者の働きはむなしい」は、建てる者を通して神が（私たちに供給する）家を造っておられることを示しています。マルティン・ルターが主張しているように、詩篇145篇によれば、神は農家や他の人々の労働を通して、私たちを、また命あるものすべてを養っておられるのです。[28]

仕事の美しさ

創世記は、エデンの園の一部に仕事があったという衝撃の真実を私たちに知らせました。この事実をある聖書学者は次のようにまとめています。「神のよい計画には常に働いている人間、より具体的にいうなら、働いては休むというリズムの中で生きている人間がかかわっているということは火を見るよりも明らかである」[29]。ここでも、キリスト教と他の宗教や社会との決定的違いが見られます。仕事は、余暇や娯楽にあふれた黄金時代の後に生まれたものではなく、神が人間を造られた完璧《かんぺき》な計画の一部を成していました。なぜなら、人間は神のイメージに造られているからです。そして神の栄光や幸福を成す要素の中に仕事があり、神のひとり子であるイエスも「わたしの父は今に至るまで働いておられます。ですからわたしも働いているのです」（ヨハネ5・17）と語っておられます。

仕事は必要悪であり、時に何かしらの罰だと思う傾向にある私たちにとって、エデンの園に神が仕事を盛り込んだという事実は衝撃的です。しかし、仕事がアダムの堕罪の後に人間に持ち込まれたもの（つまり罪の結果もたらされた崩壊と呪いの一部）だとは、私たちは考えていません。仕事は神の園の祝福の一部です。仕事は食料・美容・休息・友情・祈り・性といった人間の基本的欲求に等しいのです。それは私たちの魂にとって単なる薬ではなく、必要な食物です。自分の仕事に意味を見出せないと、人は心にぽっかり大きな穴があいたように感じます。何かしらの理由で仕事を失った人は、精神的・肉体的・霊的に充実した人生を送るために、どれほど仕事が重要かということにすぐに気づきます。

私たちの友人で、フィラデルフィアの郊外に住む起業家のベルディング夫妻は、この仕事の重要性が成人の発達障害患者の中でも認識されていると話してくれました。特殊学級の教師であった夫のジェイは、自分が担当している生徒たちの卒業後の進路について困惑していました。特殊学級で提供される従来の職業訓練や就労プログラムでは十分な仕事ができず、そのため給料がもらえない休業時間が長く続きました。そこで一九七七年、ジェイは妻のバーバラとともに、特殊教育が必要な人々を対象に、高度な職業訓練と雇用を提供する会社アソシエーテッド・プロダクション・サービスを立ち上げました。今日、この会社では訓練を受けた四百八十人が、多くの消費者製品メーカーのために、労働集約型の包装作業や部品の組み立て作業に当たっており、その施設は四箇所あります。ジェイは、仕事の質を確保し作業効率と生産量を上げる道具やシステムを提供することに力を注ぎました。その結果、会社や顧客のために成功を求める社風を生み出すことに成功したのです。生産活動を行って社会の役に立ちたいという社員の思いに現実的かつ持続的に応える方法を見出せたことに、ベルディング夫妻は感動し、また感謝しています。「私たちの社員は、実社会と関わりたい、自分を肯定的に捉《とら》えたい、経済的に自立したいと思っています」。一人の会社で働く社員は、人間がデザインされたことの重要な側面である労働者であり製作者であるという点に、ついにしっかりと応えることができるようになったのです。

労働は私たちの生活の根幹を成し、事実、人生において差し支えなくたくさん取り入れることのできる数少ない要素です。聖書でも、労働は一日だけして残りの六日は休むべきだ、あるいは仕事と休息は同じ量であるべきだとはいわれていません。逆に、仕事と休息の割合はその反対にするように書かれています。余暇や娯楽は素晴らしいことですが、限界があります。老人ホームや病院にいる人に話を聞くと、何かしたいとか他の人の役に立ちたいといって嘆く人がかなりいます。彼らは余暇の時間が多すぎて、仕事の時間が少なすぎると感じているのです。労働に従事するように造られた人間だからこそ、仕事がない状況に置かれると非常に動揺するのです。生きるために働くというのが仕事に対する一般的な考え方です。しかし、「人間は仕事をするために造られている」という認識は、仕事により深く、より肯定的な意味を与えてくれます。単に生きるために仕事をするのではなく、生きるためそして人生を謳歌《おうか》するために何より仕事が必要だと、聖書は教えています。

充実した人生のためになぜ仕事が必要かということは、後の章で詳しく説明します。しかし、仕事は自分たちの生活の糧を得るためだけのものではなく、人間がお互いにとって有益な存在となるための一つの方法であるという事実があります。また仕事は、自分がどんな人間であるかを見出す方法の一つでもあります。なぜなら、自分のアイデンティティーを成す主な要素である特別な能力や才能は、仕事を通して見つけられるからです(30)。だから作家ドロシー・セイヤーズはこのように言えたのでしょう。「仕事に関するクリスチャンの理解とはどういったものでしょう?……仕事は本来、人が生きるために行うことではなく、人はむしろ、それをするために生きるのです。仕事は働き手の機能の完全な表現である――少なくともそうあるべきです。……それは人が自分を神にささげる手段です(31)」

労働と自由

ここまで、私たち人間のDNA、つまり人間のデザインに労働が組み込まれていることを見てきましたが、その事実は自由に対するキリスト教独特の考え方を理解することにもなります。近代社会では、自由を「いっさいの制限がない状態」と捉《とら》えがちです。しかし魚を考えてみたらどうでしょう。魚が酸素を吸収できるのは大気からではなく水の中です。つまり、水の中という制限があって初めて、魚は自由を得るのです。もし魚が川の中で生きるという制限から〝解放されて〟草の上に置かれたなら、行動する自由はもちろん、生命の自由さえもほどなく奪われてしまいます。魚という生き物が現実に持つ性質を尊重しなければ、魚はより大きな自由を得ることなく、むしろ自由を失うことになります。同じように、航空力学を無視すれば、飛行機や鳥は地面に叩《たた》きつけられてしまいます。しかし航空力学という拘束に従えば、飛行機も鳥も空高く飛び上がることができるのです。人生でも、多くのことについて同じことがいえます。自由とは制限がないことではなく、むしろ、世界のそして自分たちの性質にある現実に即した正しい制限を見出すことなのです(32)。

聖書にある神の教えには人間のあるべき姿が描かれています。だからその教えに従えば、私たちは自由を手に入れることができるのです。車がスムーズに動くには、その設計を尊重しマニュアルどおりに扱わなければなりません。オイル交換をしなくても、罰金を払ったり刑務所送りになったりすることはありません。ただ、「車の性質に逆らう ↓ 車が壊れる」という当然の結果に苦しむだけです。人間の生活も、〝マニュアル〟つまり神の教えに書かれているとおりに適切に取り扱わなければなりません。神の教えを守らないということは、神を悲しませ、侮辱するだけでなく、神がデザインされたあなたの真の性質に反する言動をとるということです。イザヤ書48章で、神は自分に従わないイスラエルにこう語っておられます。「わたしは、あなたの神、主である。わたしは、あなたに益になることを教え、あなたの歩むべき道にあなたを導く。あなたがわたしの命令に耳を傾けさえすれば、あなたのしあわせは川のように、あなたの正義は海の波のようになるであろうに」（イザヤ48・17―18）

十戒の一つは（休みのことと併せて）仕事について語られています。「六日間、働いて、あなたのすべての仕事をしなければならない」（出エジプト20・9）。神は初めに、人間を働くものとして造られました。そして神は、人間が造られたデザインの一部、すなわち労働をしながら生きることを私たちにはっきりと求めておられます。これは私たちの重荷となる教えではなく、自由への招待状なのです。

あらゆる労働には限界がある

とはいえ、神ご自身が労働の後に休まれたことは重要なポイントです（創世2・2）。仕事は不幸の元凶であり、人生の意味は仕事以外のもの（余暇や家族、また〝スピリチュアルな〟探求すら）にのみ見出せると誤解している人が多くいます。これまで見てきたように、またこの後でも学ぶように、聖書はこの考えが誤りであることをはっきり示しています。また聖書はこれと真逆の間違った考え方を持つことからも、私たちを助け出してくれます。その真逆の考え方とはつまり、人間の活動の中で唯一意味あることは仕事であり、他のことはすべて必要悪であって、仕事を続けるために必要な〝充電〟のために行っているにすぎないという考え方です。聖書が誤った考えから私たちを助け出してくれるということを、神がどんなお方かという側面から証明してみましょう。神に体力回復の必要はありません。それなのに、天地創造の七日目に休息をとっておられます（創世2・1―3）。私たちは神のイメージに造られていますから、休息をとることや、そのために何かすることは、それ自体よいことであり、自分を元気づけるものと考えられます。仕事は人生のすべてではないのです。有意義な人生を送るために仕事は重要です。しかし「人生の意味とは仕事そのものである」と言うことはできません。たとえその仕事が教会の伝道だとしても、人生の目的を仕事とするなら、あなたは神に対する偶像を作ることになるのです。人生において最も重要な基礎とは、神と人間の関係です。その関係があれば、仕事・友情・家族・余暇・娯楽といった人生の他の要素に依存しすぎたり、それに対してゆがんだ意識を持ったりすることはなくなります。

二十世紀のドイツ人カトリック哲学者であるヨゼフ・ピーパーは有名な『余暇と祝祭』というエッセイで、余暇は単に仕事をしないことではなく、その価値や直接的な有用性を考えることなしに物事を楽しんだり考えたりする心や精神の状態を指すといっています。西洋文化によくある仕事中毒的な精神では、すべてのことを効率性・価値・スピードという観点から判断する傾向があります。しかし、人生の中で最もシンプルで普通なこと、特別役に立たないことであっても、それを楽しむことがあっていいはずではないでしょうか。気難しいと評判の宗教改革者ジャン・カルヴァンですら、この意見に賛成しているのは驚きです。クリスチャンの人生で有用性だけを基準に価値を測ることに、カルヴァンはこう警鐘《けいしょう》をならしています。

今もし食物が何のために創られたかを思い見れば、単に必要のためばかりでなく、喜び楽しませようとして備えられたことが見出される。同じく、衣服も必要という他に優美と品位を目的とする。草木もその実も多種多様の実用とされる他に、見た目に美しく快適な香りを放

つ。……要するに、必須《ひっす》の用以外にも多くのものが我々に薦められているのではないか。(33)

言い換えれば、私たちはすべてのものを見てこんなふうに言うべきだということです。

すべてのものは、明るく美しい。大小を問わず、すべての創造物が……。

すべてのものが知的で素晴らしい。主なる神がそのすべてを造られたのだ。(34)


定期的に仕事の手を止め、礼拝する時間を持たなければ（ピーパーはこれを「余暇」の中で最も重要なことの一つと考えている）、そして労働の成果も含め、この世界について考え楽しむことがなければ、真に人生の意味を経験しているとはいえません。ピーパーはこう書いています。


「余暇」は……祭りを祝う人の態度に象徴されます。……余暇を支える「いのち」とは、このような肯定の態度です。余暇はただ何もしていないこと……ではありません。それは、愛する人々がかわす会話の静けさのようなもので、いのちと愛にあふれる静けさなのです。

……また聖書に、「神はおつくりになった業《わざ》からしりぞいて休み、すべてが大変よいことをご覧になった」（『創世記』第一章三十一節）と記されていますが、私たちの余暇のなかにも……

似たものがふくまれています。……この創造の世界を心の目でながめ、それらすべてはよいものだ、と肯定する態度……だといえましょう。(35)

つまり、有意義な人生を送るために、仕事が（そしてその多くが）必要不可欠な要素なのです。それは神からの特別なプレゼントであり、人生に目的を与える要素の一つです。しかしそれは神の下にあるという正しい役割を果たさなければなりません。体を回復させるために定期的に仕事を休まなければならないのはもちろんのこと、何でもない普通の人生を送る喜び、そしてこの世界の喜びを受け取るために、私たちは定期的に仕事を休まなければならないのです。

これは至極当たり前のことに思われ、私たちは「もちろん、仕事は大切だけど、それが人生のすべてじゃない」と言うでしょう。しかし、この真実を把握することは本当に重要なのです。罪に堕《お》ちた社会では、仕事に苛立《いらだ》たしさを覚え、疲労困憊《ひろうこんぱい》します。だから仕事は避けたいものだとか、とにかく耐えるしかないものだという結論になるのです。また不安定な精神状態で、周囲からの肯定や承認を強く求める私たちは、本来の労働のあるべき姿とは真逆の「人生のすべては仕事で成功を収めることであり、ほかの事にはほとんど意味がない」という方向に走ってしまいがちです。それどころか、人が働きすぎる背景には、一生分の仕事を早く終え、仕事のことはもう考えなくて済むようにしたいという物悲しい気持ちがあります。こうした考え方をもって仕事をしても、いずれは仕事に対して無気力になったり満足を得られなくなったりしてしまいます。「仕事なんて大嫌いだ！」と思ったら、これから話すことを思い出してください。仕事は、原罪を強く思い出させる（それだけでなく、それをさらに強調する）ものという事実がある一方で、仕事そのものが元凶というわけではありません。人間は仕事をするために造られ、また仕事によって自由を得るのです。仕事が人生のすべてであると感じているなら、仕事には限界があるという事実を尊重しなければならないということを思い出しましょう。仕事と仕事以外のことのバランスをとる神学をしっかりと把握することこそ、意味ある仕事人生を始める最善の一歩なのです。

第2章　仕事の品格

神は仰せられた。「さあ人を造ろう。われわれのかたちとして、われわれに似せて。彼らが、海の魚、空の鳥、家畜、地のすべてのもの、地をはうすべてのものを支配するように。」神は人をご自身のかたちとして創造された。神のかたちとして彼を創造し、男と女とに彼らを創造された。（創世1・26―27）

仕事――品位のない単なる必要

アイン・ランドは、仕事というトピックにおいて最もよく読まれている二十世紀の哲学者の一人です。ランドの著作の中で最も有名な二冊の小説には、社会主義と集産主義に反対する人々が登場します。『水源』に登場する建築家のハワード・ロークは、自然環境から得られるものを使い、周囲と美しく調和し、住む人の必要を効率的に満たす創造的な建物を造ろうと魂を熱くしていました。ランドは、ロークの存在を収入や地位のために仕事をする他の建築家と対比させ、より味わいある人間として描いています。一方、『肩をすくめるアトラス』では、まったく異なる主人公のジョン・ゴールトが登場します。ゴールトは、搾取され続けてきた生産者たちが起こすストライキの先頭に立ちます。このストライキを通し、ゴールトは個人が自由に何かを作り出せない状況にある社会は破滅する運命にあることを証明したいと思っていました。ランドは創造的かつ生産的な仕事は人間の品格に必要不可欠なものと考えていましたが、たいていの場合、そうした仕事は官僚政治や日常性の中で、その品格が落とされてしまうのでした。「交響曲にせよ炭鉱にせよ、すべて仕事は創造行為であり、同じ根源から来ています。……かつて見えておらず、関連づけられておらず、創られていなかったものを見て、関連づけて、創る能力です」[36]

創世記1章を読み、私たちは人間の品格の核を成すものの一つを理解しました。ランドも、私たちと同じ理解を持っていたのです。残念ながら、そんなランドは二十世紀最大のキリスト教批判家の一人でもあり、神のイメージに人間を造られたという聖書の神を否定しています。とはいえ、人間の品格の主要要素として仕事があることは間違いなく、キリスト教とは関係のない近代思想家の多くもそれを認めています。ただこうした考えが、いつの時代も認められてきたかというと、そうではありません。

古代ギリシアでも、人間は労働するために神に造られたと教えてはいましたが、そこに神の祝福はありませんでした。このことについて、イタリア人哲学者のアドリアーノ・ティルゲルは「ギリシア人にとって、仕事とは呪《のろ》い以外の何ものでもなかった」[37]と言っています。それどころか、アリストテレスは失業（ここでアリストテレスがいう失業とは仕事をせずに生活できる能力という意味）は真に価値ある人生を送るための第一条件だといっています。[38]なぜギリシア人は労働に対してこのような価値観を持つようになったのでしょう。

著書『パイドン』の中で、プラトンは体の中に閉じ込められた魂は歪曲《わいきょく》され、侵され、真実を追い求めることができないので、この世界で精神的・霊的な洞察力や純潔を追い求めようとする人は、できるかぎり身体の存在を無視しなければならないといっています。[39]「ギリシア哲学者の間では、神は孤独で自足的、この世界のことや人間が繰り広げる喧噪《けんそう》にはかかわらない完璧《かんぺき》な心を持っていたという考えが一般的でした。人間は、活動的な生活から退くことや自身を瞑想に捧《ささ》げることによって、神のようになるべきだと考えていました」[40]。物質世界は一時的なもの、もっといえば幻想であり、物質社会に過度にあるいは感情的に執着することは、恐れや怒りや不安におびえる動物のような存在に自分を貶《おとし》める。瞑想によって人間はこうしたことに気づくとされました。このように自分を貶めるのではなく、この世界に〝無頓着〟になる方法を学ぶことによって、真の平安と幸福を得ることができるとプラトンは教えています。またエピクテトスは教え子たちに「希望も恐れもはぎとられた人生こそがよい人生なのだ。言い換えれば、問題を鞘《さや》に納め、この世界をあるがままに受け入れる人生がよい人生なのだ[41]」と語ります。最も人間らしく生きる方法とは、物質世界への関わりと注力を最小限に抑えることだったのです。

そういうわけで、労働は最高の人生への障害と考えられました。労働に従事すると、退屈な毎日を送る地上を離れ、哲学の世界つまり神の領域に上ることができなくなるのです。ギリシア人は、この世界で生きるには労働が必要であることを理解しながらも、その内容に優劣があると信じていました。頭脳労働は肉体労働よりもより高潔で、まだ受け入れられるものでした。労働の中で最高位に置かれるのは、認識能力を最大限に用い、最小限の単純労働をする仕事でした。「ギリシア社会の構造全体が、このような見解を支持していました。それは、奴隷や職人が仕事をすることで、エリート階級が芸術・哲学・政治で精神を使うことに専心できるという前提があったからです[42]」。アリストテレスが『政治学』の中で、この世界には奴隷になるために生まれた人がいると語ったのはあまりにも有名な話です。アリストテレスの意味するところは、高度な合理的思考ができないという人は確かに存在するから、そういう人は単純労働に従事するべきであって、それにより高潔や教養を追い求めようとするより能力がある優秀な人々が、肉体労働から解放されるということです。

こうした発言は近代人を激怒させます。私たちの住む現代社会では、文字どおりの奴隷制という考え方には賛成しません。しかし、ここで説明したようなアリストテレスの発言の真意は、今も脈々と生きています。キリスト教哲学者のリー・ハーディーをはじめ多くの人が、何世紀にもわたり、「仕事に対するギリシア人の態度、また人間の生活の中で仕事が占める場所に対するギリシア人の態度は、キリスト教会の思想と習慣の両方におおかた引き継がれ」、今日の私たちの社会にも大きな影響を与えていると論じています。[43] 私たちには、これから述べるような一連の考え方が伝わり、それが広がりました。

まず、仕事は必要悪だという考え方です。この価値観の中で、唯一よい労働と見なされるのは、家族を養い、つまらない仕事は料金を払って誰《だれ》かにやってもらうための資金を得られる仕事です。二つ目は、格の低い仕事、賃金の低い仕事はその人の品位を下げるという考え方です。この考え方のせいで、高い給料や地位が約束されるからという理由だけで、自分にはまったく合っていない仕事を選んだり、才能を生かせない職業を目指したりする人が多くいます。西洋社会では、より高い報酬を得る〝知識階級〟と、報酬面で不十分な〝サービス部門〟の二極化がますます進んでいます。そして私たちの多くは、この二つのグループにつけられた価値の評価を受け入れ、それを固定観念にしつつあるのです。また、この二極化のせいで、自分の価値よりも劣る仕事（彼らはサービス業や単純労働のほとんどをそうした仕事と感じている）をするくらいなら、仕事をしないという人も増えています。知識階級に入ることのできた人々が、管理人や便利屋、クリーニング店・料理人・植木職人など、サービス業に従事する人々を見下すことがあるのは、こうしたことが理由なのです。

仕事――人間の尊厳の証

こうした問題に対して、聖書はまったく異なる見解を示しています。仕事は人間が神のイメージに造られたことを反映するものであり、よって単純労働であれ知的労働であれ、すべての仕事は人間に品格があることの証拠であるというのが聖書の見解です。聖書学者のデレク・キドナーは創世記1章の人間と動物の創造の中に見られる深淵なポイントを指摘しています。それは、生き物の中で、人間だけが他の動物と区別され、仕事を与えられているということです[44]（1・26、28、2・19。詩篇8・4―8、ヤコブ3・7参照）。つまり植物や動物が単に「生めよ、増えよ、地に満ちよ」と言われているだけなのに対し、人間には明確に仕事が与えられています。人間は動物たちを「従わせ」「統治する」、あるいは地を治めるという仕事に召し出されているのです。

神のイメージに造られている人間には、具体的な仕事が与えられている。これはどういう意味でしょうか。「古代近東の統治者は、自分が権威を行使する場所あるいは自分が権威を行使するのだと主張する場所に、自分の肖像や彫像を置きました。こうした肖像や彫像は、統治者の存在やその権威のシンボルとして、統治者自身を示すものでした[45]」。創世記1章26節と「統治せよ」

という命令との密接な関係を見ると、統治するという行動が、神のイメージに造られたことの意味を明らかにする要素だということがわかります。私たちは神が造られたこの世界で、いわば〝副摂政〟として神の代役を務め、人間以外の被造物を管理することを求められているのです。混沌《こんとん》とした状況に秩序をもたらし、物質性や人間性という素材から独創的に文明を作り出し、神の創造物のすべてを世話する。神が天地創造で行われたこうした作業を、私たちも行っています。人間が造られた主な理由はここにあるのです。

　ギリシア人の思想家は、一般的な仕事、特に単純労働をすることは人間を動物に貶《おとし》めることだと考えていました。しかし、どんな仕事であっても、それは人間と動物を区別するものであり、尊厳を持つ存在にまで人間を高めるものであるというのが聖書の考えです。旧約聖書学者のビクター・ハミルトンは、以下のような意見を述べています。エジプトやメソポタミアなどの文明の中で、王や他の王族たちは「神のイメージ」と呼ばれていました。しかし、浄化されたその「神のイメージ」という表現は、「運河《うんが》濠《ごう》を掘る人やジッグラト〔ピラミッド型の神殿〕を建てる石工に対しては用いられませんでした」とハミルトンは書いています。「（しかし創世記1章では）この高貴な言葉は単に『人間』を表現するものとして使われています。神の目には、すべての人間が高貴な存在です。聖書はイスラエルを取り巻く国々の王政的・排外的な概念を民主的なものにしました(46)」

仕事に尊厳があるのは、それが神がなさったことであり、私たちが神の代理人として神の代わりにしていることだからです。さて、私たちは仕事には尊厳があるということだけでなく、すべての仕事に尊厳があることを学びました。塵《ちり》から人間を造り、肉体に霊を吹き込み、園に木を植える（創世2・8）という創世記1―2章に見られるこうした神の仕事は肉体労働です。しかし人間の思想史の中で、これがいかに革新的な考え方であるかということに今日の私たちはなかなか気づきません。牧師であり著述家でもあるフィリップ・ジェンセンはこの考えについて以下のように述べています。「もし神がこの世界に来られるとしたら、どのような姿をなさるのだろうか。古代ギリシアなら哲人王のような存在、古代ローマなら公正で高潔な政治家としての姿を求めたろう。しかし、ヘブル人の神はどのような姿でこの世界に来られただろうか。大工であった」(47)

最近の経済偏重の時代では、農業や保育といった仕事を非難する新たな傾向があります。こうした仕事は知的な労働と見なされないため、賃金も低いというわけです。しかし創世記では神は造園業者であり、新約聖書では大工として描かれています。神から与えられた仕事という大きな尊厳を支える中で、小さすぎる仕事、単純な肉体労働も、神学的な真理を構築する組織神学にまったく劣らない神の仕事なのです。つまらない作業と思われているお掃除サービスの仕事について考えてみましょう。家を掃除しなければ、あるいはそれを誰《だれ》かに頼まなければ、最終的にはそこにはびこった黴菌《かびきん》やウイルス、感染症などによって家人は病気になったり死んだりしてしまいます。神によって造られた物質世界は、人間の仕事を通して数限りない方法で成長し、育てられ、手入れされます。最も単純な労働ですら、重要です。人間の生活が発展するためには、すべての仕事が必要なのです。

キャサリンの友人であるマイクはニューヨークでドアマンをしています。彼はマンハッタンにある大型のコープ型マンションで働く十五人のドアマンの一人で、担当する棟にはおよそ百家族が住んでいます。六十代前半のマイクは、若いときにクロアチアからアメリカに移住し、レストラン経営から肉体労働まであらゆる仕事に就いてきました。ドアマンとして勤務して二十年になるマイクは、自分の仕事に独特の姿勢を持っています。マイクにとって、それは単なる仕事以上のものでした。マイクは自分の担当する棟に住む人々を大切に思い、荷物の積み下ろしを手伝ったり、駐車場の誘導をしたり、居住者のところに遊びにきたお客を歓迎したりすることにプライドを持っています。自分なりのルールを作って、建物のロビーとフロントを美しくまた魅力的に維持しています。

週末の旅行から帰ってきた居住者の車が着けば、自分のしていた仕事を放り出して、彼らの荷物の積み下ろしを手伝い始めます。なぜそんなことができるのかと聞かれれば、マイクは「それが自分の仕事だからだよ」とか「だって、手伝いが必要だろう?」と答え、「子供の名前を全部覚えているのはどうして」と聞かれれば、「みんなここに住んでいるんだから」と答えます。あるとき「どうしてどんな仕事にも一生懸命取り組めるの」と質問されときには、「さあ? 朝起きて、鏡の中の自分としっかり向き合うためかな。毎日全力で頑張らなきゃ、自分に恥じないように生きることはできないからね」と言いました。マイクは自分の仕事と人生に感謝しながら働いているように見えます。この国に来られたこと、そして自分に与えられた機会に感謝しているのです。

マイクのサービスを受けている住人のほとんどは、専門職やビジネス業界に身を置く人々で、自分の仕事がドアマンでなくて何よりだと思っているでしょう。それだけでなく、もし自分がドアマンの仕事をするなら、人間としての価値が下がると思う人すらいるでしょう。ですが、マイクの仕事に対する姿勢を見ると、マイクがドアマンの仕事に備わった尊厳をしっかり理解していることがわかります。だからこそ、マイクの仕事には素晴らしい価値と美しさが見られるのです。

物質社会も重要

仕事は人間の中にある神のイメージを表すこと、そして人間が管理を任された神の被造物の素晴らしさを示すものであり、だからこそ、すべての仕事には尊厳があるということを見てきました。古代ギリシア人は、死は肉体的・物質的生活という監獄《かんごく》から人間を解き放つものであり、よって死は人間の友であると考えていました。一方、聖書は、死を敵と見なしています（Ⅰコリント15・26）。それは、神が造られた世界は美しく卓越しており（創世1・31）、それは永遠に存在する運命にある（黙示録22・1—5）からです。事実、天地創造の教義は受肉（神が人間の姿をとられた）や復活（神は魂だけでなく肉体的にも回復する）の教義と合致しており、キリスト教がいかに強固な「物質主義者」であるかということがわかります。クリスチャンにとって、最終的に与えられる天国という未来も、肉体的なものです。現実に関する見解の中には、物質的なものよりも霊的なもののほうがより現実的で真実性があると見る考え方があります。また、より自然主義的な考えでは、霊的なものは幻想であり、物理的なものだけが本物であるという考え方もあります。しかし聖書の真実に照らし合わせれば、そのどちらも間違っています。

この世界はよいものである。私たちはそう認識しています。この世界は、私たちが肉体を離れて別の次元に移るまでに紡がれる一人ひとりの救いの物語が上演される仮設劇場ではありません。聖書はこの世界が「世が改まって」（マタイ19・28、ローマ8・19—25）清められ、回復され、強められる新天新地の前兆であるといいます。物質と霊が完全に共存し、それが永遠に続くことを想定している宗教はほかにありません。だからこそ、空を飛ぶ鳥も、とどろく海も永遠によいものであり、食事をし、歩き、愛し合う人々も、すべて永遠によいものなのです。

ここまで見てきたことを考えれば、クリスチャンは物質的世界とつながりが深い単純労働を見下すことができません。たとえ単なる草刈りであったとしても、それが社会を大切にし、育《はぐく》むとならば、その作業には大いなる価値があります。同じように、伝道といった〝聖職〟以外の一般社会の仕事は、品位や高潔さに劣るということもありません。私たちは魂も肉体もある存在であり、聖書が理想とするシャローム（平和）にも肉体と精神の両方の充実が含まれています。「栄養を与える食べ物、雨をよける屋根、太陽の熱をしのぐ日陰など、物資的な必要を満たし、人間の欲求を満たすものがある。そこでビジネスが社会の繁栄を増し加えるモノを生みだすとき、彼らは神にとって重要な仕事に従事しているのだ(48)」

詩篇65篇9―10節、詩篇104篇30節には神が雨を降らせて地に水を注ぎ、聖霊の働きを通し「地の面を新しくされます」とあります。しかしヨハネの福音書16章8―11節には聖霊は罪について、義について、さばきについて、世にその誤りを認めさせる、つまり教会の牧師のような働きをするとあります。ここで私たちは、神の霊が庭仕事をする一方で、福音を述べ伝えるという二つの作業をしていることを見ます。庭仕事も伝道も、両方ともが神の仕事なのです。この事実を前に、私たちは仕事を比べてこの仕事は他の仕事より高度で知的だ、あるいはこの仕事は他の仕事より程度が低く劣っているなどといえるでしょうか。

天地創造の美しさと仕事の尊厳を理解すれば、しっかりした人生の基礎を築くことができます。私たちはこの素晴らしい世界で、仕事に携わっているのです。そしてその世界には、楽しい娯楽もあります。創世記の著者は、多くの命あふれる豊かな被造物に畏敬の念を抱くよう、私たちに語りかけています。神は多様性と創造性を喜んでおられるようです。また聖書の他の箇所では、神の創造活動は、純粋に創造の喜びという思いから行われていると書かれています（箴言8・27―31）。これもまた、神の計画の一部です。それは、仕事の本来あるべき姿を見せること、そして、仕事を含むこの世のすべてを台なしにした堕罪がなければ、この世界はどんな世界であったかを私たちに見せるという、神の計画です。

人間は仕事をするために造られています。そして仕事は、その社会的評価や得られる給与と関係なく、人間に尊厳を与えます。この原理は私たちの日常と非常に密接につながっています。この原理によりわかることは、私たちには、自分の才能や熱意に合った仕事を求める自由が与えられているということ。経済が弱く雇用が少ないときに、よりよい機会を求められるということ。人を見下したり優越感に浸ったりする根拠も、嫉妬《しっと》や劣等感を抱く根拠もないということ……。クリスチャンは、神によるこの世界の創造と育成とに自分の仕事を結びつける方法を、確信と自信をもって当然見つけることができます。この社会を聖書的な観点から理解するならば、それは可能なのです。

第3章　「育てる」という仕事

神は彼らを祝福された。神は彼らに仰せられた。「生めよ。ふえよ。地を満たせ。地を従えよ。海の魚、空の鳥、地をはうすべての生き物を支配せよ。」（創世1・28）

神である主は東の方《かた》エデンに園を設け、そこに主の形造った人を置かれた。神である主は、その土地から、見るからに好ましく食べるのに良いすべての木を生えさせた。……神である主は人を取り、エデンの園に置き、そこを耕させ、またそこを守らせた。神である主は人に命じて仰せられた。「あなたは、園のどの木からでも思いのまま食べてよい。しかし、善悪の知識の木からは取って食べてはならない。それを取って食べるとき、あなたは必ず死ぬ。」神である主は仰せられた。「人が、ひとりでいるのは良くない。わたしは彼のために、彼にふさわしい助け手を造ろう。」神である主は土からあらゆる野の獣と、あらゆる空の鳥を形造り、それにどんな名を彼がつけるかを見るために、人のところに連れて来られた。人が生き物につける名はみな、それがその名となった。人はすべての家畜、空の鳥、野のあらゆる獣に名をつけた。しかし人には、ふさわしい助け手が見つからなかった。神である主は深い眠りをその人に下されたので、彼は眠った。そして、彼のあばら骨の一つを取り、そのところの肉をふさがれた。神である主は、人から取ったあばら骨をひとりの女に造り上げ、その女を人のところに連れて来られた。（創世2・8—9、15—22）

地を満たせ、地を従えよ

仕事は、私たち人間の設計図に組み込まれているものであり、人間の尊厳そのものです。また仕事は、特に社会・文化の構築という点において、創造性を用いて神に仕える方法でもあります。

神は人間を園に置かれました。ヘブル語研究者のデレク・キドナーは園にある喜びや楽しみの中でも、仕事は特に顕著なものであったと主張しています。「地上のパラダイス……は、両親がなすべき配慮の模範である。未熟な人間は保護するために覆われはするが、それで窒息してしまうことはない。すべての面で発見と出会いが待っていて、人の識別力と選択力を引き出してくれる。そして、人の美的、身体的、霊的欲求のために十分な栄養分……がある。さらに身体的にも精神的にも（15、19節）、人の前にはなすべき労働がある」[49]。私たちが霊的に成長するために従うべき神の聖なる言葉がありました（16―17節）。社会的・創造的成長のためには、園の管理という肉体労働があり（15節）、また動物の名前をつける作業には、精神的な成長と理解力を伸ばす意味がありました（19節）。最後に、エバを創造してアダムと結婚させることは、人類が増え、社会として完全な姿になっていくための準備でした（19―24節）。神によるこのような働きはすべて、創世記1章28節に書かれた「地を満たせ。地を従えよ」という大まかな職務内容をより詳しく説明したものといえます。「文化命令」と呼ばれるこの教えは、いったい何を意味しているのでしょうか。

まず「地を満たせ」という、数の増加についてです。植物や動物のことは「生じる」「群がる」など数が自然に増えていくことを示唆しているのに対し、人類には自分たちの力で子孫を産み増やすことだけでなく（28節）、そこからさらに人間がするべき仕事の詳細が教えられています（28―29節）。つまり、人類が増えることは仕事であり、そこには意味があったということです。しかし子孫が増えることがなぜ仕事だったのでしょう。それは自然のプロセスではないのでしょうか。いえ、そうではありません。人類が「地を満たす」ことは、地が動物や植物で満たされることよりはるかに意味があることなのです。それは単なる繁殖ではなく、文明化を意味します。ここで神が望んでおられるのは、単なる種としての人間の増加ではなく、この地が人間の社会で満たされることだとわかります。神が一言発すれば、それだけで何千もの居住地と何百万という人間を造り出すことができたはずですが、神はそうはなさいませんでした。この社会を発展させ構築することを、神は人間の仕事とされたのです。

次に、神は私たちに人間以外の被造物を「治め」、さらに「従えよ」と言っておられます。これはどういう意味でしょう。「従えよ」という言葉を見ると、自然の力は人間に敵対するものであり、制圧する必要があると捉《とら》えることができるかもしれません。だから、この言葉は人間が自然を搾取することへの許可を与えるものだと抗議する人もいます。しかし、これは決してそういう意味ではありません。(50)この命令が堕罪の前に与えられていることを忘れてはいけません。このみことばが与えられたのは、自然が朽ち果てる運命（ローマ8・17－27）を背負う前、収穫を与えるが、いばらも与える（創世3・17－19）前のことです。堕罪の後に壊れてしまった被造物の中には、原初の調和がいまだに存在しています。ということは、地を「従えよ」という指示の中に暴力的な意図はないのです。反対に、神のイメージを持つ者としてこの世界を「治める」ということは、執事あるいは管理人としてその職に当たることが求められています。この世界は神のものです。しかし神はその世界を手入れし育てる責任を私たち人間の手に委《ゆだ》ねられたのです。人間がこの世界を好きなように利用し、搾取し、処分していいという指示では、断じてありません。

にもかかわらず、「従えよ」と訳されている言葉には、真の決意表明を意味する強い言葉が使われています。ここに、被造物に対する神の姿勢があります。神はすべてできあがった既製品のような状態で、ポンとこの世界を造られ生みだされたわけではありません。むしろ、その初めは「茫漠《ぼうばく》」として「何もなかった」のです（創世1・2）。創世記1章に書かれているように、神はその茫漠として何もない世界に、少しずつ手を加えていかれました。神はこの世界に形を与えられました。形なく混沌《こんとん》としたものに、さまざまな区別を与え精巧にしていかれました。海と空を「区別」され（1・7）、闇《やみ》と光を「区別」され（1・4）、漠然としたものから固有なものへと分けていかれたのです。こうした「何でもないものからいろいろなものを造る」という多様性を愛される神の働きは、エバの創造にも見ることができます。人間はすべて同じ形でよかったにもかかわらず、神は、二つの性を造られました。お互いが違い、それぞれが補い合う存在でありながら、相等しいものとして人間を造られたのです。アダムとエバの創造は生物学的な繁殖につながっています。それはまた、神のイメージに造られた人間が、神が始められた働きを引き継いでいくことでもあります。このように、空っぽで何もなかったところを、神はいろいろなもので埋めていかれました。天地創造の最初の三日間に神は天・空・水・地上という領域を造り、次の三日間でそれぞれの領域の中に太陽・月・星・鳥や魚・動物・人間を造られました。

　ですから「従えよ」という言葉は、堕罪が入る前の最初の世界にも仕事は必要なものとして神により造られたことを示しています。すなわち、神ご自身が望まれるような世界にするためには、そこにあるあらゆる豊かさと可能性が実を結ぶようになるためには、神が自ら働かれなければならなかったのです。そういうわけで、創世記1章28節で神が、神に似せて造られた人間は、神と同じようにこの世界を満たし、この世界を従えよと命じておられるのは、偶然ではないのです。

神とともに作る社会

哲学者のアル・ウォルターズは、こういっています。

地球はまったく形を成しておらず空《から》でした。六日間の創造の中で、神はその地球を形にし、もので満たされました。しかし、その作業を完璧《かんぺき》には終わらせませんでした。私たちは今、この神の仕事を引き継がなければなりません。多くを生み出すことで地をさらに満たし、地を従えることで、よりしっかりと地を形作らなければなりません。神の代理人として、（私たちは）神が手を離されたところから、その仕事を続けているのです。しかし今は、人間が地を開発していることになります。人類という種で地上を満たし、その種のために地を形作るのです。ここから、造られた地の開発の性質は社会的・文化的なものになります。(51)

天地創造の中で、人間が神のイメージに造られているというなら、私たちは神による仕事の進め方も踏襲していることになります。神の世界には敵対心はありませんから、敵対視して打ち倒す必要はありません。むしろ、その世界の可能性は開発途上にあるので、植栽された庭を手入れするように育てる必要があります。だから、私たちとこの世界の関わり方は、公園とその警備員のそれとは違います。警備員の仕事はその場所を変えるのではなく、そのままの状態に保護することです。また、私たちの仕事は神が造られた園を舗装して駐車場を整備することでもありません。そうではなく、私たちは移り変わる園を積極的に手入れする園芸家なのです。園芸家の仕事は、その庭をそのままの状態で保存することではなく、植物がより多くの実を結ぶように、土地が肥え、植物が最高の可能性を発揮できるように、植物の位置や枝ぶりを調整することです。土に植えられただけの原木や苗がいずれ実を結び、花を咲かせ、その美しさを誇るようにという目標を念頭に置きながら、園芸家は土を掘り、さまざまに手を加えます。これはすべての仕事においてあるべき姿です。創造性を働かせ、強い思いで仕事に臨む。このように、神の被造物という原材料に手を入れて、この世界が、その中でも特に人間が発展し繁栄するように手助けするのです。

今、述べたように、このやり方はあらゆる仕事に見られます。農業では、土と種という物理的な原材料から食べ物を作り出し、音楽であれば、音を並べ替えて美しく感動的な調べを紡ぎ出すことで、人生を意義あるものにします。布から洋服を作るとき、ほうきを手に取って部屋を掃除するとき、科学技術を用いて電力を制御するとき、成長途中のナイーブな子供に何かを教えるとき、夫婦問題の解決法を伝えるとき、身の周りにあるシンプルな材料から素晴らしい芸術作品を作るとき、私たちは神が始められた仕事――形のないものに形を与え、物で満たし、それを従えるという仕事――を引き継いでいることになるのです。混沌《こんとん》とした状況の中に秩序を生み出すとき、潜在的な創造性を引き出すとき、自分が見つけた物をさらに作り込み、そこからさらに「発展」させるとき、私たちは被造物を社会的・文化的に発展させようとなさる神のスタイルを踏襲しているのです。事実、英語のculture（文化）という言葉はcultivation（耕作、育成）から派生した言葉です。天地創造のわざを通してこの世界を従えられた神は、私たちが神の代理人となってこの地を従える仕事を続け、推し進めるようにと呼びかけておられます。

リディーマー教会は、起業家の人々を応援しています。起業家は自由な発想で資産を用い、新しい革新的なものを開発して価値を生み出そうとします。教会で行う毎年恒例の起業家向けのフォーラムで、私たちが応援する起業家の一人ジェームズ・タッフェンケンが、二〇〇八年に講演してくれました。タッフェンケンはいくつかの事業を起こした経験を持ち、二〇〇五年に職人による手作りジャムの製造・販売事業を始めました。アルメニアで仕事をしていたタッフェンケンは、そこにある貧困と浪費に失望していました。アルメニアでは、ほとんどの地域で素晴らしい果物が収穫できます。その果物は市場に出され季節ごとに楽しまれていましたが、配送や保管のシステムが不十分だったため、多くが廃棄されていました。タッフェンケンとパートナーは、果物を保存する事業を立ち上げ、季節限定・地域限定だったビジネスを通年で全国展開できるようにしようと考えました。ジャムを取り扱う彼らのハーベスト・ソング社は、果物の栽培に適したアルメニアの気候を生かし、自社開発した保存方法を使って質の高い製品を作り出しています。ハーベスト・ソング社の製品は今や国際的な賞を受賞し、世界中で販売されています。タッフェンケンは、自分がずっと大切にしている、また自分の信仰から導き出した価値観は「価値が落ちない素晴らしいものを作る」[52]ことであるといっています。神が天地創造のわざをなさった後、自らの仕事を振り返られたときの「それは非常に良かった」という言葉に、タッフェンケンはまさに雷が落ちたようなひらめきを得ました。「神はガラクタを造られなかった。ということは、私もガラクタを造らなかったということだ！」とタッフェンケンは喜び叫んだのです。聖書的見地から仕事を理解すると、与えられた資源を使って新たな価値を生み出したいという気持ちがさらに強くなります。神が私たちに資源を与えてくださっていること、神と一緒にこの世界を育てるという特権を与えてくださっていることに気づくと、自分の仕事にも、手加減せずに創造性をもって臨むことができるようになります。

著書『福音的精神のスキャンダル（*The Scandal of the Evangelical Mind*）』の中で、マーク・ノルはこう書いています。

結局のところ、自然界を造り、その後で科学の発展を可能にしたのは誰《だれ》でしょう（その科学により、私たちはさらに自然について学ぶことになる）。人間同士が関わりを持つ世界を造り、政治・経済・社会学・歴史のための原材料を提供したのは誰でしょう。調和や形、物語のスタイルの源であり、あらゆる芸術的・文学的可能性の裏にあるものとはいったい誰でしょう。自然・人間関係・美について無数の現実を理解し、哲学や心理学を通してこのような問題に対する理論を生み出せるように、人間の精神を造ったのは誰でしょう。一秒ごとに、自然界と人間界と、存在の調和とを支えているのは誰でしょう。一秒ごとに、私たちの心とそれを超えた世界との間をつなぐ作業をしているのは誰でしょう。どの質問に対しても、答えは同じです。神がそうなさったのです。そして、神は今もそうしておられます(53)。

創世記2章19―20節では、動物に名前をつけなさいと神が人間に指示しておられます。この言葉は、神の持っておられる創造の世界に人間を招き入れていることにほかなりません。なぜ神は自ら動物に名前をおつけにならなかったのでしょう。創世記1章では、光を「昼」、闇《やみ》を「夜」と「名づけ」、神が被造物に名前をつけておられる様子が描かれています。ということは、動物に名前をつけることだって、神には朝飯前でした。それなのに、神は人間に動物の名前をつけるようにと言っておられます。それは、人間の性質や物質的な自然が持つすべての能力を開花させて神に栄光を帰す文明を造り、神の天地創造のわざを引き継ぎなさいと、神が私たちに語りかけておられることにほかならないのです。仕事を通じて、私たちは混沌《こんとん》に秩序をもたらし、新たな物を生み出し、天地創造の中にある神のスタイルを活用し、人々が住むコミュニティーをつなげることができます。だから遺伝子の接合であろうが、脳外科手術であろうが、ごみ収集であろうが、描画であろうが、私たちの仕事はすべて、この世界の構造を発展させ、維持し、修繕していくことに変わりがありません。このように、私たちの仕事は神の仕事に結びつくのです。

すべての労働は社会を作り出す

フラー神学校の校長であるリチャード・マウがニューヨークの銀行員に講演をしたときのことです。マウは銀行員に創世記の話をし、神がこの世界の創造主であり投資家であり、すべての創造の中心として、この世界を造られた方であることを指摘しました。そのうえで、聴衆である銀行員に、神を投資銀行の銀行員と考えてみてくださいと促しました。神は自分の資産を最大限に活用し、新しい命に満ちた世界を造られました。同じように、あなたが何かの必要に気づき、その必要を満たす才能や資源を見つけたなら、その必要が満たされ、新しい仕事や商品が生まれ、人間の生活がよりよくなるように、リスクを冒してもそのために必要な投資をするでしょう。あなたのこうした行動は、神のわざと同じようなことなのですと言って、マウは話を閉じました。

講演後、多くの聴衆がマウのもとにやって来て、「今の話を私の牧師にしてもらえませんか。牧師は、私がお金にしか興味がないと思っているのです」と言いました。確かに、すべてのビジネスが公益に直結するわけではありません。[54] しかし多くの牧師は、投資家や起業家は公益を図ることに関心はなく、金儲《かねもう》けにしか興味がないと思っているのです。社会を構築し、神の被造物を育てていく方法としてビジネスがあるということに気づかない牧師のもとでは、多くの教会員をサポートし、理解し、正しく導くことはできません。

仕事に対してこうした聖書的理解があると、野心的な試みはもちろん、最もありきたりな仕事にも展望や意義を感じることができます。日々の活動の中で被造物を育成していくためには、その両方が同じように必要だからです。アンディー・クラウチの著書『文化を作り出す――創造するという私たちの召命を回復するために（*Culture-Making: Recovering Our Creative Calling*）』は読みやすく、かつ影響力の強い本です。この本の中で、クラウチは大きな仕事でも地味な仕事でも、私たちの仕事はあらゆる面において重要であるといっています。また、物理学の教授をしている妻のキャサリンが、自分に与えた影響についてこう書いています。

物理学の教授であるキャサリンは、自分の授業や研究室の文化や雰囲気を作り出すことにおいて、できることがたくさんあります。無味乾燥でテクノロジー一辺倒になりがちな研究室という環境の中で、創造性と美という雰囲気を醸し出そうとクラシック音楽を流すことができます。実験の結果に一喜一憂する生徒に、その結果をどう受け止めるべきか、教えられます。また狂ったように仕事をしたかと思えば、突然仕事が遅くなるというような姿ではなく、仕事と休みのバランスを上手にとることで、よい模範を示せます。折に触れて子供を職場に連れてくることで、家族は仕事を妨げるものではなく、研究や教授職は母親としての人生の一部であり自然なことだという意識を作ることができます。また学生を自宅に招くことで、研究の生産性を上げるためのユニットとしてではなく、人間として学生を大切にしていることを示せます。自分の研究室や教室という小さな規模ではありますが、キャサリンにはこの世界を造り変えるための本当の力があるのです(55)。

どんな日常的な仕事でも、神ご自身の仕事のスタイルを踏襲している以上、そこには尊厳があります。同時に、巨額取引でも国政に携わる仕事でも、神が定められた仕事の進め方や限界を超えるような高尚なものはありません。また神が創造なさった社会を育成していく方法やその理由を、人間だけで見つけなさいとは神は言われませんでした。神は私たちの仕事にはっきりとした目的を与え、誠実に仕事に当たるよう、私たちに語りかけ、共にいてくださるのです。

第4章　奉仕としての仕事

ただ、おのおのが、主からいただいた分に応じ、また神がおのおのをお召しになったときのままの状態で歩むべきです。私は、すべての教会で、このように指導しています。

（Iコリント7・17）

主に召され、任命される

マイク・ウルマンは、アメリカの大手販売店JCペニーの元最高経営責任者です。ウルマンは、最初にこの役職を打診されたときに、スターバックスの創設者であるハワード・シュルツと交わした会話について話をしています。小売業で長年にわたり輝かしいキャリアを積み、数年前に一線を引退していたマイクは、再び仕事に戻ることを躊躇《ちゅうちょ》していました。しかしそのマイクにシュルツは言いました。「これは、あなたのためにあるような役職ですよ。JCペニーは、本来あるべき姿に戻らなければなりません。それができるのはあなたです」。マイクにとって、給与の額や周囲からの評価は重要ではありませんでした。結果的にこの仕事を引き受けたのは、二万五千人の従業員に自分たちの仕事の重要性を理解させ、小売販売業は立派な仕事であるということを再認識させるいい機会だと考えたからです。つまるところ、マイクは最高経営責任者として他者（従業員）に仕えるこの仕事が、神から与えられたものだと信じたのでした。

これまで、創世記を通して仕事が持つそもそもの目的・尊厳・進め方を見てきました。新約聖書、特にパウロ書簡を読むと、神は世界に仕えるよう私たちを召し出し、そのことを通して神が仕事に目的を与えておられるということがよくわかります。

しばし「神の召し（calling）」と訳される聖書の言葉について考えてみましょう。新約聖書の書簡の中で、ギリシア語で「呼び出す」を意味する *kaleo*（カレオー）という言葉は、信仰を持ち、神のひとり子とひとつになるために人間を呼び出すということを表現するために使われています（ローマ8・30、Iコリント1・9）。それはまた、神のメッセージを世界に伝えることによって、神に仕えなさいという呼びかけでもあります（Iペテロ2・9―10）。神の召しは個人的な意味合いだけでなく、コミュニティーにも向けられていて、それは神との関係にあなたを召し出すだけではなく、キリストの身体とつながりを持つためでもあります（Iコリント1・9、エペソ1・1―4、コロサイ3・15）。事実、ギリシア語で教会という言葉 *ekklesia*（エクレシア）は文字どおりには「呼び出された者たち」という意味です。

コリント人への手紙第一7章で、パウロはクリスチャンとなり神の前に生きるなかで、神に喜ばれようとして配偶者関係・仕事・社会的地位などの現状を変える必要はないといっています。17節には「ただ、おのおのが、主からいただいた〔英語ではassign〕分に応じ、また神がおのおのをお召しになった〔英語ではcall〕ときのままの状態で歩むべきです。私は、すべての教会で、このように指導しています[56]」とあります。

ここでパウロは一般的な仕事を表現するために、二つの宗教的な言葉を用いています。パウロによると、神はご自身を通して与えられる救いの関係に入るように人々に呼びかけ（call）、神から与えられた霊的な賜物《たまもの》を使って伝道活動を行い、クリスチャンのコミュニティーを構築するよう任命して（assign）おられます（ローマ12・3、Ⅱコリント10・13）。すべてのクリスチャンは神が呼びかけ、任命なさった仕事にとどまりなさいと教えるなかで、パウロはこの二つの単語を使っているのです。しかしこの場合、パウロは仕事を必ずしもキリスト教伝道という意味で使っているのではなく、一般的な仕事――教会という立場から見れば「俗世間的な仕事」――を取り上げて、そうした仕事も神に呼びかけられ、任命されるものだといっています[57]。この聖句の意味は明らかです。キリストの体としての教会を建て上げるため、神はクリスチャンに必要なものを授けられます。同じように、人間社会を構築するために、神はあらゆる種類の仕事に対応できるよう、すべての人に才能や資質を与えられます。[58] 聖書研究者のアンソニー・シセルトンはこの聖句についてこう書いています。「召命と奉仕に関するこのパウロの概念は、世俗的な近代の概念とは大きく異なる。近代では、『自律』に特権的な地位が与えられているからである。またパウロの概念は世俗的なポストモダンの概念とも大きく異なる。ポストモダンでは自己実現と力の利害関係とに特権が与えられているからである。……（このパウロの概念は）この聖書箇所において、現在の状態に新しい重要性があることを見出している[59]」

シセルトンの洞察を見ると、本書の序章で引用したロバート・ベラーの言葉を思い出します。ベラーは仕事とは「呼び出されたもの（vocation《ヴォケーション》）」であるという考えを主張していました。これは「たんなる自らの出世の手段ではなくて、みなの者のための貢献[60]」です。自分ではないほかの誰《だれ》かに仕事を頼まれて初めて、そして自分のためというよりは、仕事を頼んできた相手のためにその仕事をするときに初めて、仕事をするように呼ばれたということになります。自分の仕事が、他者への奉仕として行う神に任命された仕事であるという事実を再認識したときに初めて、毎日の仕事が「呼び出されたもの」といえます。それこそ、聖書が唱える仕事観です。

私たちの教会には、大学や経営学大学院を卒業して金融業界に進む、向上心の強い若者がたくさんいます。他業種や他企業をはるかに超える採用過程・契約金・手当に惹《ひ》きつけられ、若者の多くは金融以外の仕事を考えられなくなってしまいます。この数十年、金融業は他の追随を許さない社会的地位と経済的安定を提供してきました。このような機会を前に、敬虔《けいけん》なクリスチャンは神の「召し」を客観的に考えるためにはどうすればいいのでしょうか。

もちろん、金融商品の販売や商取引、未公開株式、公共財政といった仕事に就く人の中には、それを自分の特別な能力を発揮して神や他者に仕えるための手段だと思っている人もいます。しかし中には、ウォール街で何年か働いた後、自分の力や情熱は他の仕事に向けるべきだと気づく人もいます。ジル・ラマーの話を例にしてみましょう。メリルリンチで何年か働いた後、ジルは自分はこのままではいけないと気づきました。読書家であり、文章に自信があったジルは出版業界に転職し、社会的にも経済的にも一からやり直すことを決意します。大きな収入を得る機会があるからといって、自分が進むべき召された仕事は銀行業とは限らないのではないだろうか、とジルはずっと悩んでいました。収入を得るためではなく、自分の賜物《たまもの》や情熱をいちばん活用するにはどうしたらいいかと考えた結果、出した答えは、ジルの人生だけでなく教会においても大変革を巻き起こしました。

クリスチャンであれば、この社会における自分の仕事の目的について、ジルのような画期的見解があることを知っておかなければなりません。仕事を選ぶとき、仕事をするとき、それは自己実現のためや権力を得るためではいけません。なぜなら、何かをするために神に召されることは、私たちに十分な力を与えてくれることだからです。私たちが仕事を探すときには、神と隣人に仕える手段として何ができるかという観点から仕事を探すべきです。そしてこの目的と一致した仕事を選び、その仕事をするべきです。自分に問うべきは、もはや「どの仕事がいちばんいい収入と地位が得られるだろうか」という質問ではなく、「私は神のみこころと人間の必要を理解している。そのうえで、自分に与えられた能力とこの機会を活かし、どうしたら他者にいちばんいい状態で仕えることができるだろうか」という質問なのです。

ジルはこの問いに真剣に向き合いました。出版業界に転職して数年経ったころ、ジルは自分が編集作業と新しい執筆者の発掘に長《た》けていることに気づきました。そしてジルの中に、社会にいい読み物を届けたいという情熱が大きく育っていきました。ジルが扱う作品には、自分が信じる聖書的な考えを含んだものもあれば、そうでないものもありました。ジルはただ素晴らしい作品を探していました。その結果、書店のバーンズ&ノーブルと協力して「優秀な新人作家を探せ！」という素晴らしい企画を実行するに至りました。またこの企画は、優秀な新人作家を幅広い読者に知ってもらう機会にもなりました。

先ほどの二つの質問の中には、直感でわからない要素があります。しっかりといい仕事をしようという気持ちがより持続するのは、二つ目の質問に向き合ったときです。もし自分のため、自らを高めるために仕事があるなら、話の中心は仕事ではなく自分自身になってしまいます。がむしゃらに成功を求める熱意はいずれ悪意になり、燃え尽き、自己満足は自己嫌悪に終わるでしょう。もし仕事をする理由が他の人に仕えるためであり、自分を超えたほかの何かを高めるためならば、私たちの才能や思い、起業への熱意などをよりよく用いることが可能になり、この世的な意味においても、長く成功を収めることができるでしょう。

召された仕事と「神の仮面」

コリント人への手紙第一７章の教えを誰《だれ》よりも強く、深く心に留めたのは、マルティン・ルターでした。ルターはこの聖書箇所にある「召し」という言葉をドイツ語で「仕事」を指すBerufという言葉を使って訳し、古い体質の教会で蔓延《まんえん》していた仕事観への反論に用いました。[61]当時の教会では、教会こそが地上に現れた神の御国そのものであり、[62]だからこそ、教会での、あるいは教会のための仕事だけが、神の仕事であると考えられていました。しかしこれでは、神に召し出された仕事は、修道士・司祭・修道女だけということになります。こうした職業に就く人は「霊的階級」と呼ばれ、それ以外の仕事は世俗的とされていました。そして単純作業や肉体労働に対しては、ギリシア人同様、教会に関係ない一般の仕事は品格のない単なる必需品と同等に考えられました。[63]ルターは、自らの論文『ドイツのキリスト者貴族に与える書』で、こうした考えを激しく攻撃しています。

連中はこんなことを案出しました。教皇、司教、司祭、修道士たちは教会的身分と名づけられ、王侯、貴族、手工業者および農民は世俗的身分と呼ばれる、というのです。これは実に手のこんだ虚構であり見せかけであります。しかし、こんなものにおどかされてはいけません、というのには十分の根拠がある。つまり、すべてのキリスト者は真に教会的身分に属するのであって、おたがいの間には職務上の区別以外に何の差別もないのです。……われわれはみな洗礼によって聖別され、司祭とされている。それは、聖ペテロが第一ペテロ書二章（九節）で、「あなたがたは王なる司祭であり、司祭なる王である」と述べ、またヨハネ黙示録（五・九、一〇）が、「あなたはわれわれを、あなたの血によって司祭また王とした」と言っているとおりなのであります。(64)

神はすべてのクリスチャンを等しくそれぞれの仕事に召し出しておられるとルターは主張し、詩篇147篇に関する解説で、召し出された仕事に対する自分の基本的な考えとその理由を述べています。ルターは「主は、あなたの門のかんぬきを強め(65)」ることを約束された147篇13節に注目しました。神はどのようにしてシオンの門のかんぬきを強くなさるのでしょうか、つまり安心と安全をもたらされるのでしょうか。自ら問うたその質問にルターはこう答えています。「『かんぬき』

が複数形になっていることから、私たちを守ってくれるのは鍛冶屋《かじや》が作る鉄のかんぬきだけでなく、例えば良い政府や、良い条例、良い秩序……賢明な統治者など、かんぬき以外のすべても、神からの贈り物であると理解しなければならない[66]」。神はどのように町の安全を確保なさるのでしょうか。それは立法府や警察官、そして政府や政治の世界に身を置く人々を通してではないでしょうか。つまり神は、神が召し出した政治家や公務員といった市民以外の人々を通して、市民の必要を満たされたのです。

ルターの『大教理問答書』では、主の祈りの中で「日ごとの糧」を願うことについて、「われわれが毎日の食物を口に唱えて請い求める場合、われわれは日ごとの食物を得、またいただくために必要ないっさいのものを請い求めているのであり……われわれはもっと考えをおしひろげて、単にパン焼きかまどや粉箱のことばかりでなく、毎日の食物と、あらゆる種類の食料とを産みだして、われわれに与えてくれる広い田野、全国土にまで思いをいたさねばならない[67]」といっています。では神は今日どのように「すべての生けるものの願いを満たされ」(詩篇145・16)るのでしょうか。農家やパン屋、小売業、ウェブサイトのプログラマー、トラックの運転手、そして私たちの食卓に食事が並ぶために必要なすべての仕事に携わる人々を通してではないでしょうか。ルターは言います。「あなたが植えることも耕すこともしなくても、神は簡単にあなたに穀物も果物も与えてくださることができる。しかし、神はそうはなさりたくないのだ[68]」

そしてルターは、なぜ神がこのように働かれるのか、例話を使って説明しています。親は子供に必要なものをすべて与えたいと思います。しかし同時に、子供に勤勉で誠実で、責任感のある人に育ってほしいとも願うので、子供に手伝いをさせます。もちろん、子供にやらせるよりも自分でやったほうが仕事は早いのですが、それでは子供のためになりません。与えられた手伝いをやり遂げるためには勤勉でなければなりません。子供がそれを学ぶことで、品性を育てるのです。ルターは、神はこれと同じ理由で私たちに仕事を与え、仕事を通して私たちを成長させると結論づけています。

農場であれ、庭であれ、都市であれ、家であれ、戦争であれ、政府であれ、私たちのすべての仕事は神にとって何だというのか。子供の手伝いにすぎないではないか。だが農場であれ、家であれ、どこであれ、その手伝いを通して神はご自分の賜物《たまもの》を与えようとしておられるのである。これは神の仮面である。神はこの仮面の裏に自らを隠しながら、すべてのことをされるのである。(69)

詩篇147篇14節の解説でルターはさらに問いかけます。神はどのように「あなたの地境に平和を置」かれるのでしょう。日々、誠実で品位ある生活を送り、市民生活に参加しているよい隣人を通して、というのがその答えです。ルターは夫婦生活すらも、このパターンの一部と考えています。「神は、男と女を使わずに子を与えることもおできになりました。しかしそうはなさりたくありませんでした。自らその作業をなさる代わりに、男と女をひとつになさることによって、それが彼らがなす仕事のように見せたのです。しかし神はその作業をこのような仮面の下で行われます[70]」

こうして見ると、ルターのいう「神に召し出された仕事」の意味がわかります。土地を耕したり、溝を掘ったりという最も地味な仕事はもちろん、投票や公的な働きに参加したり、あるいは親であるといった最も基本的な社会的役割も、私たちを思う「仮面」なのです。こうしたことのすべては神が召してくださったことであり、この世界で神のみわざをなす方法であり、神が私たちに賜物《たまもの》を与えてくださる方法です。この世界でいちばん地味に思える農家の少女がしている仕事でも、それは神の召しを実行しているのです。ルターが説教しているように、「神は乳しぼりの女性を通して、牛から乳を搾るのです[72]」。

召し出された仕事と福音

「すべての仕事は神に召し出された仕事である」という私たちの意見を、ルターはさらに後押ししてくれました。プロテスタント宗教改革の基本的誓約に、義認は信仰によってのみ実現するという神学があります。この神学は、仕事に対するキリスト教的な理解にさらなる深みを与えます。宗教関係以外の一般的仕事は、それほど重要ではないという古い中世の考えは、救いそのものに対する誤解から生まれた部分があります。リー・ハーディーはこう書いています。「ルターの時代、修道請願を立て、厳しい修道生活に自ら服することによって、修道士は実際に特別に神に愛され、よって永遠の救いが保証されると考えられていました」[73]。しかしルターは、どんなに周りから褒められるように戒律を遵守したり奉仕したりしても、神が求めておられる正義の前には、自分の生活は十分ではないと気づいていました。そして、神の正義は、自らのよい言動とは関係なく、救い主への信仰を通して得られる恵みによってのみ与えられるという大きな発見を聖書の中にしました。ルターは「神の義」という言葉と戦っていました。なぜなら「修道士として責められるべきところのない生活を送ってきた私ですが、神の前には非常に激しく良心の呵責《かしやく》に苦しみ、自分が罪人であると感じました。宗教的な働きをして私が満足したところで、神がそれによってなだめられるとは思えませんでした」。彼は神の救いと正義について、「なぜなら、福音のうちには神の義が啓示されていて、その義は、信仰に始まり信仰に進ませるからです。『義人は信仰によって生きる』と書いてあるとおりです」というローマ人への手紙1章17節について考え始めました。そして、こう言います。

そして私は理解し始めたのです。神の正義とは、義人が神の贈り物つまり信仰によって正しく生きることなのだ、と。そこで私は完全に生まれ変わり、開かれた門を通ってパラダイスそのものに入ったと感じました。そこで、聖書全体のまったく違う側面が、私に示されました。(74)

最後の一文にあるように、自分自身の努力ではなく、恵みによって救いが与えられることに気づいたとき、ルターは仕事の意味も含め、聖書に対する自分の理解のすべてを考え直したのです。その中でも、ルターは特に二つの点に注目しました。まず、神とのよい関係を築くために宗教関係の仕事が重要なら、そうした仕事に就く人々とそうでない人々の間に常に基本的な相違があるはずです。しかし、宗教関係の仕事が神の好意を得ることにいっさい関係がないのなら、それが他の仕事よりも優れているという意見は間違っていることになります。

二点目として、福音で語られる「救いは恵みによってのみ与えられる」という教えが、仕事を考えるうえで重要だということです。昔の修道士が、宗教的な仕事に神の救いを求めた一方、現代人は仕事での成功に自負や自尊心という名の救いを求めます。だから人々は高収入で一流とされる仕事だけを求め、そうした仕事を屈折した意味で〝崇拝〟しています。しかし神の福音は、すでに私たちがひとかどの人間であり、安心して毎日を暮らしていいと保証しています。福音により、私たちは自分の有能さを証明しなければならないという終わりのないプレッシャーから解放され、仕事によって自分のアイデンティティーをしっかり確立することができます。また福音を知れば、単純作業を見下すような態度もなくなり、その逆に社会的地位のある仕事をうらやむ必要もなくなります。福音を知った私たちは、何の代償も求めずに私たちを救ってくださった神を愛する方法として、またその延長として、私たちの隣人を愛する方法として、仕事に臨むことができます。

ルターもクリスチャンについてこう書いています。「一見世俗的に思えるクリスチャンの仕事でさえも、それは神への礼拝であり、神に非常に喜ばれる従順な行いです[75]」。また「ですから、私も自分自身をキリストとして隣人のために、自由に、楽しく、心から、強い意志をもって……捧《ささ》げるべきではないでしょうか。キリストが私のために自らを捧げてくださったように……。なぜなら、信仰を通し、私はキリストにあって常にすべてのことに満ち足りているからです[76]」ともいっています。人は仕事に救い・自尊心・良識・平安を求めます。しかしこうしたものをすでにキリストの救いの中で得ているクリスチャンは、ただ神と隣人を愛するために仕事に専念すればいいのです。それは喜びを犠牲にすること、自由を提供するための制限です。

どういうことかというと、ある意味皮肉なことですが、ノンクリスチャンの仕事を高く評価し感謝しているのは、聖書の教理を理解しているクリスチャンだということです。私たちは、神の恵みによってのみ救われているのだから、親として、芸術家として、ビジネスマンとして、ノンクリスチャンの人々よりも特別に優れているわけではないということを理解しています。福音の訓練を受けた私たちの目には、神に造られ、召し出された人間たちが、搾乳などの簡単な仕事から芸術的あるいは歴史的な偉業まで、すべての人を通じて行われる神のみわざによって光り輝くこの世界が映っているのです。

仕事——愛による行い

仕事に対してこのような革命的な理解がなされることで、すべての仕事には共通かつ高潔な目的が与えられます。その目的とは、あなたの仕事を通して隣人を愛し、仕えることで神に栄光を帰すことです。

作家のドロシー・セイヤーズは、第二次大戦中のイギリスで、仕事に対するこうした考えに行き着いた人が多くいたと語っています。

仕事を金銭獲得のための手段とする思考の習慣は、私たちのうちにあまりにも深くしみこんでいますので、なしとげられる仕事そのものの観点からそれを考えることがどのように革新的な変化であるか、私たちにはほとんど想像もできなくなっています。[77]……私は、仕事に関するキリスト教の見解というものが厳然と存在していること、それは神の創造的エネルギーの教理、人間が神の形にかたどって作られたという見解に密接に関係していると信じています。……〔現代の〕重大な異説……は、仕事を社会の役に立つための人間の創造的エネルギーの表現としてでなく、金銭と閑暇を得るために手段として人間が行うものにすぎないとしているところにあります。[78]

セイヤーズはさらに、その結果何が起きたかということも書いています。「医者が医療を行うのは、苦しんでいる患者を助けるためでなく、生計を立てるためです――患者の治癒《ちゆ》はその途中で起こる事柄にすぎません。弁護士が依頼を受けるのは、正義にたいして情熱を感じているからではなく、法律が生計を立てるのに役立つ職業だからです」。しかし戦時中には多くの人が軍隊に徴兵され、そこで新しく驚くべき仕事の満足感を得るようになったのです。「軍隊に入った人間が結構幸せで満足しているのは、生涯で初めて俸給（どうせわずかなものでしょうが）のためでなく、何かをやりとげるために働くという実感を得ているからなんですよ[79]」

セイヤーズが取り上げているのは、戦時中のイギリスです。そこでは、自分の仕事が国の存続に大きく貢献していることを国民一人ひとりが理解していました。しかし同じ作家のレスター・デコスターは、人間の生活にとって仕事が必要不可欠だという事実は時代や国を超えるということを、以下のように非常にうまく説明しています。

私たちが他の人にとって役立つ者となるための形態、それが仕事なのです。……また他の人は仕事を通して、私たちにとって役立つ者となります。私たちは（仕事として）植えます。しかし神が増やして、人類を一つにまとめてくださいます。

今あなたがゆったり座っている椅子《いす》を見てください。……あなたが椅子を作ったのですか。……例えば、木材はどのようにして手に入れますか。出かけていって、木を切りますか。けれども、そのためにはまず、木を切るための道具を作る必要があるのではないでしょうか。また木を運ぶために車のようなものを組み立てたり、材木を製材するために工場を建てたり、車が移動するために道路を敷設したりする必要があるのではないでしょうか。つまり、一脚の椅子を作るために、一生涯かそれ以上の時間が必要になります。……もしかりに……私たちが週に四十時間ではなく百四十時間働いたとしても、私たちが今わがものにしている物やサービスのほんの少しでも、一から作ることはできません。（私たちの）給料も、その給料を稼ぐために費やした時間で私たちが作り出せる以上のものを手に入れさせてくれるものだ、ということがわかります。……労働は……私たちが自分の仕事に投入した労力をはるかに上回って、私たちの努力に報いてくれます。……

今すぐ、すべての人が仕事を辞めてしまったら、と想像してみてください。そうしたら、いったい何が起きるでしょう。文明化した生活はすぐに崩壊します。棚からは食べ物が消え、ガソリンスタンドに行っても給油はできず、町のパトロールはなくなり、火はすべてを焼き尽くすでしょう。通信サービスや交通機関も機能せず、水道や電気といった生活必需サービスもなくなります。こうした状況の中で生き残った人々はすぐに焚き火《たびび》の周りに集まり、洞《どう》窟《くつ》で寝泊まりし、動物の毛皮を身に着けるのです。（野生と）文化の違いは、ごく単純に仕事なのです(80)。

駐車利用券を発行することであれ、ソフトウェアを開発することであれ、本を執筆することであれ、ただ単純に自分の仕事をするということ以上に、自分の隣人を愛するよい方法はないかもしれません。しかし熟練の素晴らしい仕事だけが、隣人を愛することになるのです。

適性をもって仕える仕事

仕事を通じて他者を愛する主な方法に、「適性を用いて仕えること」があります。神があなたの仕事に、社会全体に奉仕するという目的を与えておられるなら、神に仕えるいちばんの方法は、あなたの仕事でベストを尽くすことです。ドロシー・セイヤーズは書いています。

知的な大工にたいする教会のアプローチは、酒を過ごすなとか、暇な時間をできるだけきちんと過ごすべきだとか、日曜日にはなるべく教会にくるようにといった勧めに限られていいます。教会が彼に何よりも先に告げるべきなのは、よいテーブルをつくれということでしょうに。(81)

この意見に関するドラマチックな例を挙げてみましょう。一九八九年二月二十四日、ユナイテッド航空811便はホノルルを発ちニュージーランドに向かいました。高度六七〇〇メートルに達したとき、前方の貨物用ドアが開いてしまい、機体の側面に大きな穴が開きました。近くにいた乗客九名がすぐに機外に投げ出されて命を落とし、右エンジン二基は吹き飛ばされたドアの破片で損傷し、止まってしまいました。飛行機は地上一六〇〇キロメートルあまりのところにありました。機長のデイビッド・クローニンは三十八年のパイロット人生のすべてをかけてこの事態を乗り切ろうと必死でした。

二基分のエンジンからの推進力不足を補おうと、機長は必死に両手で操縦桿《そうじゅうかん》を握り、また飛行機を安定させようと床の方向舵《ほうこうだ》のペダルを必死に踏みました。しかし機長にとって一番の問題は、飛行機の飛行速度でした。そして、機体の胴体部に開いた穴が、吹きつける空気によってこれ以上広がらないように、失速速度ぎりぎりまで速度を落とします。巨大な機体にかかる航空力学は穴が開いたことで変わってしまい、失速速度に関する通常のデータはもはや通用しなくなっていました。この事実を知っていたパイロットは、自分の中で最良の判断をしなければなりませんでした。さらに、飛行機は長距離飛行に備えて一三〇〇トンを超える燃料を積み込んだばかりで、着陸装置を壊さずに着陸するには機体が重すぎました。……さらに、新しい問題が浮上します。飛行機の速度を落とすための下げ翼が不具合を起こしていたのです。通常時速が二七〇キロ程度のところ、今は時速およそ三〇〇キロで飛んでいる飛行機を着陸させなければなりません。機体の重さはおよそ二七五トン。ボーイング社が推奨している積載量二五六トンという最大応力負荷を優に超えています。にもかかわらず、クローニン機長は、他の乗務員の記憶の中でも最もスムーズな着陸を実現し、乗客は拍手喝采《はくしゆかつさい》をしたのです。航空機の専門家はこの着陸を奇跡と呼びました。この悲惨な事故の数日後、貨物ドアの損傷がわかった後、最初に何を思いましたか、と記者に聞かれた機長はこう言いました。「乗客の皆さんのために短く祈りを捧《ささ》げ、その後は自分の仕事に戻りました(82)」

ルター派教会の指導者であり、ビジネスマンでもあったウィリアム・ディールは、この感動的な話を用いて仕事に関する重要なポイントを説明しています。「一般人が自分の仕事に何の霊的意味も見出せないなら、ある種の二重生活を送っていることになります。日曜の朝にしていることと、それ以外の日にしていることが、結びつかないという二重生活です。日々の行動がまさに霊的であり、この世界において人々が神から離れてしまうのではなく、人々が神に触れることが……できるようにするものだということに気づかなければなりません。このように霊性があれば……『あなたの仕事は祈りである』と言えるのです(83)」

では、日曜の朝の礼拝生活とそれ以外の毎日の生活をどのように結びつけるべきでしょうか。仕事を通じて、どのように「この社会に生きる神に触れる」ことができるでしょうか。ディールは、仕事を通じて神に仕えることを確実にするためにまずするべきことは、有能になる、仕事ができる人間になることだといいます。

８１１便がトラブルに見舞われたとき、乗客に対してクローニン機長が提供できる最大のプレゼントは、自身の経験と賢明な判断でした。この危機的状況において、クローニン機長が職場でどんな存在かとかどんなふうに個人伝道をしているかということは、乗客には何の関係もありません。……重要なのは、パイロットとして大きく破損した機体を安全に着陸させる能力があるのか、ということです。……仕事を通じて、私たちはさまざまな方法で神に触れることができます……しかしクリスチャンが、継続している神の創造のプロセスの一翼を担うことに召し出されているなら、私たちの伝道の根幹にあるのは能力でなければなりません。与えられた賜物《たまもの》を、できうるかぎり目的に沿う形で使わなければなりません。

　能力に基本的な価値があります。能力は富や社会的地位など、他のものを手に入れるための手段ではありません（ただ、能力があるために、そうしたものを得ることはあるかもしれません）[84]。

　有能に仕事を遂行することが、愛を示す一つの形であるというこの考えは、さまざまな形で適用できます。仕事は愛であるということを理解した人でも、仕事での成功を求めることに変わりはないでしょう。それでも、それを理解していない人に比べて、働きすぎたり仕事の失敗に落胆したりする程度は低くなります。もしこれが真実なら、他の人のために役立つ仕事と高収入の仕事のどちらかを選ぶという選択を迫られたときに、給料は安くてもたくさんの人を助けられる仕事を選ぶことについて、真剣に考えるべきです（その仕事で、自分が能力を発揮できるならなおさらのことです）。つまり、いわゆる救援事業だけでなく、すべての仕事は、あなたの隣人を愛する基本的な手段なのです。クリスチャンが仕事を通じて隣人への愛を示すためには、直接的な伝道に携わったり、非営利慈善団体で働いたりする必要はないのです。

このように考えると、特に、自分の仕事がいわゆるエキサイティングで高収入の魅力的な仕事でなかったとしても、その仕事に満足を見出すことができるようになります。マルティン・ルターが主張したように、すべての仕事は客観的に他の人にとって価値のあるものです。しかし自分の仕事は隣人を愛するための召しであると意識的に理解できなければ、主観的には満足することができません。ジャン・カルヴァンは「どんなに汚いまた卑しい仕事であっても、そこであなたが召命に服しているならば神の前では輝かしく最も尊いものとされる」(85)と書いています。カルヴァンが「そこであなたが召命に服しているならば」といっていることに目を留めてみましょう。これは、自分の仕事を神からの召命だと意識し、自分の仕事を神に捧《ささ》げることです。あなたがそのようにすれば、庭の手入れという一般的な仕事でも、銀行の国際取引という特別な仕事でも、あらゆる仕事を通じて神の素晴らしさが光り輝きます。「炎のランナー」で宣教師だったエリック・リデルの父親が「もしきみがじゃがいもの皮を完璧《かんぺき》にむくならば、その皮むきによって主を称えることができるのだよ」と力強く語りかけているとおりです。
あなたの日々の仕事は、究極的には神を礼拝する行為です。それがどんな仕事だろうと、神はあなたをその仕事に召し出し、その仕事に必要なものをあなたに与えてくださったからです。ジョン・コルトレーンは傑作『至上の愛』のライナーノーツで、この事実を美しい言葉で語っています。

このアルバムは、私から神様への慎《つつ》ましい捧げ物です。心の中で、または口に出して「**神様ありがとうございます**」と言うのと同じように、私たちの仕事を通して神様に感謝を捧げたいという思いで作りました。どうか、すべての人のあらゆる働きと努力に、神様の助けと力が与えられますように。

第2部

仕事が抱える問題

第5章　虚しいものとなった仕事

女にはこう仰せられた。
「わたしは、あなたのうめきと苦しみを
大いに増す。
あなたは、苦しんで子を産まなければならない。
しかも、あなたは夫を恋い慕うが、
彼は、あなたを支配することになる。」
また、人に仰せられた。
「あなたが、妻の声に聞き従い、
食べてはならないと
わたしが命じておいた木から食べたので、
土地は、あなたのゆえにのろわれてしまった。
あなたは、一生、

苦しんで食を得なければならない。
土地は、あなたのために、
いばらとあざみを生えさせ、
あなたは、野の草を食べなければならない。
あなたは、顔に汗を流して糧を得、
ついに、あなたは土に帰る。
あなたはそこから取られたのだから。
あなたはちりだから、ちりに帰らなければならない。」（創世3・16―19）

失われた楽園

ここまで、神は仕事に完璧《かんぺき》なデザインを持っておられるという豊麗な聖書の意見を学んできました。しかし、私たちの経験はそれとは違います。人はみんな、この世界は壊れていて問題だらけで、病気や死、不正、自己中心、自然災害や混沌《こんとん》にあふれていることを知っています。有史の初めから、なぜ世界がこのような状況なのか、そしてこの世界をどうすればいいかということについて、さまざまな説明がなされてきました。聖書ではその説明の中心に、人間が神に逆らい、神から離れてしまった罪を置いています。アダムとエバの堕罪（その結果、人間全体も罪に定められたこと）は破滅的でした。堕罪はこの世界全体を紡いでいた布にほころびを作り、その影響を最も受けたのが仕事でした。この世界を繁栄させるために、天与の賜物《たまもの》と資産を使う輝かしい手段として仕事が神によって祝福されたと聖書にあります。しかし堕罪によって、今やこの世界は呪《のろ》われてしまいました。今日、神によって支えられている世界の中に仕事は存在しています。しかし仕事の中にあった秩序は堕罪により失われてしまいました。罪が人間の仕事を歪曲《わいきょく》してしまった経緯を理解して初めて、私たちはその悪影響に対抗し、私たちの仕事に神が意図された満足感をいくらかでも救い出すことができます。

　神はアダムとエバを楽園に置かれましたが、神に背いてとある木の実を彼らが食べたら、彼らは「必ず死ぬ」と創世記2章17節は伝えています。この一本の木の何がそんなに特別だったのでしょうか。おそらく「何も」というのが答えでしょう。その木やその実に摩訶不思議《まかふしぎ》な力や特別な点があったというわけではなく、それは人間へのテストだったのです。すなわち神は「あなたにしてほしいことがある。なぜやるのか、あるいはそれが自分の利益になるとか不利益になるとか、そういうことは関係ない。ただ私に従ってほしい。私が神であるということ、あなたが私を愛し、何よりも私を信頼していること、それだけの理由でこの願いを聞いてほしい」と言っておられるのです。

この命令には、実際に、後に興るイスラエルに与えられるすべての聖書的命令の本質が含まれています[86]。そこには、人間が神との関係を人生の第一目的とし、みことばに従うことを自発的に行うチャンスがあります。なぜそうするのか。単純に、神がそれに値する存在だからです。

アダムとエバを騙《だま》し神への不従順へと導いた蛇が言ったとおり、この命令に逆らった二人は「神のように」なりました。つまり、二人は自分を神と同じ立場に置いたのです。人生で何をすべきか、自分の行動の善悪を決める権利を、神ではなく自分に与えたのです。彼らにとって、こうして「神のように」なったのは、壊滅的な出来事でした。水の上を走るように作られたヨットや帆船が座礁してしまったら、船体は傷つき使い物にならなくなってしまいます。同じように、人間が自らの権威になることを選んだら、その人は座礁してしまいます。私たちは、至高の存在である神を知り、神に仕え、神を愛するように造られており、その設計図に忠実に従えば、自分に与えられた役目をしっかりと果たして活躍できます。しかし神のためでなく自分のために生きることを選ぶと、すべてが悪い方向に向かいます。神ではなく自分のために生きるという選択をした後、人間はこの世界の本質、また人間が造られた本来の理由や目的と相反した生活を送ることになります[87]。パウロがローマ人への手紙8章で書いているように、今やこの世界は「虚無に服した」のです。詩人のウィリアム・バトラー・イェイツは以下のように表現しています。

すべてが解体し、中心は自らを保つことができず、
まったくの無秩序が解き放たれて世界を襲う。(88)

神はアダムとエバに、その木の実を食べたら死ぬと警告なさいました。この言葉を読んだ人の多くは、肉体的な死を意味していると思うので、実を食べたアダムとエバが地面に倒れこんで命を失わなかったことに驚きます。しかしやがて、物理的な死が訪れます。最終的に二人を襲う物理的な死は、今や人間の生活のあらゆる側面に入り込んでいる大局的な死や腐敗の一つです。堕罪のせいで、神が意図された姿で進むものは一つもなくなりました。霊的なもの、物理的なもの、社会的なもの、文化的なもの、心理的なもの、一時的なもの、永遠のものなど、人生のすべての分野に、罪が崩壊をもたらしたからです。

この事実を覚えておくことは大切です。なぜなら、クリスチャンの多くは、社会を「この世的なもの」と「聖なるもの」に分け、罪はこの世的なものにだけ影響を与えたと考えがちだからです。しかし、魂も肉体も、個人も公衆も、祈りも労働も、人間社会のあらゆる分野が、確実に罪の影響を受けています。イェイツは罪のゆえに「すべてが解体し」たといっています。

すべてが崩壊した

創世記3章を読むと、神に逆らって罪を犯したとたん、アダムとエバは羞恥心《しゅうちしん》や罪悪感、挫折《ざせつ》などの思いを抱いたことがわかります。二人は、自分のデザインに反した行動をとったことに対する当然の報いに苦しんだのです。「自分たちが裸であることを知った」という7節は2章25節の「ふたりとも裸であったが、互いに恥ずかしいと思わなかった」とは反対の状況です。旧約聖書研究家のデイビッド・アトキンソンは「羞恥とは……自分の存在の中心において、自分自身に不安を感じることである[89]」と書いています。自分たちが悪いとわかっていても、それを認めたりその事実を認識したりすることができないことがあります。そこにある根深い不安は、いろいろな形をとって表面化します。例えば罪悪感を持っていると、自分の価値を証明しようと努力し、反抗心があれば自分の自立を主張し、また周囲に合わせようという気持ちは他の人を喜ばせようとしたりします。何か問題があるとき、私たちにはその問題がもたらす影響はわかったとしても、真の原因を理解することはできません。

この不安の原因を見つけようとするときに、近代の西洋社会は聖書にある罪の神学を考慮に入れません。心理学者は感じる必要のない羞恥心や愛されていないという思いを生み出すのは、幼少期の経験の一部が原因であると説明します。私たちは娯楽を通して、不快なことから目をそらします。自分はいい人間だと思う気持ちを強くするために、何かいいことをします。しかし聖書は、問題の根本は神からの離別にあるといいます。

もう一つ、他の人を信じなかったり、怖がったりすることも、この根深い不安の表れです。聖書の中で、アダムとエバが何か着るものが必要だと気づくシーン（7節「そこで、彼らは、いちじくの葉をつづり合わせて、自分たちの腰のおおいを作った」）には、性について語らないという新たな傾向以上に、言わば「非自己防衛的な相互関係」から逃げたいという思いが見られます。アダムとエバは、相手が自分について知る内容をコントロールしようと必死になり、相手から隠れ、視線を遮るものを作ろうとしました。こうした行動は相手への不信や恐れです。その思いは急速に摩擦や怒りにつながり、それは今やあらゆる人間関係に脈々と流れています。

創世記3章10―13節で、神はアダムとエバと興味深い対話を展開しています。神はいったい何が起きたのかと二人に聞きました。アダムは問題の木の実を食べたという真実を語ることを完璧《かんぺき》に拒否し、自分のみじめな気持ちや屈辱感だけを必死に訴えます。神からアダムへの二つ目の質問は直球で、アダムは正直に答えざるをえなくなりました。しかし彼はその罪をすぐにエバに責任転嫁し、エバは蛇に責任転嫁します。アダムとエバの敵対心や怒りは、自分たち以外の被造物に向けられただけでなく、神にも向けられています。12節を見るとアダムは「あなたが私のそばに置かれたこの女が……、くれたので、私は食べたのです」と言い、この問題が起きたのは神のせいだと非難しています。創世記の注釈には「創世記3章8節には、罪の重さに対する意識の低さが描かれている。道徳観は鈍り、自己中心的な価値観は神中心の価値観よりはるかに劣っている。……罪のせいで真実を見る目が失われ始めた様子が描かれている。堕罪が起きた瞬間から、人間は自分の罪深さを否定することができず、それでいてその罪がどのようなものであるかを認識することもできないという道徳的な意味での精神分裂症に苦しんでいる」[90]というものもあります。

創世記3章を見ると、私たちの性質・生活のあらゆる部分が罪によってゆがめられていることがわかります。セックス・性別・愛・結婚を本来の姿からゆがめることから、罪はその働きを始めます。罪が夫婦関係に与えた、身震いするような恐ろしい影響について、神はこう説明しておられます。罪のせいで「あなたは夫を恋い慕うが、彼は、あなたを支配することになる」（16節）と言われる神の言葉の真意について、研究者はさまざまな議論を交わしています。しかし、どの男女の間にも誤解や落胆、大きな確執、悲哀があるのが当たり前なのは罪のせいである、という点については意見の一致を見ています[91]。

こうして今や物理的世界の構造がほころび始め、その結果もたらされたものは、病気や加齢、自然災害、そして死そのものです（創世3・17―19）。哲学者のアル・ウォルターズはこう説明しています。

聖書はアダムとエバの堕罪は単に神への不従順という単独の事件ではなく、被造物全体に破滅的な影響をもたらす一件だったということを、実にシンプルに教えている。……罪の影響は被造物のすべてに及び、原則として、堕罪による腐食的な影響を受けていないものは一つもない。国家あるいは家族といった社会構造も、あるいは芸術やテクノロジーといった文化的探究作業も、性や食事という身体的機能も、被造物という大きな範囲の中に入るものすべてを見たとき、神の手により生み出された素晴らしい被造物が神に反抗する領域に入ったことがわかる。パウロも「被造物全体が今に至るまで、ともにうめき……滅びの束縛（にあるる）」と語っている(92)。

創世記3章は、物語というスタイルの中に豊かな神学が詰まった古代の書物ですが、今日の生活にこれほど関連性があり、役立つものはありません。あたかも「人生で重要な二つのこと、愛と仕事はとてつもなく困難だと気づきましたか。その理由はこれですよ」と言うかのように、ポイントを突いてきます。創世記のこの箇所で、神は愛と結婚に伴う痛みを仕事の苦痛と密接に関連づけています。出産も農業も、英語では「痛みに満ちた労働（painful labor）」と言われます。神学者のW・R・フォレスターは「さまざまな言語において、骨折り仕事（toil）と出産（child-bearing）については同じ言葉が用いられている。例えば『労働（labor）』や『労苦（travail）』である」(93)と書いています。つまり会社は、市場ですぐに淘汰《とうた》されてしまうかもしれない新商品や新規事業を「生み出す」ために、何か月も何年も作業チームに必死に仕事をさせます。フットボールのスター選手も、怪我《けが》で一生を棒に振ることがあります。スティーブ・ジョブズのような天才的な起業家も、不景気のときには会社を追い出されます（ジョブズのように、その後会社に復帰できたのは、ほんの一握りです）。雑草、コンピューター・ウイルス、腐敗のスキャンダルといったものは、勢いを増して舞い戻ってきます。原子の特性を調べた研究は、原子爆弾を生む基礎になりました。つまり、仕事とは、たとえそれが素晴らしい結果を生み出したとしても、常に痛みを伴い、往々にして失敗し、時には私たちを殺すものなのです。

いばらとあざみ

罪は個人や私生活だけでなく、国民一般の生活や社会生活に、特に仕事に影響を及ぼします。創世記1―2章で見たように、神は仕事をする存在として人間を創造されました。しかし罪のせいで、仕事は「一生、苦しんで」（17節）するものになってしまいました。仕事そのものは災いではありません。しかし人間の生活のあらゆる側面は、罪がもたらした災いの影響下にあるのです。食べ物を育てようとすると、「いばらとあざみ」が邪魔をします（18節）。園の世話が人間のあらゆる労働と社会構築の現れであることを考えると、これがすべての仕事と人間の努力には、挫折《ざせつ》と未達成という烙印《らくいん》が押されていることを示す声明文といえます。「堕落した世界における仕事の呪《のろ》いの一つは、仕事がしばしば虚《むな》しいものであるということである」[94]

「仕事が虚しい」とはどういう意味でしょう。それは、どんな仕事でも自分が達成できるよりもはるかに高い目標を立ててしまうということです。そうする理由は、自分の能力が足りない場合もあれば、状況が許さない場合もあります。仕事を通して得られる経験には、痛み・衝突・嫉《しっ》妬《と》・疲労などがあります。また、自分の目標のすべてが達成されたこともないでしょう。例えば、ある仕事に就きたいと願い、そのために必要なスキルや素養をある程度示すことができたのに、自分が希望する仕事に就くことができなかったり、かりにそうした仕事に就けたとしても、思うように仕事ができなかったりすることがあります。人間関係がうまくいかず、自信は打ち砕かれ、仕事の能率が落ちていくこともあるでしょう。

　自分の仕事内容に満足していたとしても、最終的な結果に愕然《がくぜん》とすることもあります。周囲の状況が相重なって、自分が頑張った仕事の影響がゼロになってしまうという状況に直面するかもしれません。農家としてさまざまなスキルを身に着けたのに、干ばつや洪水、戦争などで収穫が得られないこともあるでしょう。歌の才能は抜群なのに、自己プロモーションが得意でなかったり、ライバルの歌手にあの手この手で邪魔をされたりして生計を立てられず、歌手の道をあきらめざるをえないこともあるかもしれません。

仕事をする以上、専門分野の知識を使って自分の所属する組織に貢献し、優秀な人物と認識されたいと思うのは自然です。「世界を変える」という熱い思いを抱き、社会を大きく向上させ、社会全体に長期的な影響を与えるような仕事をしたいと思うかもしれません。しかしこうした目標を実現できるのはほんの一握りの人です。仕事で大成功を収めたように見える有名人ですら、本当の目標は達成できていないと感じているかもしれません。そして自分でそう思うよりもずっと頻繁に、私たちはみんな、お互いの目標達成を邪魔する存在になっています。

病院の管理運営部門で働いている自分を想像してください。あなたのチームは、患者ケアで画期的なシステムを採り入れようと考え、医療スタッフに数々の重要な変更を指示します。当初、患者からの反応は非常によく、血液感染や手術部位感染、薬物誤用など主要な医療事故の数も改善しました。しかし部門別報告書や安全管理ダッシュボードなど、新しく採り入れられたさまざまな責任評価基準がスタッフの怒りを買ってしまいます。評価基準を満たさなければ、というプレッシャーが重い、基準の設定方法が不公平だ、純粋なうっかりミスでも経歴に傷がつくとスタッフは不満をぶつけます。多くのスタッフに評価法の必要性を根気強く説明しても、責められる一方。そしてあるスタッフ・ミーティングの席で、ついに冷静さを失ったあなたは、スタッフに「患者さんを第一に考えていない！」と言い放ってしまいます。それはある意味、真実かもしれません。しかしその発言は完全なやぶ蛇になってしまい、激怒する人もいました。大きな信頼を寄せていた人も何人かは病院を辞めてしまい、スタッフはすっかりやる気をなくしてしまいました。

いったい何が起きたのでしょう。いろいろなことが起きたのです。スタッフの気持ちや不安にもっと注意を払い、慎重に行動するべきでした。スタッフからの批判を個人攻撃と受け取って、病院の正式なミーティングの席で、無分別に話をしたのは間違いでした。この問題の一端にあなた、そしてあなたの抱える罪があったのです。正直にいえば、あなたはこの病院の「いばら」だったのです。実際のところ、スタッフの多くは単に強情で、患者の安全よりも人事考課表に汚点がつくことを心配していました。しかし彼らがそう考える裏には、医療現場ではほんの小さな、また避けようのないミスでも、患者の人生を滅茶苦茶《めちゃくちゃ》にしたり、生命を奪ってしまったりするという人生の悲劇的で、不公平に見える事実があります。神との関係を失ったことにより、他の人と距離が生まれました。そしてその距離感がこの状況におけるいばらとあざみを生んだ原因なのです。ですから、最高の仕事ができている日であっても、私たちはみんな、私たちに敵対するものでいっぱいのシステムの中で働いているのです。

私はこの世で最高の仕事に就いている！　と私はよく思います。私にとって、最高の仕事に就いていると。私は自分の仕事を愛しています。教会では、自分が生きている間にこんな素晴らしい結果を見られるなんて！　と思えるような期待以上の結果が出ています。そんな私も、さまざまないばらとあざみを経験してきました。甲状腺がんを患い、ほとんどの仕事を休まなければならない時期がありました。妻も急な病気に倒れ、計画していた旅行は頓挫《とんざ》し、新プロジェクトも保留しなければならなくなりました。またスタッフが反抗し、私のビジョンが大きすぎて私が指導しきれていないとか、自分たちもこのようなことは実行できないと訴えたりしました。いよいよこれから教会の中枢を担ってもらおうと思っていたリーダー的存在の人々が、引っ越したこともありました。こうしたことを通して、神が仕事のあるべき姿を教えてくださったことに感謝しています。それでもなお、神が私に託された世界に広がるいばらとあざみの存在を感じ、日々頭を抱えています。

虚しさを受け入れる

ピーター・シェーファーの戯曲『アマデウス[95]』は仕事の不満や虚《むな》しさを鮮烈に描いた作品の一つです。アントニオ・サリエリは、ハプスブルク帝国の宮廷作曲家でありオペラ作家として大きな成功を収めていました。権威と富を手にしながらもサリエリは、自分の作品が凡庸《ぼんよう》であることを知っていました。そんなとき、モーツアルトに出会います。モーツアルトの音楽を聴いた瞬間、サリエリは自分が人生をかけてずっと求めていた美をそこに認めます。しかし同時に、自分にはそうした曲を決して生み出せないこともわかりました。モーツアルトの手書きの楽譜を見て、自分が切望する栄光がそこにあることを感じても、それにかかわることはできないことを知ったサリエリは、手も足も出せないかごの中に囚《とら》われたように感じたのでした。「音符を一つ間違えれば弱点が生まれ、一小節を間違えれば、曲全体が失敗に終わるだろう。……ここに……まさに神の声がある！　私はこのインクの繊細な一筆一筆によって作られたかごを通して、絶対的で真似のできない美を凝視していた[96]」

どんなに仕事に励み経験を積んだとしても、自分が思うような曲を作ることはできない。仕事に対するこの実存的な不満を抱えながら、サリエリは日々を過ごさなければなりませんでした。それでも、サリエリは作曲家として認められ、社会的地位も富も得ています。一方モーツアルトは、あふれんばかりの才能に恵まれた音楽界の神童でありながら、周囲には認められず、貧困にあえいでいました。二人とも、仕事である程度の成功を収めていながらも、実は大きな不満を抱えていたのです。

聖書で語られる天地創造と堕罪、つまり仕事に対する神の計画と罪で壊れた後の世界にある問題について理解し、それをしっかりと心に留めることが大切です。大恐慌と二度の世界大戦を経験した私の祖父母や両親の世代は、自分と家族を養えるなら、どんな仕事でもあるだけありがたいと考えたものです。しかし私の子供の世代はそれとは正反対で、仕事はやりがいがあって満足感が得られ、自分の才能を存分に活かして夢を実現するもの、そしてグーグル社のある幹部が社是として言ったように「世界のために何か素晴らしいことをする」ものだと言います[97]。こうした考え方をアンディー・クラウチはこう分析しています。「私たち現代人が自分に自信を持てないことを責められる必要はまったくありません。『世界を変える』ことについて書いた本が爆発的に増えているのは、私たちのセルフイメージに沿ったことなのです[98]」。私の両親の世代は、天地創造で描かれている仕事のあるべき姿よりも低い位置に仕事を見ていました。それは両親の世代が置かれた状況が影響しているでしょう。私の子供の世代は、やはり置かれた状況によって、聖書で描かれる罪に落ちた世界での仕事の姿よりも、もっと甘い考えと夢を持っています。

では、サリエリは自分の仕事の召しを聞き違えたのでしょうか。仕事に不満を持たないように、作曲とは縁のない仕事をするべきだったのでしょうか。現代の青年の多くは「そのとおり！」と言うでしょうが、それは間違いです。サリエリは、演奏会に使われる曲の作曲家として、この世界に貢献するという召しを受けていました。実際、サリエリの作品は今日でも演奏されています。あなたも同じです。自分がいちばん望んだ姿を実現できないからといって、選択を間違えたとか、その仕事が間違っているということはありません。不満を持ちながら仕事をすることがないように、自分に完璧《かんぺき》に合った仕事を探そうと一生迷い続けるのは、誰《だれ》にとっても意味がないことです。あなたに合った完璧な仕事に就いていたとしても、仕事に対する不満や苛立《いらだ》ちは定期的にあなたを襲います。

とはいえ、サリエリの質問は正しい質問ではないでしょうか。十分な満足感を得られる仕事に就きたいという思いは、もっともなことではないのでしょうか。もちろん、そのとおりです。私の両親の世代の目には身勝手に映るかもしれませんが、こうした思いに駆られて転職した人を、私は何人も見てきました。金融関係の仕事をしている人への伝道チームのリーダーをしていたある女性は、大学卒業と同時に、ウォール街にある会社に採用されました。仕事は順風満帆、給与も高額でしたが、入社数年後に会社を辞めてしまいます。自分が本当にやりたい仕事は看護師だと言って、高収入の仕事を捨てて看護学校に入学し、最近看護師として仕事を始めました。一般社会では、定年退職するまでに平均二回から三回の転職をするとされています。ですから、仕事で最大の成果を挙げるために仕事を変えることはごく自然なことでしょう。神は、私たちの仕事の召しを変えることがおできになるし、実際、それはしばしば起きるのです。

大いなる慰め

神による天地創造の性質を考えれば、私たちが幸せになるためには仕事が必要です。そしてこの世界が繁栄するために神が仕事を造られたからこそ、私たちは人間がなしうることの何たるかを漠然とですが理解しています。しかし、人間の堕罪により仕事は私たちに激しいストレスを与えるものとなりました。望むような成果は決して得られず、往々にして完全な失敗に終わることもあります。だから、仕事に極端な理想を持ったり、皮肉っぽく考えたり、あるいはそうした両極端な気持ちの間を行ったり来たりする人が多くいます。理想家は「私の仕事で物事を変え、事態を改善し、何か新しいことを実現し、正義をもたらすのだ」と言い、皮肉屋は「何も変わりはしない。あんまり希望を持たないことだ。生活するのに十分なことだけすればいい。考えすぎなくていい。できるだけ仕事をしなくて済むようにするのだ」と言います。

創世記3章18節には、野に「いばらとあざみ」が生えるというだけでなく、「あなたは、野の草を食べなければならない」とあります。いばらと食べ物。いつも期待どおりではないとしても、仕事は必ず何かしらの実を結びます。仕事はストレスと満足感の両方の側面を持っているのです。そして時に人間の仕事は、すべての仕事にあったであろう美と非凡さを映し出し、また神の恵みにより、新天新地において、仕事がどのようなものになるかも見せてくれるのです。トールキンの夢を基に書かれた『ニグルの木の葉』に、この希望が描かれています。ニグルには、ある美しい木のイメージがありましたが、一生かけてもその木は描けないと思っていました。だからこそ、ニグルは一生を費やしたのに、その作品は未完成だったと泣きながら死んでいったのです。誰《だれ》の目にも触れることのないはずの木でした。それなのに、天の国に着いたニグルの前にはその木が！　この話を通してトールキンは何を語っているのでしょうか。トールキンは、仕事に対する熱い思いは、神にある未来で完全な結実を見るということを私たちに、そして自分自身に語りかけているのです。ニグルの木が栄光とともに生き残ったように、人々はサリエリの音楽を聴くでしょう。また人々は、あなたが今かかわっている仕事の成果を多少なりとも感じることができるでしょう。神ご自身が仕事に喜びを見出しておられます。だから、かつて存在した楽園に仕事があったように、未来に現れる楽園にも仕事があるでしょう。その楽園では、あなたは想像しうるすべての技術を使って、他の人の喜びと満足を無限大にするために用いられるでしょう。

神が造られた世界は贖《あがな》われる。その希望の中に、クリスチャンは大いなる慰めを見出し、その慰めのゆえに、全身全霊をかけて仕事に向き合うことができます。そして、必死によい働きをしている間にも、いばらが伸びるこの現実社会において、最終的には絶望を決して感じることなく過ごせるのです。私たちは、この世界での仕事が最終的なものではないことを知りました。だから、罪人である私たちが「神からの栄誉を受けることができ」ない（ローマ3・23）ように、私たちの仕事はこの世ではいつでも不十分であるという事実を受け入れることができます。
この慰めは、クリスマスごとに感じることができます。しかし私たちは、自分たちが歌うこの言葉の意味に気づかないことが多いのです。

罪も悲しみも、もはや育つことはなく
地が茨《いばら》で荒れることもない
苦しみがあるすべてのところに
苦しみがあるすべてのところに
苦しみがあるすべてのところに
恵みをあふれ出させるために、主は来られた(99)
〔クリスマス・キャロル「たみみなよろこべ」より。讃美歌委員編『讃美歌』（一九二一年刊）に歌詞があるが、ここでは訳者の自由訳を用いる〕

第6章　仕事は無意味

私は生きていることを憎んだ。日の下で行われるわざは、私にとってはわざわいだ。すべてはむなしく、風を追うようなものだから。（伝道者2・17）

日の下で

罪が入ったこの世界で、仕事は虚《むな》しいものとなりうるということを見てきました。そして仕事はまた無意味なものにもなりうるのです。これは、仕事の中で人間が感じる疎外感のもう一つの側面です。技術が身に着けられなかったり、希望が叶《かな》わなかったりして苛立《いらだ》ちを覚える人が多い中、夢を実現し成功を収めてもなお、仕事に満足できず、達成感を感じられない人が多くいます。人間が仕事に何の意味も見出せないことは、はるか古代の文献、旧約聖書の伝道者の書が的確に語っています。

伝道者の書の語り手は、ヘブル語でコヘレトといい、「教師」あるいは「哲学者」とも翻訳できます。しかし、そこで仕事について語られていることを理解するためには、伝道者の書が分類される文学ジャンルと著者の意図を理解することに、しばし時間を割く必要があります。

伝道者の書を読むと、聖書の他の箇所と矛盾するように見える内容が数多く出てくることに驚くでしょう。聖書は、常に賢く正しく生きるように説いています。しかし伝道者の書では、「正しくありすぎる」あるいは邪悪すぎることに警告を与えて、中庸の道を勧めているように読めます。義に過ぎてはならない、賢きに過ぎてはならない、悪に過ぎてはならない、愚かであってはならない（伝道者7・15―17）という言葉を、どのように説明したらいいのでしょうか。

旧約聖書研究者のトレンパー・ロングマンは、伝道者の書が書かれた時代に「架空の自伝(100)」と呼ばれる文学形式があったことを指摘しています。これは、著者が架空の人物を設定し、その人の人生について語り、そのうえで、人生を振り返ったケース・スタディーの中から導き出した一般的な見解や教えで締めくくるスタイルです。実際、伝道者の書には二人の著者あるいは語り手がいます。最初はコヘレトという架空の人物で、第一人称で話をしています。コヘレトは、人生における充実とその意味を探すあらゆる方法を日の下で考えています。コヘレトの見解を理解するためには、この「日の下」という言葉が重要です。日の下という表現は、おおむねこの世界の外にある壮大な現実や永遠の現実から離れ、この世界での人生について考えることを意味しています。哲学者（コヘレト）は、成功や喜び、学習などこの物質世界の制限の中にあるもののみを基本として、意味ある人生を手に入れることを探究しています。[101] 話の最後に、伝道者の書の著者が再び自分の声で話し、エピローグの中で人生についての評価をしています（12・8―14）。このようにして、著者は最も賢く、富み、才能がありながらも、人生に満足を見出せない人という形で描き出され、その主題を劇的に演出することに成功しています。[102]

聖書を読んでいると、人生をどう生きるべきかという牧師の説教を聞いているような箇所があります（新約聖書のヤコブの手紙や旧約聖書の箴言など）。一方、伝道者の書は、難しいソクラテス風の質問や風変わりなケース・スタディーで教授が学生を刺激し、学生自身が真理を見出せるような会話に引きずり込む哲学のクラスに出席しているように感じます。伝道者の書の哲学者は、あなたに人生の基本に目を向けるようにさせ、そんな状況に追い込まれなければ避けてしまうような「人生に何の意味があるのか。これをする本当の意味って何だろう。この世界にどうしてこんな間違ったことがたくさんあるのか。そうした問題にどうやって立ち向かうのか」という基本的な質問を、自分自身に問いかけさせるのです。

あらゆることを超越した神の独自性と必要性を読者が理解できるよう、伝道者の書の著者は哲学者という登場人物を利用しています。この世界には、意義ある生活の基礎として十分なものはいっさい存在しません。人生の基礎を仕事や業績に置くなら、あるいは恋愛や快楽、知識や学問などに置くなら、私たちの存在は不安定で弱いものになってしまいます。なぜなら、この場合、人生を取り巻く状況が、私たちの人生の基本を常に脅かす原因となり、私たちが大切に思うものはすべて、死によって当然私たちから奪われてしまうからです。ぶれない、目的に満ちあふれた生活を送るための前提条件には、抽象的な信仰というものだけではなく、恵みあふれる創造者である神への実存的信頼があると伝道者の書は主張しています。

私の教会には、教会での働きを仕事に役立てている人がたくさんいて、キャサリン・アルスドーフもその一人です。キャサリンは大学での学びを通して人生の意味を探し求め、社会人になると楽しみや冒険を追い求め、そして三十代では満足のいく人生を送るため、必死に仕事に打ち込むという経験をしました。仕事で着実に実績を積んだだけでなく、十分すぎる収入も手に入れました。にもかかわらず、キャサリンのストレスは徐々に大きくなり、苦しみさえ覚えるようになりました。自分の力で手に入れたわけでもないのに、よい人生を楽しんでいる人を見ると、怒りを覚えました。どんなに仕事で成功してもそれは十分でなく、有り余るほどの利益を得ても、それはキャサリンを満足させられませんでした。「人生はすべて意味がないという考えに耐えられなくて、うつむいてひたすら仕事に没頭しました」。この世界のどんな哲学を学んでも答えを見つけられなかったキャサリンは、ついにキリストの福音について考え始めます。そしてキャサリンが感じた人生の虚《むな》しさは、すべてを超越した神の独自性を自ら進んで理解する方向へとキャサリンを向かわせたのでした。

仕事の無意味さ

哲学者は、自分の主張を段階的に正当化していきます。伝道者の書は日の下で人生の意味を見つけようとする三つの「人生の研究」から始まっています。第一の探究では、学習と知識を通して(1・12―18、2・12―16)、第二の探究では、喜びや享楽《きょうらく》を通して人生の意味を見つけようとします(2・1―11)。

そして第三の探究では、仕事での成功を通して、自分が感じている虚《むな》しさをなくそうとします(2・17―26)。学習や喜びを通して意味ある人生を送ろうとしてもうまくいかなかった哲学者は、明確な目標を設定してそれを達成すること、そして富と影響力を増やしていくことを通して、意義ある人生を送ろうとしますが、最終的に、仕事だけでは意味ある人生は送れないという結論を出します。「私は生きていることを憎んだ。日の下で行われるわざは、私にとってはわざわいだ。すべてはむなしく、風を追うようなものだから」(2・17)。哲学者はなぜこのような結論を導き出したのでしょうか。

人間は、自分の仕事を通して何かしらの影響を与えたいと思うものです。それは、職場で認められること、業界で新しい風を起こすこと、あるいは社会全体をよくすることかもしれません。自分の仕事の結果、社会に長期的な影響力を与えることができることほど、満足感を得られることはないでしょう。しかし、哲学者は言います。あなたがかりに、自分が望むすべての成功を手に入れることのできた数少ない人の一人だったとしても、結局それは何の意味もない。なぜなら最終的には永続的に続く成功など存在しないからだと。「私は、日の下で骨折ったいっさいの労苦を憎んだ。後継者のために残さなければならないからである。後継者が知恵ある者か愚か者か、だれにわかろう。しかも、私が日の下で骨折り、知恵を使ってしたすべての労苦を、その者が支配するようになるのだ。これもまた、むなしい。私は日の下で骨折ったいっさいの労苦を思い返して絶望した」（2・18―20）

　遅かれ早かれ、私たちが流した汗のすべては歴史の中に埋もれていきます。あなたがこれまで頑張ってきたことも、職場の後任者やあなたが管理していた団体や組織の後任者の手で、すべてなかったことにされるかもしれません。もちろん、人類の歴史に燦然《さんぜん》と輝くような発明や新制度を生み出し、歴史に名を残した人もいるでしょう。しかしこうした人は非常にまれであり、もちろん、こうした中で最も有名な人でさえ「いつまでも記憶されることはない」（2・16）のです。日の下にあるすべてのもの、すべての成果、文明そのものですら、いずれは地の塵《ちり》になるのです。歴史上最も大きな仕事ですら、すべての仕事・労働はいずれ忘れられ、その仕事の影響は完全にその効力を失うのです（1・3—11）。
つまり「日の下」の生活がすべてであるなら、かりにあなたの仕事に成果があったとしても、最終的には無意味なのです。

仕事で感じる疎外感

日の下での仕事は永遠に続くものではありません。だから仕事は無意味なのであり、私たちの未来への希望を奪ってしまいます。またそれは、私たちを神から、そしてお互いの人間関係からも引き離してしまうものであり、よってこの世界での喜びも奪ってしまいます。

ここで再び、『アマデウス』に出てくるアントニオ・サリエリに同情を覚えるのではないでしょうか。サリエリは素晴らしい音楽を作り出したいと願いながらも、その才能はいたって普通。モーツアルトの傍《かたわ》らにいたサリエリは、自分の音楽がいかに凡庸《ぼんよう》かを悟り、輝かしい創造性を与えてくださるよう神に祈ります。しかしその祈りが応えられなかったとき、サリエリは神に激しこう言いました。「今から、私たちは敵同士だ。私とあなたは敵だ。こんなにあなたを求めたのに、あなたは私の中に来てくださらなかったからだ。私の思いをさげすんだあなたは不公平で、不親切で、冷酷だ」。サリエリは神への憎しみを募らせ、神に用いられたモーツアルトを滅ぼそうとします。

神は本当に不公平で冷酷だったのでしょうか。もし神がそういう存在なら、サリエリにだけ特別にそうだったわけではないでしょう。歴史を振り返って、モーツアルトほどの才能が与えられた人は、片手ほどであったことは間違いありません。サリエリは音楽を通じて有名になることに人生を懸けていました。だから、サリエリの神への反応は異常なほどに暗く絶望的になったのです。サリエリは神に借りを作ろうと、言葉を始めています。

> 私の父は商売を守ってくれるよう、神に真摯《しんし》に祈りを捧《ささ》げた。その一方で、私は、少年が考えうる中で最も立派な祈りを捧げたものだった。主よ、どうぞ私を偉大な作曲家にしてください、と。音楽を通してあなたの栄光を褒めたたえさせてください。そして私自身も褒めたたえられますように。愛する神様、私の名を世界に轟《とどろ》かせ、不朽の名声を与えてください。私が死んだ後、人々が私の作品を愛し、永遠に私の名を語りますように。[103]

「不滅」という言葉は、サリエリの心のひだを理解する鍵《かぎ》となる言葉です。サリエリが当然のように抱いていた野望が、彼の（見当違いな）救いとなっていたのです。だから、十分な成功を収めていたにもかかわらず、それに満足できなかったのです。サリエリが経験したのは単なる絶望ではなく、モーツアルトほどの才能を持てないという孤独と悲嘆から来る絶望なのです。「実に、日の下で骨折ったいっさいの労苦と思い煩いは、人に何になろう。その一生は悲しみであり、その仕事には悩みがあり、その心は夜も休まらない。これもまた、むなしい」（伝道者2・22—23）。大きな悲しみと痛みのあまり、サリエリは休むことすらできませんでした。これこそ、人生のすべてが仕事に左右されている人が経験することではないでしょうか。この強烈なイメージの中で、著者は仕事の中に真の休息を生み出される神（創世2・2）と私たちとを意図的に対比させています。そして、無意識的には嵐《あらし》の中ですら眠ることがおできになる救い主（マルコ4・38）と私たち人間とを対比させているのです。

仕事に大きな疎外感を感じるもう一つの理由は、すべての社会システムに常に存在する不公平感と〝個〟の喪失感です。この喪失感は仕事の本質にも大きな影響を与えることがしばしばあります。例えば伝道者の書5章8節でコヘレトは「ある州で、貧しい者がしいたげられ、権利と正義がかすめられるのを見ても、そのことに驚いてはならない。その上役には、それを見張るもうひとりの上役がおり、彼らよりももっと高い者たちもいる」と言っています。旧約聖書の注解書を書いているマイケル・A・イートンによれば、コヘレトは「延々と続く遅延と言い訳だらけの圧制的官僚制に対する失望・不満について考察する。……支配階級の階層の間では正義は失われている」[104]といっています。コヘレトがこれを書いた時代、官僚制度を持つに十分な大きさを持つ組織は政府だけでした。しかしこの二百年の間に私たちの社会は産業文明を経験し、企業が誕生してきました。十九世紀初頭、欧州産業の隆盛期に「疎外された労働」について最初に声を上げたのはカール・マルクスです。当時、そこでは「産業の中心地に何千人もの労働者が詰めかけた。体力的に衰弱し、精神的に疲弊する工場で一日十四時間働くために。……百歩譲ったとしても、仕事は単に肉体的に生き延びるために自己を否定するという恐ろしい形態であった[105]」。

もちろん、何世紀もの間、ただ生きるためにきつい肉体労働に耐えてきた人がほとんどだったとはいえ、小さな農場や店舗《てんぽ》に行けば、人の顔が見える商品がありました。しかし工場では、三十秒間の間に五つのナットを車輪の突起に入れる仕事が何時間も、何日も続きます。スタッド・ターケルは著書の『仕事（*Working*）』の中で、多くの産業労働者をインタビューしています。その中の一人、マイクの仕事はスチール製の部品を棚に載せると、それをペンキの入った大きな桶の中に下ろし、部品の表面にペンキがついたところで、棚を再び引き上げ、部品を棚から下ろします。彼の仕事はそれだけです。「『載せて、下ろして、載せて、下ろして』とマイクは言います。『その間、何かを考えようと思うことすらない』。マイクの仕事は製造業における典型的な例です。あるいは、効率と高い生産性のために細分化・簡素化されたオフィスワークでも、これと同じことが起きているでしょう[106]」

産業経済から知識経済やサービス経済への移行は、多くの人の労働環境を大きく改善しました。

しかしその一方で、数えきれないほどの人々が、低所得労働に閉じ込められ、仕事の充実感や成果から断絶されているという同じ疎外感を感じるようになりました[107]。金融業など多くの分野では、グローバルな企業が肥大化し、仕事も複雑になるなかで、「ブラック企業」の労働者よりもはるかに多くの収入を得ている人々、重役職に就いているような人々ですら、自分の仕事が何を生み出しているのか理解できないでいます。小さな町で住宅ローンや中小企業向けのローンを担当している銀行員であれば、自分の仕事の目的や成果をじかに確認することができます。しかし、何千件ものサブプライムローンを扱い、巨額な資本を売買している銀行員は「何のために仕事をしているのか」という質問の答えに詰まってしまうのではないでしょうか。

仕事はまた、私たちの人間関係を希薄にします。「私は再び、日の下にむなしさのあるのを見た。ひとりぼっちで、仲間もなく、子も兄弟もない人がいる。それでも彼のいっさいの労苦には終わりがなく、彼の目は富を求めて飽き足りることがない。そして、『私はだれのために労苦し、楽しみもなくて自分を犠牲にしているのか』とも言わない。これもまた、むなしく、つらい仕事だ」（伝道者4・7―8）。この人は仕事のせいで、友人も家族もなく「ひとりぼっち」だったのです。家族や友人のために頑張って仕事をしていると思う一方で、仕事にのめり込むあまり、そうした大切な人々を顧みなくなってしまうことがあります。仕事は、私たちから「奪い取る」要素があります。なかなか満足することができず、そして犠牲を求められます。それでも、コヘレトは「わたしは誰《だれ》のために労苦するのか。どうして自分を楽しませないのか」と尋ね、最後に自分自身のために行う仕事には報いがないと気づきます。聖書注解者のデレク・キドナーはこうつけ加えています。「一生懸命働いたことへの祝福について私たちは大げさに主張しようとする。しかし、この孤独で無意味に忙しいという描写は……そうした主張の言葉を抑える[108]」

選択の危険

伝道者の書には「人には……自分の労苦に満足を見いだすよりほかに、何も良いことがない」（2・24）とあります。昔に比べて、現代の私たちにはより多くの仕事の選択肢があります。皮肉なことに、この選択肢の多さゆえに、仕事に満足感を得られない人がたくさんいるのです。最近、スタンフォード大学の教授が行ったオンライン討論会のことが、デイビッド・ブルックスによりニューヨーク・タイムズ紙に紹介されました。この討論会は、スタンフォード大学の在学生と卒業して間もない人々を対象に行われたもので、討論の議題は「ほとんどの有名大学で、卒業生の多くが金融業やコンサルティング業に進む理由は何か」です。自分の進路を擁護する人もいれば、「最も優秀な人々は、貧困と戦ったり、病気がなくなるようにしたり、他の人に仕えたりすべきであって、自分自身に仕えていてはいけないはずだ[109]」と訴える人もいました。ブルックスは、討論会の内容は啓発的だが、討論が暗黙の仮定の上で進んでいることに衝撃を受けたと語っています。

こうした学生は自分の選択肢について非常に狭い視野しか持っていないようだ。学生の選択肢にあるのは、仕事の進め方はひどいが莫大《ばくだい》な利益を生み出している投資銀行、財政は厳しいが高尚な非営利業界、そして魔法のように格好よさと利益を同時に生み出すハイテクの新興企業。しかし、伝道・軍隊・教育・官庁、あるいは無数にある他の分野にはほとんど興味がない、あるいはそうした分野があることにすら気づかない。さらに、実際に商品を作り出すという仕事に興味をまったく示さない学生も多い。……

社会奉仕は道義的な継ぎ当てという役割を果たすようになっている。今日、美徳とは何か、人格を成すものは何か、どちらの方法がより素晴らしいか、そうしたことを話すだけの語彙《ごい》を持つ人が少ない。だから社会奉仕のことだけを話すのだ。……どんな分野に進むにしろ、あなたは貪欲《どんよく》・不満・失敗に直面する。鬱《うつ》・アルコール依存・不倫、そして自分自身の愚かさや自堕落が人生の歯車を狂わせるかもしれない……しかしそれ以上に、あなたの人生の中で、何が究極の目的であるべきだろうか。あなたは、英雄のように自分の人生を犠牲にできるだろうか。それとも人生は単に成功や達成を重ねるためだけのものなのだろうか。……自分の人生を社会奉仕に捧《ささ》げた大バカ者で終わることもできる。一生をウォール街で過ごして、ヒーローになることもできる。英雄的な行為とは、愚行とは。それを理解するためには、エクセルのような表計算ソフトに向き合う時間を減らし、ドストエフスキーや聖書のヨブ記に向き合う時間を増やさなければならない(110)。

ブルックスの最初のポイントは、多くの学生が自分の能力や才能、ポテンシャルなどに合った仕事を選ばず、(限られた自分の想像力の範囲で)セルフイメージが上がると思う仕事を選ぶ傾向にあるという点です。ステータスがある仕事とは、高収入が得られる仕事、社会の必要に直接的に応える仕事、格好いい要素がある仕事の三種類だけです。すべての仕事に品位や尊厳があるという考えは社会で機能していません。そして、すべての仕事は神の手、神の指として社会に仕える方法であるという考えは、それよりもさらに認められていません。こうした考えのもと、人々は非常に狭い意識の中で仕事を選ぶことになります。その結果、自分に合わない仕事を選んだり、あるいは成功を収めるのが難しい競争の激しい分野を選んだりする若者が多くなり、仕事に満足感を得られない、意味を見出せない人が多くなるのです。

こうした傾向は、都会が持つ流動性やその結果起きる社会の崩壊などと関係しているかもしれません。でもニューヨークに住む若者の多くは、与えようという精神やこの世界に貢献するためではなく、自分のアイデンティティーを示すものとして仕事を選びます。ある若者はこう説明してくれました。「私が経営コンサルティングの仕事を選んだのは、この分野に聡明《そうめい》な人が多いからです。頭の切れる人の周りにいたいですからね」。別の若者は「このまま教育に携わっていたら、卒業五周年の同窓会で恥ずかしい思いをするってことに気づいたんです。だから、今は法科大学院に通っています」と言いました。ひと昔前なら、出自や住んでいる場所、あるいは教会や有力な団体の会員であることが、個人の「人となり」を語ったものです。今の若者は、自分を語る要素に仕事のステータスを盛り込むのです。

　では、仕事を選ぶことに関して、聖書はどんな知恵を授けてくれるのでしょう。まず幸いにも選択の余地があるなら、自分が成功できる仕事、つまり自分の才能と力量に合った仕事を選ぶべきです。自分が成功できる仕事に就くためには、可能性を秘めた畑を耕すように、自分自身を磨く必要があります。それは召し出された仕事に、自らを最も差し出すことになります。次に、仕事をする一番の目的は世界に仕えることですから、他の人に利益をもたらす仕事を選ばなければなりません。自分の仕事、あるいは自分が属する組織や業界が人間のよい面を引き出すものか、あるいは最悪の部分をあぶり出すものかを考える必要があります。この問いに対する答えはいつも白黒はっきりするものではなく、実際に個人差があります。仕事に対するキリスト教的アプローチについて書いた本の中で、ジョン・バーンボームとサイモン・スティアーはデビーという女性のことを書いています。デビーはコロラド州アスペン市にあるインテリア・デザインの会社に勤務し、高収入を得ていました。建築や芸術関係の仕事と同じように、インテリア・デザインの仕事は、生活に幸せを増し加える前向きな仕事です。しかしデビーは、自分の資質が公共の利益のために使われていないとたびたび感じていました。その後、デビーはインテリア・デザインの会社を辞めて、教会の仕事に転職し、最終的には上院議員の事務所に勤めました。「不正や不法行為があったわけではありません。私の給料は純利益の三〇パーセントという出来高制でした。三坪《つぼ》強の部屋のインテリアに（一九八〇年代初めに）二万ドル払った顧客もいました。私は家具に大金を払うことを人に勧めていていいのだろうかと疑問を抱くようになって……。それで、仕事を辞めることにしたんです」[三]。ここでは、インテリア・デザインの仕事や歩合制の仕事の是非《ぜひ》を問題にしているわけではありません。むしろ、自分の仕事が社会にどのように貢献しているかについて、人はみんな、自分なりの明確な視点から努力して、それを理解する必要があるということです。デビーの同僚には、会社に残って顧客のためにきれいな家を建てることに尽力した人もいるでしょう。また歩合制で得た給料は、そのきれいな家に見合った正当な見返りを表していると考える人もいるでしょう。

　三番目に、可能であれば単に自分の家族や社会、そして自分自身の利益を求めるだけでなく、自分が携わる業界の利益も求めることです。創世記1―2章では、神は被造物を自ら育てておられるだけでなく、それを育てる人々も造り出しておられます。同じように、仕事の目標は単に働くことではなく、創造された世界を磨き上げるために人類の力量を上げるために働くことにあります。それはあなたの仕事をよりよく、深く、正しく、うまく、高尚に行うために、自分の訓練に貢献する、価値ある目標です。ドロシー・セイヤーズは有名なエッセイ「人はなぜ働くのか（*Why Work?*）」で、この点について考察しています。セイヤーズは（4章で見たように）、私たちが「社会」や「ほかの人々」のために働くべきであることを認めながらも、そこにとどまることなく、労働者は「仕事……に仕え(112)」なければならないといっています。

近頃《ちかごろ》人気のあるキャッチフレーズは、社会に仕えることこそ、万人の義務だというものです。……しかし……社会に仕えるために働くということのうちには逆説がひそんでいます。社会に仕えることを直接に目指すと、仕事はまやかしになってしまうのです。……これには正当な理由が……あります。

……ほかの人々に仕えようと思った瞬間、あなたはほかの人々があなたの労苦にたいして感謝の思いをいだいて然《しか》るべきだと感じはじめるでしょう。自分には社会にたいして何らかの権利があるかのように思うでしょう。褒美を期待したり、拍手喝采《はくしゅかっさい》を予期したり、十分に評価されないと気をわるくしたり。けれども仕事そのものに仕えようと心を決めているときには、求めるべきものが何もないことがわかっているはずです。その仕事があなたにあたえることができる唯一の褒美は、その完成を目のあたりに見る満足感なのですから。仕事はすべてを取り、それ自身のほか何も返しません。仕事に仕えること、それは純粋な愛のわざです。

……社会に仕える真の道はただ一つ、社会にたいして本当の意味で同情を持ち、自分もその一部となること、そのうえで……仕事にいそしむことです。……社会に仕えるのは仕事です。働き手は仕事に仕えるのです。[113]

セイヤーズのいっていることはもっともですが、それが社会で取り上げられたり、理解されたりすることはあまりありません。（少なくとも今は）人気の職業に就いていると、それだけで自分はコミュニティーの役に立っていると思ってしまうことがよくあります。しかし実際はそうではなく、逆にコミュニティーに自分を認めさせることによって、いい気分になろうとしているのであり、コミュニティーを利用しているにすぎません。しかしあなたが素晴らしい仕事をしたとき、神のあわれみによって、あなたに直接感謝することのない誰《だれ》かを助けたり、あるいはあなたの後に同じ仕事をする人の手助けをすることができたりしたなら、そのとき初めて、あなたは自分が「仕事に仕えている」ことを知り、あなたの隣人を心から愛していると知ることができるのです。

片手に安楽を満たす

仕事の無意味さに憂鬱《ゆううつ》になっていたコヘレトに、わずかな光が差し込みます。「人は、自分の仕事を楽しむよりほかに、何も良いことがないことを。それが人の受ける分であるからだ」（伝道者3・22）。そう。仕事は私たちが逃げることのできない「分」であり、この「分」の中で大きな満足を得ることは、納得いく人生に欠かせないものです。しかし私たちに不利なことしかないこの環境で、どうやって満足を得られるのでしょう。「すべての労苦の中にしあわせを見いだすこともまた神の賜物《たまもの》である」（伝道者3・13）というのがその答えです。では私たちはこの賜物をどう確保することができるのでしょうか。コヘレトは、この疑問に対するヒントをこう語っています。

愚かな者は、手をこまねいて、自分の肉を食べる。
片手に安楽を満たすことは、
両手に労苦を満たして風を追うのにまさる。（伝道者4・5―6）

コヘレトは、「両手に労苦を満たして風を追う」(6節)ことと、その人の分をいっさい行わずに安逸《あんいつ》をむさぼり「手をこまねいて」(5節)いることに比べたら、文字どおり「片手に安楽を満たす」ことを勧めています。堕罪した世界では、仕事に満足を得ることは、常に神の奇跡であるとコヘレトも認めています。しかし、それは神から一方的に与えられるものではありません。バランス感覚をもってこの奇跡を追い求める責任が、私たちにもあります。人の分である仕事をしないで平穏を得たとしても、そこに満足はありません。また平穏なく仕事をしても、やはり満足は得られません。そこには仕事と平穏の双方が必要なのです。

このようなバランスのよい生活を送ることは、聖書の主題の一つです。バランスのとれた生活とはまず、財産や権力を偶像化しやすい人間の傾向を認識し、それらへの固執を断ち切ることです(伝道者4・4「私はまた、あらゆる労苦とあらゆる仕事の成功を見た。それは人間同士のねたみにすぎない。これもまた、むなしく、風を追うようなものだ」)。次に、正しい場所に身を置くことです(伝道者4・8「ひとりぼっちで、仲間もなく、子も兄弟もない人がいる」)。かりにそれが収入や財産の減少を意味したとしても、二つではなく「片手に……満たす」ほうがよいのです。

しかし最も重要なのは、伝道者の書のポイントを超えた何かを追い求めることです。イエス・キリストには究極の平穏があり(もちろん、イエスは私たちの平穏のために十字架にかかられたのです)、そこは私たちの魂が本当に休める場所であると、新約聖書は語ります(マタイ11・28―30)。イエスの福音がなければ、私たちは他の人に仕える喜びも、仕事の成功という満足も得られず、名声を得るためにだけ働いているのです。

第7章　自己中心的になった労働

そのころ、人々は東のほうから移動して来て、シヌアルの地に平地を見つけ、そこに定住した。彼らは互いに言った。「さあ、れんがを作ってよく焼こう。」彼らは石の代わりにれんがを用い、粘土の代わりに瀝青《れきせい》を用いた。そのうちに彼らは言うようになった。「さあ、われわれは町を建て、頂《いただき》が天に届く塔を建て、名をあげよう。われわれが全地に散らされるといけないから。」（創世11・2―4）

名声を得る

仕事が満足と同時に虚《むな》しさをもたらす理由の一つは、人間が自分の自信や重要性の基礎を、仕事とそれに伴う利益に置く傾向が強いからです。仕事はこの世界の素晴らしさを作り出したり、導き出したり（カルヴァン）するもの、また神の摂理の一部であり、隣人の基本的な必要を満たす

（ルター）といったものです。しかし自分の根幹に仕事やその利益を置くようになると、仕事はもはやこうした要素を持たなくなり、自分と隣人とを区別したり、自分は特別な存在だと世界に証明したりするための方法になります。それは権力と安定を増し加え、自分の運命をコントロールする方法です。コヘレトの見解はしばしば、真実を語ります。「私はまた、あらゆる労苦とあらゆる仕事の成功を見た。それは人間同士のねたみにすぎない。これもまた、むなしく、風を追うようなものだ」（伝道者4・4）

そもそも、仕事は感謝とともに他の人に仕えるという天与の賜物《たまもの》でした。それが異常なまでに自己価値を高めようとする手段になってしまったその経緯は、創世記の最初の十一章に何より明らかにされています。創世記1章と2章の段階では、仕事とは、被造物を神のために、そして被造物そのもののために喜びをもって育て養うことでした。（創世1・28、2・15）。しかし4章には、テクノロジーが力を手に入れるための手段となったこと、11章には人間がかの有名なバベルの塔を建てたことが書かれています。

バベルの塔を建てた理由は二つです。3節にはシヌアルの人々が「『さあ、れんがを作ってよく焼こう。』……石の代わりに」と言う姿が描かれています。それまでよりも、より発達したれんがの製造方法を思いついた人が現れて、今までのどんな建物よりも高い建物が建てられるようになりました。彼らはこの新たな才能と発見を、大都市の建設に使おうと考えました。以来、創造的な新しいアイデアを持つ才気あふれた人々は、自分たちの夢を実現したり、そのための実験ができたりする素晴らしい環境としての都市を見つけようと努力を続けています。ここまでは特に問題はありません。

しかし都市を造ろうとした二点目の理由には、この第一点の理由よりも深い要素があります。「われわれは町を建て、頂《いただき》が天に届く塔を建て、名をあげよう。われわれが全地に散らされるといけないから」(4節)。バベルの塔を造っていた労働者は、何のためにその仕事をしていたのでしょう。そして現代、世界を視野に入れ、大きな野望や目標をもって仕事をしている人々は、何のために自分の仕事をしているのでしょう。その理由は4節にはっきりと書かれていて、今日に至るまで、その動機は変わっていません。彼らが働いているのは、力・栄光・自主性を最大限にするためです。しかしこの大望こそが、彼らの根本にある不安を明らかにしています。彼らは都市を造り、その成果を通して「名をあげ」ようとしていました。仕事を通して名を上げられなければ、自分が何者かもわからないのが人間なのです。聖書で「名をあげる」という言葉は、自分自身のアイデンティティーを作り上げるという意味で使われています。「名」とは、私たち人間の決定的な本質・安定・価値・独自性を表しています。神が私たちのために、また私たちの中で働いてくださることを通して、私たちは名を得るのか(黙示録2・17)、それとも自分自身の力で名を上げるのかどちらかなのです。旧約聖書研究家のデレク・キドナーは「物語の諸要素は、常に変わらないこの世の精神の特徴を表している。計画は、よくありがちな大げさなものである。人々は、この計画があたかも究極的な事業でもあるかのように、興奮して互いに話し合う。……また同時に、彼らは自分たちの一致を保ち、運命を支配しようとして集まったのに、自分たちの不安をさらけ出してしまう[114]」と書いています。

バベルの人々は、仕事を通して自分たちのアイデンティティーを得ようとしました。そこには、二つの方法があったように思えます。まず人々はその霊的な価値観を神にではなく、仕事に置きました。「頂《いただき》が天に届く塔」という大げさな言葉から、彼らは自分が神よりも大きい存在になれると思っていたことがわかります。仕事の成果が自分の健康と安全を確保するというこの考えは、物質主義につながります。次に彼らは、大きなグループとして人が集まることによって、名を得ようとしました。「全地に散らされるといけないから」という願いを持っていることがその証拠です。人々は自分が住む都市の大きさと富に自らの力と安全を見出していたのです。このように、アイデンティティーを確立する第一の方法は、個人の才能と業績とを偶像にすることから生まれたのに対し、第二の方法は自分が所属するグループを偶像化することから来ています。もちろん、こうした傾向は俗物根性・帝国主義・植民地主義を育て、また、あらゆる種類の人種差別につながります。

この短い話の最後に、神は都市を裁くために下りてこられます。しかしその方法を見てください。これが特撮技術を駆使したハリウッドの超大作映画なら、神は稲光をひらめかせ、地震を起こしてこの都市を破壊されたでしょう。しかし神の裁きは「ことばを混乱させ」て人々の間に亀裂を生じさせ、地の面に散らすというものでした。この裁きに見られるのは、聖書全体に流れる「罪にはその報いがある」という原理です。罪を持つ心から生じる願望は現実社会の構造に緊張を生じさせ、その緊張は必ず破綻《はたん》を招きます。人間のプライド、そして自己を重んじる思いは、当然、競争・亀裂・争いにつながります。ですから、優越感を求める人生は、人間関係の絆《きずな》や愛を生み出すことを不可能にします。そのことにより、私たちに残されるのは、自らを偶像とすること（これは、個人主義的な社会にあって、個人個人の間に亀裂を生じさせます）とグループを偶像化すること（それは、同族的な社会や集合体のような社会において、個人の自由を抑圧します）のいずれかを選ぶという、わびしい選択です。良好な人間関係と栄光ある人生という二つの要素は、人間誰《だれ》しもが喉《のど》から手が出るほど欲しいものでしょう。しかし神とともに生きることでしか、この二つを同時に手に入れることはできないのです。

社会や組織や社会運動など、共同体として努力し、新たな何かを始めようとしても、そうしたものを超えた要素、つまり神にその基本を置かなければ、その試みが真に「成功する」ことはありません。バベルの塔の話は、この限界を示す明らかなケース・スタディーといえるのではないでしょうか。どんな社会も、何かを偶像化しますが、最終的にそれは絶望に終わります。社会では、家族や個人、国のプライド、経済的成功など、神以外の何かが核心、最高善（summum bonum）、または名声を与えるものと最終的に考えられるようになります。この状況をデレク・キドナーは「途中までしかできていない町は、人間のこうした面を全くよく表している記念物である[115]」と表現しています。

シヌアルの人々は世界一高い塔を建てたいと思いました。世界一高い建物を造るというこの特異なプロジェクトは、その後何世紀を過ぎても一向に減る気配はなく、今も毎年、どこかの国で「現在、世界で最も高いビル」が建てられ、新たな名前が歴史に刻まれています。この動きは、どんな分野においても、プライドのせめぎ合いが仕事の原動力になっているという、明確な例ではないでしょうか。もちろん、プライドがせめぎ合うという力学の中から、人間の生活に大きく役立つ革新や効率が生まれてくるのも事実ですが、同時にそこには何かしら有害なこともあるのです。

C・S・ルイスは『キリスト教の精髄』の中で、こう書いています。

> ここで、はっきり認識しておかなければならないことは、プライドは本質的に――その本性そのもののゆえに――競争的であること……である。プライドは何かを所有することに喜びを感ずるのではなく、隣人よりもより多く所有することに喜びを感ずるのである。人びとは

自分が金持であることを、あるいは頭が良いことを、あるいは美貌《びぼう》であることを自慢する、というようなことをわれわれは言うが、それは事実ではない。彼らは自分が他の者よりも金持で、聡明《そうめい》で、美貌であることを自慢するのである。(116)

便利な生活、あるいは卓越したものへの興味という観点から、高性能なネズミ捕り（超高層ビル・高速コンピューター・格安航空・超高級ホテル）を作る、あるいは、他の人を見下すような地位に自分や自分のグループを置くために競争をし、そうした高性能のネズミ捕りを作る。私たちにできるのはそのいずれかであるということをルイスは教えているのです。ちなみに、後者の動機は、自分の邪魔をする人々を抑圧したり、倫理に背く近道を通ったりすることにつながります。

ここで明確なことは、常に他の人の役に立ちたいという思いだけで生きている人は誰《だれ》もいないということです。道徳的に素晴らしく非の打ちどころのない人であっても、私欲・恐怖・名誉といった思いに負けることはあるのです。自分に、そしてこの世界には問題があると認めることで、私たちは常に神の存在に立ち戻り、自分自身の力が及ばないものがあることを思い出せるのです。実際のところ、他の人のために働く人を「善人」とし、自分自身のために働き成功を求める人々を「悪人」と考えるのは非常に危険な行為です。人間のＤＮＡにある自己中心性、そして優位な立場にいたいというプライドは、働く私たち一人ひとりの中に深く刻まれているからです。

「宮」にいるという力

旧約聖書のエステル記には、私欲・権力・仕事というテーマをさらに押し広げたケース・スタディーがあります。エステル記には、ユダヤ人がペルシア帝国中に散り散りになっていた時代に起きたことが記されています。1章にはペルシア帝国の王アハシュエロスが、高慢で王に恥をかかせたワシュティ王妃を追い出す様子が描かれています。その後、後添《のちぞ》いを探していた王は、美しく若いユダヤ人女性であるエステルを見出します。宮殿にエステルを迎え入れ、しばらく一緒に過ごした結果、エステルに満足した王はエステルを王妃とします。宮殿で王妃という高位に就いたエステルですが、自分がユダヤ人であることは隠していました。

エステル記の読者はほぼ全員、この出だしに怒りを覚えます。フェミニスト的な解釈をする人々は、エステルが自立していないと激怒します。また、ユダヤ人であることを公にし、異教徒の国の宮殿においても公然とユダヤ人として生活したダニエルと違い、自分の出自を明らかにしなかったエステルに腹を立てる人もいます。伝統的な道徳観を持つ人々は、エステルが結婚前に王と同棲《どうせい》したことをよく思いません。このように、さまざまな道徳的妥協を重ね、エステルは権力の中枢である宮中にまで上り詰めたのです。ここである疑問が湧《わ》き上《あ》がります「自分がエステルのように道徳的にも、文化的にも、霊的にもあいまいな状況にあるとき、神は私と一緒に、私を通して働いてくださるのだろうか」。エステル記を読むと、答えは「イェス」です。

エステル記4章の冒頭、芝居でいえば第二幕の始まりあたりに話を進めましょう。高官のハマンは、ユダヤ人は国にとっての脅威であると王に話し、国中のユダヤ人を殺し、その財産を略奪してよいという勅令を出すことに同意させます（エステル3・1―15）。この勅令を受け、エステルの親戚でユダヤ人の指導者であったモルデカイがエステルのもとにやって来て、王妃という立場を使い、この危機を回避するようにと話します。これは、かなり大きなことです。神を信じていたとはいっても、社会的には弱い立場にいたエステルです。そのエステルが、自分の個人的・社会的立場を用いて、より正しい社会秩序を実現するようにと言われたのです。モルデカイは言いました。「あなたがこの王国に来たのは、もしかすると、この時のためであるかもしれない」（エステル4・14）

エステル記は、ダニエルやヨセフの話に似ています。三人とも、イスラエルの神を信じる人で、しかし神を信じない多民族的な政府や社会で高位に就いていました。三人は預言者でも司祭でも長老でも、ユダヤ教の教師でもありませんでしたが、俗世の社会的・文化的組織の権力の中枢部に上り詰めた三人を神は大いに用いられたのです。

英国国教会の牧師であるイギリス人のディック・ルーカスによるヨセフの説教が、このエステルの話にもよく当てはまります。教会図書の書棚に『神に用いられた男』または『神に用いられた女』という書名の伝記を見つけたら、あなたはすぐ、宣教師や教師、教会の指導者やある種の霊的指導者の話だと思うでしょう。ヨセフは、俗世で大臣として大きな成功を収めた人物です。ルーカスはこう言っています。「長い目で見ると、牧師や宣教師やバイブル・スタディーのリーダーのほうが、何だかんだといって簡単だと思います。こうした働きの中にはある種の霊的な魅力があって、毎日の生活でどうするべきかということをうやむやにすることなく、容易に白黒つけることができます。クリスチャンにとって、神が単にミニストリーに関わる人だけでなく、法曹・医療・ビジネス・芸術の世界で働く人も用いようとされていることを理解するのが難しいことがしばしばあります。これが、今日の大きな問題です[117]」

このエステルの話に、完璧《かんぺき》な例を見ることができます。ネブカデネザルによりエルサレムを破壊され、流浪の民となったユダヤ人は聖書史のこの段階で自分たちを立て直そうとしているところです。ユダヤ人は自分たちの暮らしを、都市を、そして国家を再建しようと奮闘していました。学者で著述家でもあるレイ・バーキーは、神がイスラエルを祖国に戻して再建なさる様子を三つの書物の中で語り、その話を通して、神が多様な人々を用いられたことを描き出していると指摘しています[118]。まずエズラ記は、神の言葉を教える聖職者・教師の話です。追放の身であったユダヤ人は、聖書を学びなおし、神の教えを基に自分たちの暮らしを作らなければなりませんでした。

次にネヘミヤ記のネヘミヤは、都市計画・都市開発のプロです。ネヘミヤは自分の管理能力を使ってエルサレムの壁を再建し、イスラエルに再び安定をもたらしました。このネヘミヤの働きによって、イスラエルの経済生活や市民生活は輝きを取り戻しました。最後のエステル記は、民政での権力を用い、人種差別に立ち向かった女性の話です。こうした話には、男性も女性も、聖職者も一般人も登場します。ユダヤ人とは異なる価値観や意見を持つ社会の中にあって、こうした人々は霊的な成熟、経済的な繁栄、よりよい公共政策を実現するために働きました。神はこうした人々のすべてを用いておられるのです。

エステルと自分には何の関係もないと、早急な判断をしてはいけません。数年前のこと、私はあるヒスパニック系の牧師によるエステル記の説教を聞きました。その教会にいる高齢会員の多くは移民であり、経済力も社会への影響力もありません。しかし会員の子供である若い世代は大学で学び、専門職に就いたりもしています。牧師は聴衆に対し、自分では気づいていなかったかもしれないが、実は彼らが「宮の中に」いたこと、自分で思っているよりも多くの経済的・文化的資本を持っていたことを語りました。そして牧師は敢然と言いました。「あなたたちの多くは、その資本の多くを周りの人のためでなく、つまり自分が出世するため、そして快適な家を得るために使いました。この都市の至るところに、あなたよりも貧しく、あなたの才能やあなたとのつながりを必要とする人々がいることを忘れてはなりません。職場に、また影響力のある人々の中に腐敗があるという事実に、目を留めなければなりません。もし皆さんがこうしたことを念頭に行動したら、収入が減ったり出世が遅くなったり、経歴に傷がつくようなことが起きるかもしれません。でも、そうしたことは関係ないのです。宮に入ったら、そこにとどまるためだけに、あらゆるルールを変えようなどとしてはいけません。そうではなく、周りの人に仕えるのです。あなたがこの王国に来たのは、もしかすると、この時のためであるかもしれないのです」

私たちの中には、エステルと同じように感じている人がいると思います。もちろん仕方なくでしょうが、自分の顧客の多くに秘密を隠している投資銀行の重役、全米大学体育協会（NCAA）の採用ルールの多くを破っているフットボール部のコーチ、自ら賄賂《わいろ》を受け取ることはなくても、その事実を知りながら目を背ける公務員……。こうした妥協をしたおかげもあって、彼らは成功したり、高い地位を得たりもしているのです。しかし彼らの良心はどうでしょう。大なり小なり、あなたにもそうした人々と同じようなところがあるかもしれません。おおよそ「グレーゾーン」と思われるような選択をしたり、倫理にもとる選択をしたりしたことがあるかもしれません。仕事の進め方に関して、嘘《うそ》だとわかっていながら「御社のご要望に沿います」と顧客に言ったことがあるかもしれません。声を上げるべきだとわかっていながら、黙っていたことがあるかもしれません。今や強い影響力を持つ立場になったのに、しっかりとした良識を持っていないと感じることができないでいるかもしれません。エステルには、後ろめたいところはなかったのでしょうか。一点の曇りもない良心を持った人など、今まで存在したことがあるでしょうか。今からでも決して遅くありません。あなたが今置かれている場所、そして、なぜそこにいるのかを考え、自分が宮の中にいるというその重要性に気づくようにと、神はあなたに迫っておられます。こうしたことに気づいたときに初めて、神がこの世であなたに望んでおられる仕事ができるようになるのです。

私の友人に、大手金融サービス会社の未公開株式投資部門で働いていた人がいて、彼に、教会で行う人格や品性に関する勉強会の講師になってほしいと頼んだことがありました。その勉強会の中で、彼は最近自分が経験したジレンマについて話をしてくれました。彼が管理していたチームは、チームと会社に大きな利益をもたらす優良な投資先を見つけます。唯一の問題は、その取引が社会に前向きな貢献ができないだけでなく、社会に害を与えるという点（少なくとも、友人はそう感じていた）でした。取引に違法性はないので、会社はその投資に何の問題もないとしていました。しかし、彼は会社に最高の利益をもたらすというビジネスマンとしての責任と、人間社会の繁栄に貢献するという信仰者としての決意の間で揺れ動きました。投資をやめることもできましたが、そうすればこの好機をライバル銀行に熨斗《のし》をつけて献上するようなものです。しかし投資を実行すれば、自分の信仰と相反するものから利益を得ることとなります。少なくとも、どうにかして自分の立場を明確にし、信念を貫きたい……。そう思った彼が下した決断は、投資には反対しないが、その結果として生ずる恩恵にはいっさいあずからないというものでした。この一件に関し、その論拠を説明するなかで、彼は人間社会の繁栄を望まれる神の思いを周囲に示す機会を得たのです。契約が結ばれ、この投資は彼の銀行に大きな利益をもたらしました。さてここで、彼はどんな犠牲を払ったのでしょう。正しい代価を払うことによって、彼は自分の立場を明確にし、宮の中における一般的な考えとは違う人生観を周囲に示したのです。

「宮の中」にある危険

エステルが抱いた不安は当然で現実的でした。モルデカイが求めたのは非常に大きな危険を冒すことです。当時、王の好意を失うことは仕事を失うということだけではなく、往々にして命を失うことを意味したのです。エステルは王に呼ばれていないのに、自ら王のところに行くと、死刑になることを説明し、「しかし、王がその者に金の笏《しゃく》を差し伸ばせば、その者は生きます。でも、私はこの三十日間、まだ、王のところへ行くようにと召されていません」（エステル4・11）と言います。ワシュティ王妃が高慢で王の機嫌を損ねたために追い出されたことを、エステルは覚えていました。エステルはすべてを失うかもしれません。モルデカイは、エステルに頼んでいることの重みを知らないのでしょう。

モルデカイの返事を聞くと、モルデカイが事の重大さを理解していたことがわかります。モルデカイは次のように修辞的にも、物語的にも、そして神学的にも、この話のクライマックスを導き出します。「あなたはすべてのユダヤ人から離れて王宮にいるから助かるだろうと考えてはならない。もし、あなたがこのような時に沈黙を守るなら、別の所から、助けと救いがユダヤ人のために起ころう。しかしあなたも、あなたの父の家も滅びよう」（エステル４・13―14）。つまりモルデカイはエステルに、お前が王妃の立場を失う危険を冒すなら、お前はすべてを失うかもしれないが、もしお前が王妃の立場を失う危険を冒さないなら、お前はすべてを失うことになると言っているのです。これは苦渋の決断です。ユダヤ人が皆殺しにされるなら、エステルもユダヤ人だということが判明して、殺されるでしょう。ユダヤ人が殺されなかったとしても、エステルは裏切り者だと見なされる可能性があります。モルデカイは「あなたがこの王国に来たのは、もしかすると、この時のためであるかもしれない」（14節）と希望に満ちた言葉で閉じています。このモルデカイの言葉は、私たちにも直接当てはまります。

モルデカイの言葉は、実質的には仕事に対する考え方を示しています。それは、先のヒスパニック系の牧師の言葉と同じです。宮の外にいる人々のために影響力・信用・お金を用いないならば、宮は刑務所にほかなりません。宮はすでに、あなたに名声を与えています。より高い地位に就きたいと常に思っているあなたは、今の地位など取るに足りないと思うかもしれません。しかし、あなたはすでに多くのものを与えられています。そして神はそれを用いるようにとあなたに語っておられます。宮の中におけるあなたの地位を自分のアイデンティティーにするのは自然なことです。人生の中でさまざまに変わる要素をコントロールできる手段を手にしているという事実に安心を覚えることも、一定の人々に対し影響力を持っているから自分は重要な人物であると感じることも、自然なことです。しかし、もし隣人のために宮の中における自分の立場を危険にさらそうという意志がないなら、あなたは宮に支配されているのです。

では、「宮にいる」ということのほかに、どのようにすれば新しい名誉を得ることができるのでしょう。エステルへのモルデカイの言葉に、その答えが隠れています。それは神の恵みです。「あなたがこの王国に来たのは、もしかすると、この時のためであるかもしれない」。「来た」と訳されているヘブル語の原語は受動態です。これは「あなたがこの王国に来させられたのは、もしかすると、この時のためであるかもしれない」と訳したほうがよいかもしれません。モルデカイは、エステルが王妃になり宮に入った理由は、ただ神の恵みのみによることを思い出させています。エステルの美貌《びぼう》は自分の力で得たものでも、発展させたものでもなく、またこの機会もエステル自身が生み出したものではありません。すべてがエステルに与えられたものです。この事実が自分にもどれほど当てはまるだろうかと、じっくり考えたことはありますか。あなたの職場での地位が神の恵みによるものだと言われたら、自分がどれだけ一生懸命努力していい学校に入り、勉強し、インターンで働き、同僚よりもいい仕事をしたか、この人は知らないのだ、とあなたは思うでしょう。しかし、あなたは自分の力で得たわけではない、与えられた才能を使って仕事をしているのです。チャンスを物にしてきたのは確かにあなたかもしれませんが、そのチャンスはあなたが作り出したものではなく、あなたに与えられたものです。だから、あなたの手にあるものはすべて、神の恵みによるのです。そして、あなたが自分の能力を使って社会に貢献することができるように、自分の影響力を用いて社会に貢献する自由もあるのです。

宮の素晴らしさの中に住む

エステルは自分が置かれた状況に応え始めます。1―2章では、内気でおとなしく、自分の安全のために出自を隠していたエステルでしたが、モルデカイの言葉に応えるエステルにその姿はありません。波風を立てることや事を荒立てることが決してなかったエステルが、モルデカイに指示を出し、メッセージを送ります。「行って、シュシャンにいるユダヤ人をみな集め、私のために断食をしてください。三日三晩、食べたり飲んだりしないように。私も、私の侍女たちも、同じように断食をしましょう。たとい法令にそむいても私は王のところへまいります。私は、死ななければならないのでしたら、死にます」（エステル4・16）

そして聖書の話の中で、最も引き込まれるシーンの一つがやって来ます。次々に重なる〝偶然の一致〟とエステルの勇気により、王の目の前に立ったエステルは受け入れられます。そしてハマンの憎悪と計略を明るみに出すことに成功し、結果として、ユダヤ人は救われハマンは処刑されます。

しかしここで話を終えてしまうのは間違いでしょう。それでは、エステルの話に感動して終わるだけという危険があります。エステルの話を読んだあなたは、自分の知的・社会的・経済的資本を新しい視点から見ようと決意するのです。自分の影響力を、成功に導く手段と見る代わりに、他の人に仕えるために用いるのです。そうすると、正義のためにより大きな危険を冒すこともできるようになります。あるいは、自分の信仰についてこれまであまり話してこなかったけれど、思い切って周囲に話そうと思うかもしれません。こうした思いは正しくよい衝動であり、ぜひともこの衝動を実行に移してほしいと思います。

しかしそれだけでは十分とはいえません。まず、あなたの決意は長続きしないでしょう。もし、エステルのようになりたい、ヒスパニック系の牧師が話していたような人になりたいと、「……のようになりたい」という気持ちがあるだけなら、あなたの動機は罪悪感から来るものに違いありません。自己中心やエリート主義への罪悪感、あるいは感謝の心が足りない自分への罪悪感です。もちろん、こうしたスタートは、決して悪くはありません！　しかし動機の中に罪悪感があるのなら、そこからスタートした生活は厳しいものとなり、あなたの決意や努力はすぐにすり減っていくでしょう。

また、エステルの話に刺激を受けたとしても、それに過剰反応してしまったらどうでしょう。今まで自分の信仰を隠していた人が、この話を聞いて自分の間違いを埋め合わせようと過剰反応したために、結果として、周囲から嫌がられる存在になってしまったケースをいくつも見てきました。彼らは声を上げられる人になろう、主義主張のある人になろう、「あの人たちみたいな隠れクリスチャン」にはならない！と決心します。でも彼らは自分のアイデンティティーを〝よりよい〟クリスチャンになるための言動に求めているだけであって、結局は宮を離れていないのです。こうした人々は本当に変わったのではなく、自分勝手に大げさな言動をとっているだけです。

宮の中で、高潔な、むしろ偉大ともいえる生活を送る方法を提案させてください。その方法とは、エステルを手本として見るだけではなく、道しるべとして、指針として見ることです。神は人間を造られました。私たちが持っているものはすべて神から与えられたもので、この瞬間も神は私たちの生活を支えておられます。つまり、私たちはすべてのことにおいて、神に借りのある状態なのです。しかし私たちはそのように生きているだろうかと言われれば、そうではありません。あたかもすべてのものは自分のもので、自分がよいと思うように使い、自分の名を上げるために生きています。しかしクリスチャンでない人ですら、よく考えればこうした見方に間違いがあることを知っています。誰《だれ》の基準に照らしてみても、神とのあるべき関係を侵していないものはありません。世界中の宗教は、クリスチャンのこうした話や道理には同意していませんが、それでも、聖なる存在と人間との間に溝、あるいは亀裂があることは認めています。中にはこの溝を埋めるために、いけにえ・儀式・意識変革・倫理的行動などが必要だと教える宗教もあります。神と人間の間を橋渡しする何かが必要なのは事実です。どうしたらそれを見つけられるのでしょうか。

エステルの話から導き出される聖書の答えはこうです。エステルは、イスラエルの民と自分を同一視し、また仲介役となることで、イスラエル人を救いました。エステルは、罪に定められたイスラエル人と自分が同じ立場にあることを理解し、進んでその有罪の判決を受け入れました。エステルは命を危険にさらし、「私は、死ななければならないのでしたら、死にます」とまで言いました。自分とイスラエル人とを同一視したことで、王の権威の前で自分以外の人間にはできない仲介役という仕事に臨むことができたのです。そしてエステルが王の好意を得たからこそ、エステルが属するイスラエルの民にその好意が引き継がれたのです。自分を誰かと同一視し、その人のために仲介することによって、その人々を助ける――これを聞いて誰かを思い出しませんか。神の御子、イエス・キリストは究極の美と栄光とを備えた究極の宮におられたのに、自らその場所を離れられました。ピリピ人への手紙2章には、イエスは父なる神と同じ立場にあるのに、それに固執せず、その代わりに自分を無として人間と同じような姿をとり、私たちの罪をかぶられたとあります。イエスは生命の危険を冒したのではなく、それを犠牲にされました。イエスはもし死ななければならないのなら死にます、ではなく死ぬときは死にます、と言われたのです。イエスは十字架に向かい、死に、私たちの罪の贖《あがな》いとなられました。今イエスは、この世界の王座の前に立っておられます。そして、神を信じるなら、イエスがもたらされた特権が私たちのものになるのです。イエスは、究極の仲介者であられます。

もしエステルを手本ではなく、イエスを指すものとして見るなら、そしてイエスを手本ではなく、こうしたことをあなたのためにしてくださる救世主として見るなら、あなたという存在が、イエスにとってどれだけ貴重で大切な存在かがわかるでしょう。こうしたことをよく考えることで、その真実があなたのアイデンティティーを変えることでしょう。真理はあなたに自分の本当の価値を、つまりあなたには測り知れないほどの貴重な価値があることを確信させるでしょう。皮肉なことですが、自分がどれほど愛されているかを理解できると、自分の仕事における自己中心性もどんどんなくなっていくでしょう。あなたの仕事人生のすべてが、つまりあなたの影響力も履歴書も、またそうしたものがもたらしてくれる利益も、急にただの〝もの〟に変わります。仕事人生のあらゆるものを危険にさらし、用い、失うことすら厭《いと》わなくなります。あなたはそうしたことから放たれ、自由になります。エステルが王のもとに行くという行動をとれたのは、その基本に神が恵みの神であるという漠然とした天啓があったからにすぎません。しかし私たちは、エステルよりもより多くのことを知っています。エステルは、知りませんでした。神ご自身がいずれ地球に来て、エステルよりも無限に大きなスケールで救いの働きを行い、無限に大きな犠牲を払って、無限に大きな利益を人間にもたらされることを。このように、現代の私たちは、神の恵み、自分の価値、未来について、より深く多くのことを理解しています。

　イエス・キリストがあなたのためにしてくださったこと（あなたのために究極の宮を失ってくださったこと）を見ると、宮における自分の場所から神のため、隣人のために仕えることができるようになります。エステル記の注解書を書いたカレン・ジョーブズは、エステルが「王妃」と呼ばれている箇所が十四箇所ある中で、うち十三回はエステルが「私は、死ななければならないのでしたら、死にます」と言った後に続いていることを示しています[119]。エステルは自分の名声を得ようとして、偉大な人物になったわけではありません。あなたも、偉大になろうと必死になったからといって、偉大になれるわけではありません。そうではなく、天の父に「あなたのために、あなたのみこころが行われますように」と祈られた方に仕えることによって、偉大な人物になることができるのです。

第8章　仕事が明らかにする自分の偶像

あなたは、自分のために鋳物の神々を造ってはならない。（出エジプト34・17）

社会に浸透した偶像（アイドル）とその力

新体制の取締役会が、デイビッドの意見を審議していたとき、彼は自分のオフィスにこもっていました。「自分の意見を絶対に通してみせる」とデイビッドは思いました。順風満帆な仕事人生の中で培った自分の交渉技術に間違いはない……。この二十年、どんどんと頭角を現してきたテクノロジー企業数社で最高経営責任者を歴任してきたデイビッドは、先週、自分の努力が報われる経験をまた一つ重ねました。夕飯をとっていた彼のもとに、自分が最高経営責任者を務める会社が超有名企業に売却されたという報告がアナリストからもたらされたのです。デイビッドは大喜びで、共同経営者に言いました。「やったぞ！　最高だ！　ビジネスはこれに尽きるな！」

しかしその会社も去り、次のステップに移るときが来ました。先週の契約は、会社には年商の三倍の評価額がつき、自分にも一億円が転がり込むというかなりのものです。しかしこれも、さらに大きな冒険へのほんの足がかりにすぎません。自社技術が他の技術に取って代わられる前に会社を売り、投資家によりよい運用益を分配するという、自分に望まれた仕事をしっかり務め上げただけのことでした。

デイビッドの思いは、手にする一億円に及んでいました。妻は海辺に、自分は湖畔に別荘を持つことを望んでいました。今のところ、瀟洒《しょうしゃ》な自宅はリフォームしたばかりだし、子供たちも問題ありません。お互いの両親に、自宅近くの環境のよい地域に家も建てました。自分が家族を支え、養ってきた証であるこうしたことにデイビッドは満足していましたし、それは彼にとってとても重要なことでした。

子供時代、デイビッドの父親は仕事で苦労し、家族の暮らし向きはよくありませんでした。だから彼は、父親とは違う人生を送ると固く誓ったのです。決して大きなチャンスではありませんでしたが、デイビッドは両親が与えてくれたチャンスを活かしました。それはチャンスをくれた父に敬意を表すことになりましたが、その父も亡くなりました。一方、子供たちは何の苦労もなく、物に囲まれて育ちました。母親にはすでに「デイビッド。もう十分じゃない。本当にもっと大きな会社に転職する必要があるの？　どうしてそんなに必死なの」と、言われていました。

そのときです。ドアが開き、デイビッドと一緒にこの契約にかかわってきた取締役がオフィスに入ってきました。椅子《いす》に腰かけながら取締役は言いました。「デイビッド。君には契約を守って一年会社に残ってほしい。今は君の指導力が必要なんだ。僕らがこの会社を買おうと思った大きな理由の一つは君自身なんだ。君は頭がいいし、いいリーダーだ。パートナーとの交渉も競争に勝てる契約交渉もできる。今、君が会社を辞めることには同意できない」

もう一年この会社に残るなんてごめんだ。デイビッドはそう思い、契約書の条件を無視して満額の給料を手に入れると心に決めていました。デイビッドには切り札がありました。自分が会社に残りたくないとはっきり言えば、慰留されないはず。その気持ちがない人間が、うまく会社を経営できるはずがない、そうでしょう?

それから一週間後、あらゆる譲歩を拒否し、報酬を手にして会社を去ったデイビッドはすぐにフォーチュン500企業〔『フォーチュン誌』が毎年一回発表する、総収入に基づく全米トップ五百社のランキング〕の重役に転職したのでした。

現代人にとって「偶像〈アイドル〉」という言葉は芸能界を想起させるものでしょう。「ティーン・アイドル」と呼ばれる有名芸能人、次の「アメリカン・アイドル」になりたいという夢とともに、同名のオーディション番組に出る人々。あるいはそれは、影像や画像にお辞儀をする未開人を思い出させる言葉かもしれません。偶像という言葉が仕事と結びつけられるとすれば、それは大体において、成功やお金を極端に崇拝する〝仕事人間〟あるいは、強欲な人を指す修辞的な言葉ということになるでしょう。今挙げた例はいずれも、偶像という言葉の正しい表現方法です。しかしそれらは、聖書信仰の中心にある力強く、よく知られた概念を突き詰めた先にあるものにすぎません。十戒は世界で最も有名で影響力のある道徳律です。そしてこの十戒は「あなたには、わたしのほかに、ほかの神々があってはならない」（出エジプト20・3）という偶像に関する神の命令で始まっています。

ほかの神々を持つとは、どういう意味でしょう。十戒は「あなたは、自分のために、偶像を造ってはならない。上の天にあるものでも、下の地にあるものでも、地の下の水の中にあるものでも、どんな形をも造ってはならない。それらを拝んではならない。それらに仕えてはならない」（出エジプト20・4―5）といっています。被造物のいずれかに対して「ひれ伏す」ことを始めたら、つまり真の神とは異なる何かを愛し、それに仕え、そこに意味を見出すことを始めたら、それはあなたの中に真の神に代わる神、まがい物の神がいるということです。私たちは偶像を心の中に持つ（エゼキエル14・3―7）ことができます。だから何かの「イメージを作る」ことは、必ずしも物理的なプロセスではなく、霊的・精神的なプロセスである場合もあるとわかるのです。それは、本来神だけが与えることのできる権力・安全・影響力・満足感・美などを提供してくれるものなら何でも、それを刻み、信じることです。それは、この世界にある〝よい〟ものを〝究極の〟ものに変えてしまうことです。

偶像礼拝を禁じるこの教えは、人生について説く十戒の最初に書かれています。この教えの重要性を誰《だれ》よりも理解したのが、マルティン・ルターです。ルターは偶像礼拝を「人間に与えられるさまざまなことはすべて神から来るにもかかわらず、それを神以外の他のものから得られると考えること」と定義しています。だから、神を信じない人々も自分の生活を正当化するためのイデオロギーや能力という名の「神々」に仕えていると主張するのです。自身はクリスチャンではないフランス人哲学者のリュック・フェリーも、ルター同様に人間はみんな「確信をもって人生に対峙《たいじ》し、恐れず後悔せずに死に立ち向かえる何らかの方法」を求めているといっています。人間はみんな、穏やかで素晴らしい人生を確約してくれる何かを探し求めています。本章冒頭に登場したデイビッドは、幼少期に経験した経済的困窮から、経済的な安心、収入や会社での成功に自らの〝救い〟を求めたのかもしれません（もっともデイビッドは決して「救い」という言葉を使いませんでした）。私たちが何を求めようと、それは救いという形をとると、フェリーはいっています[120]。この意見は、十戒で神が意図されたこととも合致しています。神は「あなたには、わたしのほかに、ほかの神々があってはならない」と言っておられます。聖書の神があなたの神にならなければ、ほかの何かがあなたの神になるといっていることに、目を留めてください。自分を「救ってくれる」からといって、頼るべき神などそもそも持たないという中間の可能性を、神は残しておられません。
ルターはまた、偶像礼拝という概念が旧約聖書と新約聖書とをうまく結びつけていることを指摘しています。旧約聖書は偶像礼拝について何度も語っていますが、新約聖書、特にパウロ書簡は、キリストとひとつになることや信仰による義認（自分の努力ではなく、神の恵みによって私たちは救われるということ）について語っています。ルターは偶像を持つことと自分の力で自分を救おうとすることとは、本質的に同じことだと気がつきました。著書の『善きわざについて』には、以下のように書かれています。

第一戒……では「あなたは他の神々を持ってはならない」と命ぜられている。それは「わたしだけが神なのだから、あなたはわたしだけにあなたの全信頼と誠実と信仰とをおくべきであって、ほかのなにものの上にもおいてはいけない」と言われるのに等しい。……日ごろ神を信頼せず……神の恩恵、愛顧、好意を……神以外の事物、もしくは自分自身のもとに求める者はすべて、この戒めを守るものでなく……実際まぎれもない偶像崇拝を行なっているのだ……。もし私たちがそのことを疑ったり、あるいは神が私たちに対して恵みをたれ、私たちに好意を持ちたもうことを信じなかったり、あるいは、何より先にわざにより、わざを行なったあとで神のみこころを得ようという不遜《ふそん》な態度にでるならば、それは全くの欺瞞《ぎまん》であ

って、そと側で神を敬いつつ、内側では自分自身を偶像に仕立てているのである。(121)

キリストを信じる私たちを、神は完全に受け入れてくださいます。キリストを信じずに、キリスト以外の方法で自分自身を正当化する、あるいは証明しようとするとき、私たちは偶像礼拝の罪を犯しているとルターは語っています。神を信じない人々は「寵愛《ちょうあい》・恵み・好意」を手にすることとは、力を得ることや喜びに包まれることだと思い、一方神を信じる人々は、自分の道徳的価値や神への礼拝、伝道の中にそうしたものが見出せると思っているかもしれません。でも両者の心の中は同じで、どちらの場合も心を偽りの神に捧《ささ》げているのです。

パウロはアテネ近郊にいたとき、「町が偶像でいっぱいなの」を目撃します(使徒17・16)。ここでパウロは物体としての彫像について語っています。しかし偶像礼拝の聖書的な定義を理解するならば、すべての都市のすべての人の心の中が偶像で満たされていることに私たちは気づくのです。偶像は文字どおり、どこにでもあるのです。

偶像は蔓延《まんえん》するだけでなく、とても強力です。十戒が偶像礼拝を禁止する条項で始まっているのはなぜでしょう。ルターは、この第一戒を破ることがないなら、他の戒めを破ることはないからだといっています。例えば、ビジネスの交渉で少しもごまかさずに手の内をすべてさらしてしまったら、あなたの影響力がかなり減るのは当然のことです。この状況で、あなたが嘘《うそ》をついたり、不都合な事実をごまかしたりしたら、神に従順に従うことや、交渉相手である〝隣人〟の利益よりも、自分の成功を大切に思っていることになります。そこには単に嘘をつくことよりも、より深い偶像礼拝の罪が流れています。残酷な振舞いや嘘、約束を破ること、自己中心的な言動など、人間の間違った行いのすべては、私たちの魂の奥深くにある信念に基づいているということができます。つまり、私たちの人生の幸福や目的には、神の愛よりももっと重要な何かがあるという信念が、間違った行いを呼ぶのです。

偶像礼拝が私たちの行動に大きな影響力を持つのは、それが私たちの心に大きな影響力を持つからです。二十二歳のアンドリューは失業中で生活に困窮していました。仕事がまったくないわけではないのです。でも、もし倉庫の整理係の仕事に就いたら、自分の人生が終わってしまうと恐れていたのです。アンドリューにとって、その仕事は最低賃金しか得られず、自分より下の人間がするような仕事内容でした。友達から格好いい人と思われていたのに、きっとダサいと言われ、彼女も別れると言い出すだろう……。アンドリューの望みは、野球をすることでした。その希望を胸に、野球部の特待生として大学に戻れれば、落ち着いた人生が送れると思っていました。こんなふうに自分の希望を自分の偶像にすることは、「これさえあれば、すべてうまくいく。そうすれば、自分の人生に本当に価値を感じることができる」と自分に言っていることです。そうなると、もし何かが自分の〝救い〟になるのなら、私たちはそれを手に入れなければならない、、、、し、それを人生の絶対条件として扱うようになります。だから自分の救いが脅かされるような状況に置かれると、自分のコントロールが効かない恐怖に襲われて、身動きがとれなくなってしまうでしょう。そして自分の救いを取り去る何かが、あるいは誰《だれ》かがあったら、私たちは怒りに燃え、絶望感に苦しむのです。

社会および集団における偶像

ここまで、私たちの私生活をゆがめてしまう個人的な偶像〔アイドル〕について話してきました。人間は地位や権力、他人からの承認や成功、愛情やセックス、富や快適な生活に、「どうしようもなく惹《ひ》きつけられる」ことを知っています。個人的な偶像は、仕事を含めた私たちの行動に大きな影響を与え、また私たちの行動を形作ります。堅実で実りあるキャリアを築くためには、勤勉に働くことが必要です。しかし快適な生活や快楽を偶像にすれば、そのように仕事に臨むことは難しくなるでしょう。一方、権力や承認欲求を偶像にすれば、バランスを欠いた仕事一辺倒の過労を余儀なくされます。「コントロール欲」という偶像は、強迫観念・人間不信・マイクロマネジメント〔微細管理〕など、いくつかの形をとるでしょう。自分自身の偶像に気づくことはなかなか難しいことです。その一方で、他人の偶像はわかりやすく、そうしたまがい物の神が不安や怒り・落胆をもたらしていることがよくわかります。ですから、個人的な偶像という概念を理解するのはそう難しくないでしょう。

しかし偶像礼拝は、個人の問題や罪の土台となっているだけではなく、共同体における罪や問題の土台にもなっています。個人が偶像を祀《まつ》りそれに仕えると、心理的な歪曲《わいきょく》や問題が引き起こされます。一方、家族やグループ、国が同じことをした場合、それは社会的・文化的な問題を引き起こします。[122] この文化的あるいは「集団的」（人々の集まりという意味であって、ビジネスの枠組みでいう集団ではない）偶像という概念を理解するには、本書3章で話した社会や文化についての説明よりも、より正確な表現を用いることから始めなければなりません。コロンビア大学のアンドリュー・デルバンコ教授はこう書いています。

私たちは何の意味もない世界で生きているのではないかという憂鬱《ゆううつ》な疑い。この疑いを抑えるために使われる話やシンボルという意味で、文化という言葉を使おうと思う。……だから、アメリカが抱いてきた希望を見ると、その中心には抱いた希望に必ずついてくる相棒の存在がある。その相棒とは、どんな希望であれ、私たちが得るのも使うのもすべて、死を待つ間に単にせかせかすることでしかないのではないかという心の奥底にある疑念である。すべての社会において、ウィリアム・ジェームズが「理想的な力」と呼ぶものに触れる必要がある。

私たちはその「理想的な力」に触れることで、この世界の些細《ささい》な利害に囚《とら》われる人生よりも広がりのある人生を送っている存在なのだと感じることができるのだ。(123)

伝道者の書で問われた「私たちは人生で何を成し遂げるのか。何を得、使い、何のために生きるのか」という質問に対し、あらゆる社会や文化がそれぞれの答えを導き出しています。人生の中で、この大きな質問に何かしらの答えを出さないまま生きる、あるいは決断を下すというのは、難しいことです。またあらゆる文化は、その質問に対する答えを導き出すための共通の信念や考え方を土台としてでき上がっています。このように、個人が人生の目的となる何かを必要とするように、社会にもその何かが必要なのです。別の言い方をすれば、どんな社会も、人生に目的を与える何かしらの思想や価値観を、その社会を構成する人々の前に置くのです。

フリードリヒ・ニーチェも、あらゆる社会はその構成員に「理想」を提示していると、同じ意見を述べています。(124)古代文明は、人々に神（あるいは神々）や家族、部族や国家のために生きることを説きました。そして近代社会は宗教の権威や伝統に背を向け、理性や個人の自由が持つ権威がそれにとって代わっています。ニーチェは、主に近代社会について書いており、その中でも、すべての社会（いわゆる「世俗的」社会も含めて）において、すべての人が価値や意味を持つべきであるとするならば、必ず従わなければならない（と、社会ではいわれる）道徳的絶対基準や超越的価値観をすべての社会は提唱していることを指摘しています。聖書的にいえば、こうした理想は偶像そのものです。なぜなら、それは単によい考え方を推奨しているのではありません。むしろ、そうした理想を聖なるものや議論の余地がない真実と捉《とら》え、宗教的な熱意や情熱をもって推し進めようというものです。そしてその理想は、幸福や充実感（この世的な救いの形）を与えるとされ、社会に属する人はすべてこうした偶像に仕えなければならず、この偶像を嫌う人々は拒絶されます。つまり古代文明において、神々を信じない人々が排斥されたように、近代社会では平等主義や個人の自由に偏見や敵意を持つ人が厳しく責め立てられるのです(125)。

あらゆる社会に偶像があるなら、それは私たちの仕事の運び方にどのような影響を与えているのでしょう。ここでしっかりと覚えておくべきことは、(1)偶像とは単なる〝よいもの〟にすぎなかったものが〝絶対的なもの〟にされたもの、(2)共同体における偶像は、賞賛すべき社会的特徴を過度に強調したり絶対化したりしたものだということです。ですから、おのおのの社会が重視していることは、私たちの仕事に何かしら有益な影響がある一方で、仕事をゆがめるような影響もあることを予期する必要があります。勤勉に堅実に仕事に臨むクリスチャンは、自分の仕事や業界で作用している偶像が何であるかをしっかりと見極め、その有益な側面を確認すると同時に過大評価されている部分や歪曲《わいきょく》された部分を差し引いて考えなければなりません。

では、社会や集団における偶像にはどんなものがあるでしょう。このような短い扱いの中では、極端に一般化した話になることをご容赦ください。そのうえで、西洋史の伝統的文化・近代文化・ポストモダン文化において普及した偶像のあらましを見ていきたいと思います。ほとんどすべての業種において、こうした社会的偶像の数々に出会うのは、その偶像が社会における主力機関や団体の創業者や英雄、リーダー、イノベーター（革新をもたらす人）に、何世代にもわたり、あらゆる形で影響を与えているからなのです。

伝統的文化における偶像

今述べたように、過去そして現在の伝統的文化は、この世界には主に伝統と宗教を通して知られる道徳的絶対基準があると理解していました。人類の英知は親・祭司・権力者などといった権威を通して世代から世代へと受け継がれます。このような文化では、その構成員は自分のコミュニティーにおける義務や役割（息子や娘、父親や母親、部族や国家の一員など）を引き受け、それを果たすことで意義ある人生が送れると説きます。そこでは、社会や家族・人種・国家が危険なほど高い位置に置かれることもあります。

名誉殺人の根底にあるのが、こうした考えです。名誉殺人とは、一族の名誉を汚したとされる家族の一員を、別の家族が殺すことです。伝統的文化において、家族の位置づけが高くなると、時に家族からほとんどサポートを得られない状況を生み出し、配偶者や子供への虐待の温床となることがあります。また、こうした考えをもとにすれば、第二次世界大戦中の日本兵が、敵である連合軍の戦争捕虜になった者を嫌ったことも理解できます。日本兵は、捕虜になることは国のために死ぬまで戦うことよりも、自分の命を優先させることと考えたのです。こうした考え方は、私たち、近代西洋社会に住む人間にとってはほとんど理解不可能です。

とはいえ、西洋社会は西洋社会で、人種や人種差別といった偶像と今なお激しく戦っています。アメリカの神学者ラインホルド・ニーバーは他の部族や国家の利益よりも自分の部族や国家の利益を大切にする傾向は、私たちの罪深い心にある「無限の不安（cosmic insecurity）」によるものだといっています[126]。この不安こそが、自分には価値があるという感覚を支えるために、人種に目を向けさせるのです。自分の社会と他者の社会の間にある違いを、きわめて狭い善悪の観点から見つめ、他の人種を見下すことによって自分のほうが優れていると考えるのです。この偶像は、容易に非常に残酷な形に増大します。その結果、国家の安全や文化的・人種的純粋さそのものが目的となり、軍国主義や国内での圧政を、あるいはそこまで極端ではないにしても、少数民族に対し無関心でいることを正当化するのです。

伝統が色濃く残る場所や社会における偶像礼拝は、私たちの仕事にもまた影響を与えます。人種という偶像は、多くのビジネスにおいて文化的・人種的に異なる背景を持つ人々や意見に扉を閉ざすことにもなり、それは会社の競争力や健全なコミュニティー全体の損失になります。ナショナリズムという偶像は、もちろん、産業主義者を軍国主義に導いてきました。そのときはそのような軍国主義が愛国的に思えるのですが、後になるとそれは産業主義者の評判を永遠に汚《けが》すことになるのです。

伝統的文化における偶像は、社会的安定や個人の権利よりも、全体の利益を優先することから生み出されます。この偶像は仕事や職場での慣習に大きな影響を及ぼします。今なお伝統的文化が根強い日本では、個人が高収入を求めて転職を繰り返すこと、あるいは企業が利益確保のために従業員を一時解雇することは受け入れられていません。二十世紀が終わるまで、日本における理想的な就労環境は終身雇用でした。伝統的文化では、ビジネスにおいて利益を追求する際には、雇用も創出しなければならないという強い社会的責任を伴います。そして従業員は自分の給料よりも、自分が勤める企業の社会的地位や名声を重んじます。

このように会社への忠誠心や社会的安定を強調することには、もちろん一定の利点があります。しかし同時に従業員が搾取されたり、昇給や福利厚生の充実を求めた従業員が非難されたりすることもよくあります（西洋文化から見れば、それは単に要求を出したことにすぎないのですが）。また、景気低迷期には経済に破滅的な影響を与える危険性もあります。一九九二年の不景気時、ニューヨーク・タイムズ紙に「日本に大打撃を与える『一時解雇なし』の理想」と題された記事が掲載されました。その記事は、不況時、アメリカの企業は従業員を削減することによって、より早く経営状態を改善させることができ、よって長期的にはより多くの雇用を創出できる。一方、一時解雇をよしとしない日本社会の理想は、多くの企業を完全に破綻《はたん》させただけでなく、多くの人の人生を狂わせたと説明しています(127)。

近代文化における偶像

西洋社会は、およそ五百年前に大きな変化を経験しました。啓蒙主義と呼ばれる近代科学・近代哲学が台頭した近代社会は宗教・部族・伝統といった偶像を引きずり下ろし、理性や経験主義、個人の自由を究極の価値として、その場所に据えました。

近代において〝理性〟が持つ価値にはいくつかの要素があります。まずは進歩という理想。それは、とどまるところを知らない科学技術の躍進に体現されています。近代科学は「科学と技術が普及すれば、もっと幸せな時代が訪れ、歴史も政治もこの理想によって形作られるに違いないという確信(128)」を取り入れました。すなわち、単なる推測や感情に頼らず、証明や証拠を根拠とする正確かつ経験的な方法は、科学だけであるという考えです。また近代的な世界観では、すべてのものには必ず自然的要因があり、よって物理的要因があるとしています。一般的には、こうした価値観はいまだ大きな力を持っています。客観的で議論の余地がないと思われるのが「科学的証拠」です。公の場で、この科学的証拠なしに自分の主張をしようという人はあまりいません。そこには、十分な時間さえあれば、科学はすべての質問の答えを導き出し、すべての問題を解決できるという暗黙の意識があります。[129] 科学的な方法論は自然科学や社会科学を超えて、マーケティングや政治、エンターテインメントといった分野にまで広がっています。近代文化は、古代人の知恵や宗教的権威からの啓示に目を向けることをやめました。ただ個人的に〝霊的〟な慰めを得るための選択肢としてのみ、その存在を許しています。繁栄した社会を構築するためには、科学的手法を教えられた人間の理性だけがあればよいのです。

人間の理性に対するこの革新的な希望と深く関係しているのが、絶対化された個人の自由です。この世界はもはや、すべての人間が服従すべき真理という道徳的規範によっては拘束されないと考えるのが近代社会です。道徳的規範よりはむしろ、自分の望む人生を選択するという個人の権利よりも高い基準はないと主張します。こうした意識の中で唯一の道徳的間違いは、納得いく人生を歩もうとしている人の選択を邪魔することです。これが究極的に何を意味するかといえば、道徳的権威の不在、あるいは個人の幸福以上の大義はないということです。[130] 多くの人が指摘しているように、こうした考えは「選択」や感情を、何か宗教的で神聖なものにします。近代社会では「今や個人が天地万物の中心となり、他のすべてのものを超えて絶対的な尊敬を受ける資格のある被造物となった」のです。[131] 言い換えれば、人間自身が神にとって代わったのです。

近代文化におけるこの偶像は、今日の私たちの仕事に甚大《じんだい》な影響を与えてきました。伝統的文化・社会では、例えば神といった自分より高い存在や家族・他者に仕えるために自分自身の興味をあきらめたり、犠牲にしたりすることに価値を見出してきました。しかし近代社会では、個人の興味や欲望よりも大きな大義名分はないとすることがよくあります。この変化は、人々の人生における仕事の役割を大きく変えました。今や仕事は、自分自身を定義するための物差しとなったのです。伝統的文化では、社会の階段における人々の立ち位置は、自然あるいは慣例によって定められていると見る傾向にあり、どの家族にも「分相応」な立場があると考えられていました。そこでは、人生の結果を左右する個人の才能や野望・努力はほとんど重要視されません。しかし近代社会では自主性を持つ個人というものを、あまりにも重要視する形でそれに応えます。哲学者のリュック・フェリーは、近代社会における新たな個人主義が仕事に与えた影響について、以下のように述べています。

> 貴族社会的な、つまり伝統的世界観においては、仕事とは欠陥であり隷属者の活動であり、文字どおり奴隷のためのものであると考えられていました。近代的世界観において、仕事は自己実現の場所となりました。それは個人の学びの場というだけでなく、充実を得る場所に

なりました。……仕事は人間を定義する活動となったのです。……人間の目的は（仕事を通して）世界を作り直すことにより、自分を作り上げることなのです。(132)

近代における個人主義という偶像は、仕事を〝よいもの〟からいわば〝救い〟に近いものへと高めてきました。同時に、理性と経験主義という近代の偶像は、生産性を高めるというプレッシャーをこれまでにないほどまでに増幅し、仕事を激化させています。十九世紀終わり頃《ごろ》、フレデリック・テイラーは生産の「合理化」と呼ばれる「科学的管理法」を開発しました。(133) これは、最大限の効率を生み出すために、ビジネスのプロセスに科学的手法を大きく取り入れたものです。

当時、工場で働く人々はテイラーの説いた手法に激怒しました。労働者個人の判断や主導権がすべて自分の手から奪われてしまうこの方法の下では、自分から人間性が奪われ、奴隷のように扱われると感じたからです。テイラーのシステムでは、毎回、すべての作業が完全に画一化され、簡素化・標準化されて実行されることを重要視していました。多くの人が指摘したように、これでは機械そのものです。テイラーの理論をいちばん強く批判したのはピーター・ドラッカーです。ドラッカーは作業の極端な合理化は、実際に人間を機械の歯車として取り扱うようなものだと主張しました。「機械は、ひとつの作業だけをしたり、それを繰り返したり、最も簡単な作業をするものとしては最高だ。……しかし人間が工具として設計されたとするならば、その設計はあまりにも不十分である。人間は……協力することに秀《ひい》でた存在である。人は認識を行動につなげることに秀でている。人は仕事に人間全体、すなわち筋肉・感覚・精神のすべてをもって仕事に携わるときに、最高の仕事をするのだ(134)」

近代文化が抱える偶像の影響は、今日の私たちの仕事にとって有益なのでしょうか。その答えは「ある程度はイエスだが、最終的にはノー」でしょう。近代文化の偶像は、ある種類の仕事に対し、古代文化よりもより大きな品格を与えています。そういう意味では、仕事に対して聖書で語られている敬意に近いものがあるともいえますが、多くの部分では大きく的《まと》を外しています。私たちは今までよりもはるかに効率的で生産的になりましたが、この発展には大きな代償が伴いました。私の祖父の経験は、仕事という領域に近代もたらされた、混在する善悪を知るためのよいケース・スタディーだと思います。祖父は一八八〇年、イタリアの伝統的文化を持つ社会、陶器職人の家に生まれました。後を継ぎたくないと言った祖父でしたが、この階層社会で別の仕事に就くことは不可能だし、他の村に引っ越すことすら不可能だと言われました。すると祖父は一八九七年、はるかに近代的で、イタリアでは考えられないほど社会的な移動が許されるアメリカに移住し、ニューヨーク市の地下鉄で働き始めました。そこは安全がまったく保障されない中で高い生産性が求められるという、故郷の村ではありえない厳しい状況でした。仕事中の事故で片足を失いそうになった後、デラウェア州のウィルミントンに移り、自分の能力を発揮して精肉店を始めましたが、これもイタリアでは考えられないことでした。こうして祖父は、新しい国でしっかりと身を立て上げたのです。このように、祖父は人生を通じ、近代文化の影響を受けながら、解放・試練・回復を経験したのです。

ポストモダン文化における偶像

十九世紀後半、哲学者フリードリヒ・ニーチェの著書が現れる頃《ころ》から、西洋社会では新しい文化的移行が始まりました。(135) 世界大戦の恐怖が世界を襲うより以前、ニーチェは、科学が人間の発展に必然的につながっていくという考え方は、新たに生まれた宗教まがいの信仰であり、偶像である、そしてそのような考え方はまったく現実に根差していないと宣言しました。科学はそれが何であるかということを伝えられるだけで、それがどうあるべきかということは決していえません。人間には優しさや利他的な考えがあると同時に、残酷さや暴力もあります。科学は、単に力のある人間の興味に役立つだけ。ニーチェは、科学があれば、何らかの形でこの世界がよくなると考えることに、特別の理由はないといったのです。科学は容易に、軍事的対立、環境破壊、社会権力の掌握にテクノロジーを使う圧政者の台頭といった暗い未来に私たちを導きます。

ニーチェは、理性と科学という近代文化の偶像だけでなく、個人の権利・自由という新しい近代的道徳観も問題視し、近代的価値観はひどい矛盾を抱えていると強く訴えています。近代文化においては、道徳における絶対的な基準がないので、すべての人は自分で善悪の基準を選ばなければなりません。ですがその代わりに、人間の権利を尊重し、すべての人間の自由と尊厳を大切にしなければならないといいます。「でも、その根拠は何か」とニーチェなら問いかけるでしょう。道徳における絶対的な基準がないというなら、どうして「道徳における絶対的な基準」の存在を独断的に語ることができるのですか。人間がさびや岩ができるのと同じような自然作用の産物だというのなら、なぜすべての人が平等に尊厳をもって扱われなければならないのですか。

ニーチェの主張は不安を掻《か》き立《た》てますが、非常に説得力があり、二十世紀に起きた不幸や残虐の数々は、あらゆる面でニーチェの主張を裏づけたように見えます。結果として、西洋社会には伝統的価値観（キリスト教のほかにも、科学、発展、人間の自由などについての古い近代的楽観主義）が根強く残るという事実がある一方で、「ポストモダンへの転換」と呼ばれる移行が広まりつつあります。それは、首尾一貫した信念というよりは〝ムード〟であり、真理についてのあらゆる主張や社会のためのあらゆる計画（古い伝統主義的な計画から新しい近代的、自由主義的な計画を含め）に対して、より懐疑的・冷笑的な姿勢をとります。二十世紀半ばの映画や小説に描かれた未来像の多くは、たゆまぬ発展を遂げた健康・教育・科学的知識・社会調和などであふれています。一方現代の映画や小説の内容はもっと悲観的で、ありとあらゆる陰鬱《いんうつ》な結末を描いています。

文化から偶像を取り除こうとニーチェが努力したにもかかわらず、結局のところ、ポストモダン的思考においては、現実をそのまま偶像にしていると指摘している人が多くいます。エドワード・ドックスのような著述家はこうした批判を展開しており、ドックスは「ポストモダニズムは死んだ」という論評を書いています。ドックスは、モダニズム論者は、すべての道徳的主張は、ただ単に権力闘争や個人の社会的・文化的地位の産物であると主張していると語っています。これが本当なら、いかなる社会の状況をも批評することは不可能になります。なぜなら、不正を改善あるいは告発するプログラムを実行する能力を持っている人など、誰《だれ》もいないからです。ポストモダニズムは、目の前にある現実を大切にし、だからこそそれが絶対的な基準であると主張するのでした(136)。

ニーチェへの批判、そしてその結果としてのポストモダニズムへ最も強い批判を寄せているのがドイツ人哲学者のマルティン・ハイデガーです。ハイデガーは私たちを「テクノロジー世界」と呼ぶことで、今日の私たちの社会に偶像があることを認めています。ハイデガーの主張について、リュック・フェリーは以下のように説明しています。

大前提として、テクノロジーは手段にかかわるものであって、目的は気にしない。近代の経済は超越論的な思想に鼓舞されるのではなく……ダーウィンの唱えた自然淘汰《しぜんとうた》のような機能を果たしてきた。今日、この巨大かつ破滅的な進化的な推進力が、間違いなくさらにいい方向へと私たちを導くと納得している人はいない。生命の歴史の中で初めて、ある生物種が地球全体を破壊する手段を手に入れたというのに、この種は自分が向かう方向がわからないのだ。[137]

ハイデガー、ドックス、あるいはジャック・エリュール[138]といった人々は、テクノロジー・不確実性・市場がポストモダン社会の偶像になったと主張します。ポストモダン社会では、人間の〝目標〟あるいは目的が何であるかということに確信が持てない、あるいは意見の一致がないので、そこにあるのは〝手段〟あるいは手法だけです。健全な人生やよい人間社会について、もはやしっかりとしたビジョンは存在せず、残されたのは個人の成功や権力を求める個人間の競争だけです。テクノロジーを導いたり制限したりする崇高《すうこう》な理想や道徳的価値観はもはやないのだから、テクノロジーによって何かをなしうるなら、それはなされるのです。

「ポストモダンへの転換」によってばらばらになった社会は、それ自体が学会の論争で広く取り上げられています。ロバート・ベラー、アンドリュー・デルバンコの両者は、共生社会であれば、個人が生きる目的として、その個人よりも大きく偉大な何かを与える必要があると主張しています。デルバンコによれば、一九六〇年代に全盛期を迎えた新左派と一九八〇年代に全盛期を迎えた新右派とは皮肉なことに、「瞬間的な喜びをいい人生を表す証拠として認めることにおいて一致協力したのだった。……そこでは涙を流して犠牲を払い、究極的には死んでも構わない運命共同体という概念が少しも残らず失われたのだ[139]」。

デルバンコは、最終的にはポストモダンの偶像は、個人を広告会社のよいカモにしただけだという人々の意見に同意し、「無意識のうちに、市場における他のものと置き換えが可能な商品に適合[140]」していると述べています。多くの著述家は消費者主義や費用便益効率〔ある事業にかかる費用とそこから生じる便益とを比較して効率を図る〕といった市場の価値観が生活のあらゆる局面に広がり、家庭の中にすら入り込んでいると説得力のある主張を展開しています。その理由は、近代資本主義がモノやサービスの流通に有益な単なる手段ではなく、ほぼ絶対普遍の偶像になっているからです[141]。消費者主義は、資本主義がよって立つべき自己統制や責任といった美徳そのものを脅かす傾向にあります。アメリカのような最も大きな成功を収めた資本主義社会においても、多くの人がこの文化的矛盾を認めています[142]。

では、このようなムードや意味の変遷《へんせん》は、私たちの仕事にどのような影響を与えているのでしょうか。ヘッジファンド業界のパイオニアの一人である、八十代の男性と話したときのことです。彼によれば、一九五〇年代後半から一九六〇年代全般にかけて、最も優秀な人は教育や科学の分野に進みたいと思うのが一般的で、金融業界を望むことはありませんでした。優秀な人は若い人を指導すること、人類を月に送ること、世界中の飢餓問題を解決することを望み、当時の指導者は、あなたたちにはそれができると人々に伝えました。しかしその八十代の男性は、一九八〇年代後半のある時期に、社会の変革を感じたそうです。その頃《ころ》には社会が発展していくという楽観的な見解は少なくなり、進歩を定義する方法すらなくなりました。人々は文化の対立の中で分裂しました。冷笑主義が入り込むなかで、意欲的な人や才能あふれる人は、徐々にビジネスや金融業界で働くことを望み始めます。彼らは、高収入の仕事に就いていなければ、充実した、自由な生活は送れないと感じたのでした。「こんな考え方は健全じゃない」と男性は私に言いました。そのとおりです。男性は、哲学者や研究者の分析に同意してはいませんでした。しかし、男性が見たのはイデオロギーが変化していく流れというよりは、むしろ「ポストモダンへの転換」が青年の職業選択にはっきりと展開されていく様子でした。彼は、近代社会からポストモダン社会に移行してくなかで、仕事についての理解が大きく変わっていく様子を第一線で目撃したのです。

ポストモダンの「目的はわからなくても、方法論を求める」という偶像の最も顕著な影響は（本書を書いている段階のことですが）、金融業界に広がる欺瞞《ぎまん》や不正、自己本位な行動に表れていきます。そしてこれは二〇〇八年の不景気とその後の余波にも表れています。ナオミ・ウルフは、イギリスの日刊紙ガーディアン紙に寄せた記事で、二〇一二年の六月と七月に見出しを飾った事件について振り返っています。「バークレイズ銀行ほか、数行が利息を不正に操作」、「ＨＳＢＣホールディングス、二〇〇四年から二〇一〇年にかけて、資金洗浄をやめずに十億ドルの罰金（利益率が高かったので、やめることができなかった）」、「ペレグリン・キャピタルでは顧客からの預かり金のうち、二億一千五百万ドルが〝行方不明〟となり、自殺未遂を図った創業者がその後、刑事責任を問われる」、「ウェルズ・ファーゴ銀行には〝これもまたうま味の大きい〟違法な利息操作により、一億七千五百万ドルの罰金。彼らは、サブプライムローンで、アフリカ系アメリカ人およびヒスパニック系の人々に信用度が同じ白人顧客よりも高い利息を自動的に課していた」。バンク・オブ・アメリカ、サントラスト両行でも、同じことが行われていました。たった二か月の間に、これだけのことが見出しを飾ったのです。もちろん、二〇〇八年の不況を引き起こしたのは、膨大な数のローンを、その低い潜在価値を隠すためにパッケージ化して販売し、利益を得た銀行です。

ウルフの記事は、執拗《しつよう》に繰り返されるこの悲劇の結末を「マスメディアがいう『痛んだりんごのせいで腐敗が全体に広がっていく』という理論はもはや通用しない。銀行業界に見られるのは全体的な腐敗であり、全体的ななれ合いである」[143]とまとめています。

政治的にリベラルな人は、ビジネスにおける「目的はわからなくても、方法論を求める」というポストモダンの偶像をすぐに理解します。しかし彼らは、より大きな問題、つまり現代社会に広まる「私たちは今や家族や社会における役割から自分自身を感じ取るのではなく、消費者として自分自身を感じ取るようになった」という傾向に関しては、それほど敏感ではありません。現代社会では、自分が購入する商品のブランドやオンライン上で自分が構築できるアイデンティティーを通して、自分自身のペルソナを作るように奨励《しょうれい》されます。

　こうした現象は、メディアやエンターテインメント、マーケティングといった分野に特に大きな影響を及ぼします。マーケティング業界や広告業界に勤める教会員と、広告の変化について話をしたことがあります。これまでは、製品の利点を語るような広告が中心だったのに対し、昨今は人生の質を高めたりアイデンティティーが向上したりすることを約束するような物語仕立ての広告に移行しつつあるそうです。イェール大学の哲学者ニコラス・ウォルターストーフは、幸福な人生について以下のように述べています。近代社会が定義する幸福な人生とは、人生が喜びという経験に満ちた「うまくいっている」状況です。これに対し、古代文化では人柄や勇気・謙《けん》遜《そん》・愛・正義などをもって立派に生きることが幸福な人生と考えられていました。[144] よって、マーケティングや販売促進という分野で働く人はみんな、その商品が申し分なく機能すると約束するだけでなく、その商品が幸せをもたらすと約束することを期待されるでしょう。

　広告会社の重役で自分の会社を辞めようと考えていた男性と女性とに話したことがあります。女性の会社は、主要なクライアントは二社だけで、両社とも化粧品会社でした。「クライアントは、『うちの商品を使えば最終的には素敵な恋愛を見つけられ、自分を愛することができるようになる』というメッセージを発信してほしいって言ってくるけど、これってよくないわよね」と女性は言いました。一方男性は、スポーツカーのメーカーを相手にする会社で働いていました。男性は、セックス・アピールの手段として車を売り出してほしいというプレッシャーにさいなまれていました（そういったプレッシャーは初めてではなく、何度もあったことでした）。こうした方針に反発した二人は、それぞれ強い抵抗に遭います。男性のほうは、広告のメッセージを「セックス・アピール」から「高性能車」に変更しました。非常にうまく、また説得力を持ったその変更にクライアントも会社も納得し、男性は事なきを得ました。一方女性のチャレンジはうまくいかず、会社を去って、独立したのでした。

　販売やマーケティングでは、顧客になってくれるかもしれない人に対して、これは人生に「価値を付与する」商品であることを見せる必要があります。クリスチャンであっても、それが求められるということには同意できます。それでも、その商品が顧客に素晴らしい人生を与えることができるということではありません。クリスチャンは、人間の幸せに関してより深い理解があります。だから、社会に広がっている偶像の集団という強い流れに逆らって生きる自分に気づくのです。

仕事に希望を見出す

これまで、仕事が何のために造られたのか、そしてその目的から道を誤らせたものは何かということを見てきました。自分が望むとおりの仕事をしていても、最高の職場環境に恵まれていても、堕罪の性質が入り込んでしまった仕事には、やはりプレッシャーを感じます。「仕事にどんな希望があるというのか。どうやって仕事を正しい状態にすることができるのか」という質問が残るかもしれません。大きく深い問題を見つめ、神の目的と計画に気づくにはどうしたらよいのでしょう。明日の会議や来年の転職のことを考えないのは現実的なことでしょうか、それとも単なるよいアイデアでしょうか。

こうした質問の答えを出すには、まず、明確な事実をその基礎に置くことです。その事実とは、パウロがいったように、歴史の終わりに「キリスト・イエスの日」が来るまで完璧《かんぺき》なものは何一つ存在しないということです（ピリピ1・6、3・12）。それまでは、すべての被造物は共に「うめき」（ローマ8・22）を上げるものであり、滅びと弱さにさらされています。つまり、仕事が完璧に正しくなるのは、天と地が再び一つとなり、人間が「国籍を持つ本当の国」に住むときだけです。仕事が完全に救われるということについて話すことはナイーブ、ある意味傲慢《ごうまん》なことです。

そうはいっても、すべてが失われてしまったわけではありません。『ニグルの木の葉』の中で鮮やかに描き出される、神にある超越的な希望は（そして創造的な仕事がどんなものであるかという歓喜のビジョンは）、この世界という限界の中で満足感を得ながら仕事をする私たちを助けてくれます。キリスト教の福音は、今日、より刺激的で、現実的で、満足感を覚え、勤勉に仕事をするための手助けを、私たちにしっかりと与えてくれます。どんなふうに？

第一に、福音は仕事に対して社会とは別の筋書きを提供しています。すべての仕事の原動力は、人間の世界観、あるいは人生とは何か、そして何が私たちの繁栄を手助けするのかという話にあることを考えれば、この点は重要です。

第二に、キリスト教の信仰は、仕事について新しく豊かな概念を与えてくれます。その概念とは、神が世界を愛し思いやってくださるという中で、私たちが神のパートナーとして働くということです。聖書に基づいたこの考えがあれば、私たちは最も単純な仕事から最も複雑な仕事まで、キリスト教的な仕事でもキリスト教と関係のない仕事でも、すべての仕事に価値を認めます。だから、仕事に関する聖書神学を理解しているクリスチャンは、すべての人の仕事に携わり、それを尊重するだけでなく、クリスチャンならではの仕事の進め方も見つけることができるのです。

第三点目として、福音は非常に敏感に反応する新しい道徳の羅針盤を与えます。それは健全な多くの倫理的指針を通して、私たちの決断を助けてくれます。また福音は人間の心についても賢明な助言をしてくれます。
最後に、福音は仕事をする私たちの動機を大きく変え、新しくまた継続的な内なる力で（よいときも悪いときも）私たちを満たしてくれます。[145]

信仰と仕事の統合について語る本やプログラムでは、こうした要因の数点にしかフォーカスしていない傾向があります。例えば、先に述べたポイントの第一点にしか論点を置いていないものは、ある意味で学術的な取り組みを試み、芸術や政治・経済などへの「キリスト教的アプローチ」に神学的原理を取り入れます。また、第二点目にのみ重点を置いている本やプログラムでは、仕事に聖書的価値観を持ち込みすぎることを恐れます。こうした状況では、勝利主義（特定の宗教・政治の教義や信条を絶対視すること）に陥ったり、神による全体的な活動を認識できなくなったりするからです。他のポイントを取り上げているものは、より個人的な経験のレベルで話を展開します。今までとは違うやり方でキリストに出会うことを勧めたり、福音によって変えられた心から来る、内なる力を強調したりします。さらに、内なる心の変化を強調するプログラムに警鐘を鳴らす本やプログラムもあります。内なる心の変化に焦点を合わせすぎると、すべての重点が個人の平安や成功に置かれてしまうし、またクリスチャンは仕事を通じて他者に仕える責任があるという福音の社会正義的意味を無視することになるのです。

いろいろな意見がありましたが、こうした主張や懸念はどれも正論です。本書の最後では、こうしたことがすべて、最終的には補完的で非常に実用的であるということを説明していきます。実際、聖書の仕事に対する考え方は非常に濃く、多次元的です。だからこそ、どんな文化・社会環境・仕事に当てはめても、それは人を強く惹《ひ》きつけるものであり、非常に有益なのです。

第3部　福音と仕事

第9章　仕事のための新たな物語

こういうわけで、あなたがたは、食べるにも、飲むにも、何をするにも、ただ神の栄光を現すためにしなさい。（Ⅰコリント10・31）

この世界の仕組みを理解する

どんなことであれ、内容を理解するためには筋の通った話が必要です。二〇〇一年九月十一日のアメリカ同時多発テロ以降、この事件について何かしら物語の体裁をとらずに話す人はいません。「アメリカが世界で、その帝国のような力を誤用した結果だ」と言う人もいれば、「アメリカがよい国、自由の国だからという理由で、私たちを嫌う人がたくさんいるのだ」と言う人もいます。どの人のどの話を信じるかによって、あなたは話の主唱者の味方とも、あるいは敵対者とも見なされます。また信じる内容によって、あなたの対応は（感情的にも行動的にも）まったく変わるでしょう。

物語が必要だということを示す典型的な例は、哲学者のアラスデア・マッキンタイアが書いた『美徳なき時代（*After Virtue*）』に見られます。この本の中で、バスの停留所でバスを待っているあなたが、知らない若者に「野生のカモといえば、シノリガモ、シノリガモ、シノリガモ」と声をかけられたと想像してください。という箇所が出てきます。あなたは若者が話す内容はわかっても、その行動はまったく理解できないでしょう。これはどういう意味だろう。自分に起きたことを理解する唯一の方法は、それを説明できるような裏話を探ることです。この若者が精神を病んでいるということなら、その言動は理解できます。あるいは、若者が昨日図書館にいたときに、あなたと同じ年格好をした人に話しかけられて、「ラテン語でカモは何といいますか」と聞かれたのかもしれません。今日、あなたをその人と間違えてその話の続きをしているのだったら、まあそれもわかります。いや、この若者は外国のスパイで、待ち合わせの相手に自分がそれだと知らせる合言葉がこの訳のわからない言葉なのかもしれません。一番目は悲劇で、二番目はお笑い、三番目はドラマチックな話と、それぞれ違います。しかしポイントは、この話に何らかの手がかりがなければ、この出来事の意味を理解する方法も、その若者への正しい答えもわからないということです。(146)

もし警察に電話をして、単なる人違いだったとしたら、とても恥ずかしいことです。訳のわからない話を！　と口論になって、相手が特別な訓練を受けた殺し屋のスパイだったりしたら、恥ずかしいどころでは済みません。いずれにしても、この出来事の背景にある話を誤解すれば、あなたの対応も間違ったものとなります。そしてあなたが世界に関する話を誤解すれば、例えば、人生では神の愛よりも自己実現や自己満足のほうが重要であると思えば、仕事を含め、人生に対するあなたの対応も間違ってしまいます。

物語と世界観

では、その話の構成要素とは何でしょう。それについては、素晴らしい学術的分析がたくさんありますが、簡単にまとめるとこうなります[147]。物語というのは、何かが人生のバランスを崩すところから始まります。主人公はそのバランスを取り戻そうとし、敵対勢力はそれを阻止しようとして、主人公と戦いを繰り広げます。そのやりとりの中で話は展開し、筋が「深みを増し」、失われたバランスを取り戻した、あるいはそれに失敗したという結末をもって、話は完結します。

だから、物語が物語として成立するためには、人生が本来あるべき姿になっていないという問題がなければなりません。赤ずきんの話が「赤ずきんちゃんがおばあさんの家にお食事を届けて、二人で一緒にご飯を食べました」だったら、それは単なる可愛らしい描写にすぎません。プロットも何もないのですから、とても話と呼べる代物ではありません。[148] また物語には、物事を正常な状態にするというコンセプト、あるいはその可能性がなければなりません。「赤ずきんちゃんがおばあさんの家に行きました。でも、オオカミが入ってきて二人を食べてしまいました」となれば、一連の出来事はよりドラマチックではありますが、これもまた話とはいえません。つまり話には、人生のあるべき姿について解説し、人生のバランスが崩れてしまった経緯を説明し、そして正しい状況に戻すために解決策を提案する必要があるのです。

　そこで、話の重要性はここにあるという話をしましょう。話の多くは、往々にしてエンターテインメントにすぎません。しかし話の筋や文脈は、私たちの考え方に対して実際は根本的にきわめて重要であり、そういった話の筋や文脈が、私たちが人生をどのように理解し、どのように生きるのかを定義します。worldview《ワールドヴュー》（世界観）という言葉は、すべての現実を解釈する大局観を意味するドイツ語のWeltanschauung《ヴェルトアンシャウウンク》から来ています。しかし、世界観とは単に哲学的な意見をリストにしたものではなく、(1)この世界で、人間の生活はどうあるべきか、(2)何が人間の生活のバランスを壊したのか、(3)それを正しくするためには何がなされるべきか、について書かれた究極の背景話といえるでしょう。[149] こうした重大な質問に対して実際に役に立つ答えを持たないまま、この世界で真に機能できる人など一人もいません。だからこそ、こうした質問への答えを出すために、私たちはこの世界の話、物事を説明してくれる裏話、つまり世界観を取り入れるのです。

この世界が深刻なダメージを受けていることは、誰《だれ》の目にも明らかです。自分の人生が思うとおりにいっている人など一人もいないでしょうし、この世界となればなおさらです。私たちの内側に何か問題があるのです。私たちを幸せにしてくれるものや満足させてくれるものがあったとしても、それはほんの一瞬で消えてしまいます。それはまた、私たちの間に何か問題があるからです。この世界は貧困・戦争・苦難・不正にあふれ、この世界全体のバランスを崩すような何かがあったように思えます。しかしいったいそれは何でしょうか。誰のせいでしょうか。そして解決法は？　こうした質問への答えを探し始めたら、あなたはすぐに自分が一生を過ごすための話に落ち着くでしょう。私たちは、この世界のバランスを取り戻すことを約束する物語を探し求め、リハーサルしながら人生を送るようになっているのです。

マッキンタイアは、人間の行動は「演じられた物語」だと主張しています。どんな人も、自分の人生に意味を与える物語を頭の中で描きながら、その物語に沿って生きています。(150) その物語は、環境保護という大義名分のために戦う話かもしれないし、真実の愛を探す話かもしれないし、社会的弱者が立身出世する話かもしれません。あるいは、抑圧された状況下にいる家族を新しい国に連れ出し、新しい人生を送らせるという自由と平等に関する話かもしれません。そこには、自分が性別や文化や政治的アイデンティティーのせいで差別を受けながら、自分を鍛え上げていくというドラマがあります。前述したどのケースにおいても、あなたは自分自身を壮大な物語の中に置き、自分と同じ言動をとる人が増えれば、世界はもっとよい場所になると考えます。すべての人が自由闊達《じゆうかったつ》で進歩的、また圧政的な慣習に立ち向かう意志があれば、この世界は劇的によくなるとあなたは信じているかもしれません。あるいは、歴史で証明されてきた道徳における絶対的な基準を守れば、この世界はもっとよい場所になるだろうに、と思うかもしれません。いずれにしても、自分を物語の主人公に据える人は、自らをこの世界をあるべき姿にしようと努力する善人だと捉《とら》えています。

しかし世界観は個人的なものや特有なものではありません。それどころか、グループや文化全体も、世界を理解するために、それぞれが好む物語を持っています。そうした物語には、重大な疑問に対して広く受け入れられている答えがあったり、人生のドラマをさらに盛り上げるための共通の偶像があったりします。レスリー・スティーブンソンの古典的な作品『人間本性にかんする七つの理論（*Seven Theories of Human Nature*）』では、社会全体に影響を与えた優れた思想家が唱えた人間本性に対する重要な見解をリストにしています。彼らが唱えた人間が抱える主な問題は、以下のとおりです。

プラトン――物理的な身体を持つことと、その身体の弱さ

マルクス――不公平な経済システム
フロイト――心の中にある欲望と良識の間にある矛盾に気づいていないこと
サルトル――客観的価値が存在しない中で、完全な自由を実現できていないこと
B・F・スキナー――自分の環境によって完全に決まっていることが実現できていないこと
コンラッド・ローレンツ――進化論により発展した人間が内的攻撃性を持っていること(151)

これらの理論はどれも、人間にとって何が問題で、それに対して何ができるかということを語っているので、実は〝話〟なのです。また、それぞれの現実に対する見解が非常に強力なので、社会や研究、仕事といった分野に影響を与えてきました。こうした世界観の一つでも、社会にある想像力を惹《ひ》きつけるものがあれば、その世界観はその社会の人々の生き様に深い影響を与えます。その社会に「そんな世界観は受け入れない」という人がいたとしても、その人にもやはり影響を与えるのです。

個人的あるいは社会的に抱く〝話〟をドラマとして個人的に演じる主な場所の一つが、毎日通う職場でしょう。私たちの世界観は、歴史・信念・探求、主人公と対抗勢力の群れという文脈の中に私たちの仕事を置き、またそうすることによって、仕事での戦略を高いレベルに据えます。日々の暮らしの中で、私たち個人の相互関係や決断は世界観によって形作られるのです。

シリコンバレーでは、テクノロジーの力が世界をよい場所に変えるという世界観の話が強く、前向きに信じられています。しかし序文を書いたキャサリン・アルスドーフは、それとは違う、福音という新しい話に触れたのでした。第8章に登場した広告会社で重役を務めた二人も同じです。この二人は人生の意味とは自己表現・性・物質的豊かさにあるという価値観、そして人生は適者生存の法則に従って動いているという価値観の真ん中で働いていました。一方福音は、人生の意味は神を愛し、隣人を愛することであり、その教えを実行に移す基本的理念は奉仕することであると教えています。このような対比は、一見、高尚で抽象的に聞こえます。しかし、前出の二人が広告の中で自分の信念を貫いたメッセージを作り上げたとき、その対比は非常に現実的に明らかになりました。

福音とそれ以外の世界観

あらゆる世界観は、以下の三つの質問の提起と答えから成り立っているということを、これまで見てきました。

(1)　物事はどうあるべきか。
(2)　現状、物事が抱えている一番の問題は何か。

(3) その問題の解決法は何か、そして実際にどう解決できるのか。

人間性について書いたスティーブンソンの本では、キリスト教もその〝理論〟の一つに挙げられています。しかしそれはキリスト教そのものについて語るのではなく、他の理論との違いを指摘するという形で述べられています。「神は人間を仲間として創造したが、人間は神に背き神との関係を断ち切ってしまったとすれば、神のみが人間を許し、関係を回復することができる」(152)。言い換えれば、聖書的な世界観は、人間の本質・問題・救いは根本的に関係型であるという独特の理解です。人間は神との関係を持つために造られ、神に罪を犯したために神との関係が失われ、しかし神の救いと恵みによってその関係が再構築されるのです。

プラトン、マルクス、フロイトは、「神が造られた世界の一部=人間が抱える問題の主要部分」、「それ以外の世界の一部=その問題の解決法」と見なしています。三人が提唱する世界観の中では、有限の存在が主役と敵役を演じています。よって、マルクス主義では、私たちが抱える問題の原因は、経済生産の手段を人々と共有しようとしない貪欲《どんよく》な資本家であり、その問題の解決法を全体主義と考えます。一方フロイトは、心の奥底で快楽への思いを抑圧することを問題の原因としています。この中で敵役を演じているのは、社会の中で道徳を守る抑圧的な〝番兵〟、すなわち教会のような存在であり、解決策は、個人の自由を抑圧しないことです。多かれ少なかれ、多くの人はギリシア的そしてプラトン的世界観に影響を受けています。彼らは、昔ながらの道徳的価値観や責任を守らない自分勝手でだらしない人々のせいで世界に問題が起きていると考え、問題の解決は社会における宗教・道徳観・美徳を〝再生〟させることにあると考えます。

哲学者のアル・ウォルターズはこう書いています。

大きな危険は、神の素晴らしい被造物のある側面を選び出して、「その選び出したもの」を悪者だと認識することにあります（本当の悪者は、そこに侵入した異質な罪であるにもかかわらず）。このような間違いは、善と悪とを分ける二分法が創造そのものに備わっていたという考えから生まれます。……素晴らしい創造の中にある「何か」が、悪（の根源）であると見るのです。歴史の中でこの「何か」について、プラトンやギリシア哲学者の多くはそれを身体や情熱であるとし、ルソーやロマン主義は自然の対照にある文化であるとし、精神力動的心理学では社会や家族の中で権威のある人物であるとし、マルクス主義は経済力であるとし、ハイデガーや実存主義者はテクノロジーや経営であると認識してきました。私の理解では、被造物のある一部を私たちの問題の根源として悪魔視しようとしたり、あるいは被造物のある一部をその解決策として偶像化しようとしたりするあらゆる試みを拒絶している点で、聖書はとてもユニークな存在です。キリスト教以外のあらゆる宗教・哲学・世界観は多かれ少なかれ、この（偶像礼拝の）罠《わな》に、つまり天地創造と堕罪を区別できないという罠に落ちています。そしてこの罠はクリスチャンの間でも（この世と同じように）常に存在しています[153]。

ここで再び、キリスト教の独自性を見てみましょう。問題は、世界の一部あるいは特別なグループの人々にあるのではなく、罪（神との関係を失うこと）そのものにある、そして問題の解決策は神の恵み（キリストの働きによって、神と人間との関係が回復されること）にあるとするのはキリスト教だけです。罪はすべての人間に影響を及ぼしているのですから、この世界を簡単にヒーローと悪役とに分けることはできません（かりにそうするなら、私たちはもちろん、自分をヒーローであると同時に悪役でもあると考えなければいけないでしょう）。福音を理解しなければ、私たちはナイーブに理想を掲げるか、皮肉な笑みを浮かべながら世界に幻滅することになります。問題だらけであるこの世界の理由を説明するために、本来そこまで悪役ではないものを極悪人に仕立て上げるのです。そしてその問題だらけの世界から逃げ出すために、そこまで力がないものをヒーローとして崇《あが》めるのです。結局のところ、福音を除くすべての世界観が提供しているのは、こういうことなのです。

キリスト教が紡ぎ出す話は、非常に筋が通っています。そして、間違いなくほかの世界観から来た話であっても、その中に真理がある場合には、その真価を認める手助けすらできます。キリスト教の話（あるいは世界観）は、創造（計画）、堕罪（問題）、贖《あがな》いと回復（解決）です。

全世界は善である。神が世界を造られ、そこにあるすべてのものは善でした。本質的に悪いものはなく、その起源に悪の要素を持つものもありません。『指輪物語』の極悪人に関する説明でトールキンは「サウロンですら」初めは悪人でなかったと言っています。この「天地創造時の善」は、至るところに見つけることができます。

全世界は堕罪の中にある。この世界のどんな側面も等しく罪の影響を受けています。例えば、感情や情熱は信用に値しないが、理性は絶対確実だといえるでしょうか。物質的なものは悪いが、霊的なものはいいものだといえるでしょうか。日常の生活は汚れているが、宗教的儀式はよいことでしょうか。もちろん、違います。しかしこうした筋書きを取り入れなければ、キリスト教以外の世界観は成立しないのです。罪の代わりに何らかの被造物を悪人、あるいは悪魔に仕立て上げるためには、こうした変化球が必要なのです。

全世界は贖われる。イエスは魂と身体、理性と感情、人間と自然を贖われます。だからこの現実の中で、すべてのものに希望があるのです。

福音は、真実を語る話です。神が造られたよい世界は罪と悪によって傷つけられましたが、イエス・キリストが自ら死ぬという無限の代価を払って世界を贖《あがな》われ、いつかイエスが地上に戻られるときに、すべての被造物を新しくされ、すべての苦しみと死は終わり、この世界に完全な平和・正義・喜びが永遠に回復するという真実の話です。神の性質、物質的被造物の素晴らしさ、人間の価値、堕罪、愛と恵みを一番にすること、正義と真理の重要性、贖いへの希望。福音の世界観にあるこうした壮大な意図は、すべてのことに、特に私たちの仕事に影響を与えています。

私たちの友人であるビル・カーツが、その好例です。若い頃《ころ》、学校の理事をしていたビルは、福音の物語（世界のあるべき姿とは、どうして世界に問題が起きたのか、そして未来への希望とは）に目を向けるようになりました。貧困層が多い都市部の学校における問題に取り組むビルに、この福音の物語はよりよいビジョンを与えました。学校にいる生徒は、みんな傷ついていました。家庭崩壊、睡眠不足、栄養不足、ストリートギャングの存在、校内にまではびこる薬物といった挫折《ざせつ》の物語は、学校にあって反抗と絶望という風潮をさらに助長し、生徒の多くは「学校なんてどうでもいい」と思っていました。自分の仕事の中に福音が語る希望を取り入れたい。ビルはそう思いました。

今日、都市部の学校教育において、教育はどうあるべきか、教育の主な問題は何か、何を変えなければいけないかということについて、さまざまな意見が乱立しています。実際、貧困や体系的な不公平といった苦難から人間を救い出すために、教育そのものが解決策だと考えられることもあります。この教育方針、あの教育方針、と現場が試すたび、その結果を見るために継続的分析の対象とされるのは生徒です。福音を知ることは、ビルにより深い理解と希望を与えました。まず、福音を知ることで、学校現場が抱える問題をより包括的に理解できること。そして、学校教育で実施されてきた最高の教育計画や方針を、偶像化することなく現場に取り入れられるという、贖いへの希望です。

ビルのアプローチは全体論的なもので、福音により学校の風潮や文化を実際に形作ることができるという認識に基づいていました。二〇〇四年、ビルはあらゆる背景を持つ生徒を対象にしたチャーター・スクール（特別認可校の一種）の高校をコロラド州デンバーに開校しました。生徒みんなで責任と成功を共有するという風潮を作り出せるよう、ビルは学年単位で指導しました。生徒は教師と一緒に毎朝ミーティングを行い、この中で、週ごとに表彰される人物を決め、他者への奉仕や学校の理念を実践した言動にエールを送り、希望の話につながる話を共有することで、学校全体で成功体験を祝います。ミーティングでは、問題についても話し合われます。校内のコミュニティーが掲げる理念を破った生徒の更生を助けるため、生徒全員が公の場で謝罪するようにしました。こうすることで、生徒は責任を共有し、学校の主要理念を守れるように助け合う気持ちが生まれます。もし遅刻した生徒や教師がいたら、彼らが属するコミュニティーの全員が学校全体に向け謝罪します。

ビルは、生徒が本質的に持つ承認欲求を理解していました。しかしそう思う生徒に対して、誰《だれ》一人見過ごされることのない環境作りとその責任を負わせたのです。優秀な教師に恵まれたことが成功の鍵《かぎ》であったことはもちろんです。しかしビルは、一つに絞った「卒業生全員が四年制大学に入学する」という全体目標と学校の雰囲気こそが成功をもたらしたとしています。実際、ビルが始めた学校は驚くべき成功を収め、創立以来、卒業生全員が四年制大学に進学しています。またデンバー市全域に系列校が創立され、その六校すべてが、デンバー市の成績トップ6を押さえるまでになったのです。

福音とビジネス

福音の世界観は、私たちが実際にどう仕事をするかという点に深く、浅く、戦略的にも戦術的にも、ありとあらゆる影響を与えるでしょう。どんな分野の仕事でも、福音以外の世界観やその偶像にある程度の影響を受けています。それらは人間の罪や神の恵みをまったく考慮していない世界観であり、そこでは何かしらの偶像を祀《まつ》り上《あ》げ、その偶像に絶対的な価値を与えています。どんな分野の仕事にも福音の働きがあり、その詳細を挙げれば切りがないほど豊富です。実際、リディーマー教会では何百人という人々が毎月顔を合わせて、自分の仕事でどのように福音が生かされているかということについて話し合っています。その話だけで本が一冊書けるほどですが、仕事において福音が持つ意味について、ほんの数例を挙げてみたいと思います。

ビジネスにおける偶像とは何でしょうか。リストのトップに挙がるのは、もちろん金と権力でしょう。しかし思い出してください。偶像とは、単なるよいものを究極なものにしてしまうことでした。企業が収益を上げて影響力を行使することは、それが賢く管理されているならば、よい目標を達成するための健全な方法です。こうした利益は、顧客に新製品を提供し、投資家に配当を分配し、従業員に十分な給与を支払うためにきわめて重要です。同じように、個人の業績に対して報酬が支払われることは当然であり、社員と家族の生活を支えるために必要なことでもあります。しかしそのこと自体は自分のアイデンティティーを決めはしないし、救いでもないし、もっと言えば、安定した快適な生活の源になるわけでもありません。コリント人への手紙第一6章19―20節には「あなたがたは、もはや自分自身のものではないことを、知らないのですか。あなたがたは、代価を払って買い取られたのです」とあります。ここに書かれた神の恵みを知るクリスチャンの労働者や経営者は、自分の仕事を通じて自由に神を敬い、隣人を愛し、人間全体の利益に仕えるのです。事実、ニューヨークという都市で生活する人々にとって、この考え方は非常に重要だと考え、リディーマー教会では企業家を集めて、福音に根差した新規事業のビジョンについて考える勉強会を行っています。営利企業であれ、非営利団体であれ、芸術関係の仕事であれ、そこには世界に対する神の計画を反映する形で社会貢献していくためのビジョンが必要であると、参加者に伝えています。

勉強会では、模範となるよい指導者を見出し、その人について話し合います。クリスチャンでもクリスチャンでなくても、株主・顧客・従業員・調達先、そして周囲の市町村までも含め、企業にかかわるすべての関係者の利益をバランスよく考えられる人を例に学ぶのです。例えば、ハーシー・チョコレート社の創業者であるミルトン・ハーシーです。ハーシーはチョコレートバーにミルクを入れるという技術革新を取り入れて、一九〇三年に同社を創業しました。ハーシー社の製品は大ヒットし、会社の大成功とともに、近隣の酪農家も恩恵にあずかりました。世界大恐慌が起きると業績は急落しましたが、ハーシーは従業員を解雇しないことを決めます。そして地域に家屋・遊園地・ホテルを建設するという公共事業を立ち上げ、雇用を維持しました。晩年、子供のいなかったハーシー夫妻は孤児のために寄宿学校を創設しました。この学校の温かい支援の中で、恵まれない子供たちが実用的な技術を学ぶことができたのです。学校を運営している基金がハーシー社の株式の多くを保有しているため、現在、学校運営の資金は株式の配当金と評価益で賄われています。

ある意味で、こうしたことは当然のように思われます。この十年、ビジネスは社会的利益を推し進めるべきだという考えが再び認められるようになってきました。昨今の企業スキャンダルも、こうした傾向を後押ししています。二〇〇九年、ジェームズ・マードック（ニューズ・コーポレーションの最高責任者ルパート・マードックの息子）がエジンバラ・テレビ・フェスティバルで行ったスピーチがその好例でしょう。マードックは「独立性を保証するために、唯一信頼可能で継続的なものは、利益である」と言いました。その後、ニューズ・コーポレーション社の新聞部門が盗聴スキャンダルを起こします。三年後、ジェームズ・マードックの姉エリザベスは同じエジンバラ・テレビ・フェスティバルでこう語りました。「弟は、何か大切なものを忘れていました。目的を失った利益は、災いを招く秘訣《ひけつ》となります」。エリザベスはさらに続けて言いました。「個人的なことを申しますと、昨年に学んだ大きな教訓の一つは、いかなる組織も、はっきりと目的を述べたうえで、厳格な価値観を論じ、採択し、制度化する必要があるということです[154]」

企業がこうした共通意識を持つようになりつつあるとはいうものの、市場における暗黙の了解は、人生における主要な関心事は利益追求であり、ビジネスとは基本的に権力を集めてその力を行使することであり、法に触れない範囲で最大限の利益を得ること自体が目標であるといって差し支えないでしょう。しかし、なぜ。それは、すべての労働者に、そしてすべての企業文化に罪が入り込んでいるからです。汚染された川、お粗末な接客、不公平な報酬、権利ばかりを主張する態度、将来性のない仕事、人間性を奪うような管理システム、裏切り、権力闘争などは、すべてその罪のせいです。だからこそ、ビジネスの世界観とは正反対の福音の世界観を意識的に持ち込むことに、大きな意味があるのです。

外から観察しているだけでは、福音の価値観を反映して成功している会社と、市場という世俗的価値観を反映している会社との違いはすぐにはわからないかもしれませんが、内部を見ればその違いは明らかです。福音を中心としたビジネスでは、高い倫理観を持つことがマージンの損失を意味したとしても、ユニークな方法で顧客に仕えることについて、この世とははっきりと違うビジョンを持っています。つまり敵対関係や搾取がないこと、卓越性や製品の品質を非常に重要視すること、会社の組織図から毎日の現実の言動に至るまで、隅々まで倫理的環境が行き届いていることです。福音の世界観によって活き活きしている会社では、利益とはたくさんある重要事項の一つにすぎないのです。

私の友人にドン・フローという男がいます。ドンは、自動車販売会社で当たり前とされてきた世界観を福音の話で書き換えた男です。自動車販売の世界では、車を最高額で売ることが一般的でした。販売成績の褒賞をもらうため、販売員はその車に最高金額を払ってくれる顧客を見つけ、必死に口説きます。ドンのビジョンは、一人ひとりの顧客によい車を提供することを大切にするというものでした。しかしドンは、交渉に明るい白人男性よりも、女性やマイノリティーの人々のほうが、より高い金額で車を買ってしまうという問題があることに気づきます。そこで彼は、すべての車を均一料金にして、交渉不可とし、機会均等価格にしました。

ドンは会社の社長であり、大きな変更をする権威も持っていました。会社の中で、こうした自由に恵まれた人はほとんどいません。それでも、より権力を持たない社員でも会社の目標について質問することはできます。それがしっかりした目標であるなら、社員は真摯《しんし》に受け止め、そのことが会話の中で話題になり続けるでしょう。

リーダーというものは、社員の冷笑や無関心な態度に押しつぶされ、時に自社の理念に真摯に向き合う気力を失ってしまうものです。会社の理念をよいものと考え、それを大切にし、守る。そんな簡単なことが、あなたの上司が必要としている何よりの励ましかもしれません。

クリスチャンとしてビジネスの現場にいるということは、単に正直な人間であるとか、同僚と不適切な関係を持たない人間であるといったことではありません。職場で個人伝道やバイブル・スタディーをすることも十分ではないのです。ビジネスの世界においてクリスチャンであるということは、むしろ自分の職場生活全体そして自分が影響力を持つすべての組織・グループにおいて、福音の世界観が持つ意味合いを考え、また神の目的を考えるということなのです。

福音とジャーナリズム

キリスト教の世界観が持つ意味合いは、すべての業界・分野で熟慮されるべきですが、その意味合いは往々にして捉《とら》えにくいものです。例えば、あなたがジャーナリズムの分野にいたとして、福音は、あなたの仕事に影響を与えていますか。「特に影響はありません。私は事実を客観的に伝えるだけです」と言う人もいるかもしれませんが、「どこにも根拠を置かない意見」などありません。ニュース番組の内容ひとつを取ってみても、何を重大ニュースとして伝えるかということに、誰《だれ》かしらの価値観や信条が反映されています。だからこそ、私たちはすべてのジャーナリズムがどのような方針（あるいは偏見）をもって編集されているか、すぐ気づくのです。曰《いわ》く、あれは保守的だが、こっちは進歩的だとか。または、あっちは金を崇拝しているが、こっちは技術革新を崇拝しているとか。それでもう一つこっちでは自己決定を崇拝しているとか……。さらに、成功に固執しすぎる（成功を自分の偶像としている）ジャーナリストは、自分がレポートすることやその伝え方に、〝自分の成功〟という色眼鏡をかけて、取材対象を見てしまうでしょう。

ヒーローと悪役なしに、物語を書くことは不可能です。一級のジャーナリストなら、見聞きした事実をできるだけ客観的にレポートするという仕事を上手にこなすでしょう。しかし、どの事件を大きく、あるいは小さく取り扱うか、ましてやいっさい取り上げないか、そして事件にかかわる事実の関係をどのように説明するか……、こうした作業のすべてには、その背景にどの勢力が善でどの勢力が悪かを推測するジャーナリストなりの物語があるのです。少し注意を払えば、職場での物語（世界観）の中に、細かい話が展開していることに気づくでしょう。他のたくさんの業種と同様に、ジャーナリズムも一種の聖職者のような存在が主張する一連の信条や風習を伴う〝宗教的な〟性格を持っているという主張も、なるほどと思わされます[155]。

ではクリスチャンのジャーナリストの仕事は、どこが違うのでしょう。福音の世界観は、どんな被造物をも偶像化したり悪魔視したりしません。キリスト教の世界観を取り入れることができれば、その人は公平で偏見のないレポートや文書を提供するユニークなジャーナリストになるでしょう。ここで見てきたように、福音以外の世界観は、あることを信じすぎる一方で、他のことを軽視しすぎる傾向にあります。だからそのジャーナリストがどんな基本的な世界観を持っていても、福音の世界観を基本にしたときよりもずっと甘くて楽天的な考え、あるいは必要以上にひねくれた考えや懐疑的な考えを持つことになるのです。

簡単な例を挙げてみましょう。危機的状況を語る物語の多くにおいて、私たちの近代的世界観、因果関係を求める世界観では、すぐにその危機的状況をもたらしたのは誰か、あるいは何かを見つけて責めたがります。ニューオリンズにカトリーナというハリケーンが上陸したとき、被害状況はどうかという基本的な情報を伝える時間はごく限られたもので、ニュースの話はすぐに防波堤を造った人々や、連邦政府やその遅い対応を問題にする責任論に発展していきました。もちろん、都市計画のほころびや反応の薄い行政機関を取り上げることに意味がないとはいいません。しかしここで、責任の所在を明らかにしようとして、同じ被造物の誰《だれ》かを責めたくなるのは人間の衝動であって、福音のわざではありません。福音は、自然や人間に傷があるのは堕罪の結果であると語っています。福音の真実の〝話〟は、贖《あがな》いと再生の証拠について語ります。福音の物語のハイライトには、怠慢や無視の話よりも犠牲と堅忍を示す話のほうがふさわしいのではないでしょうか。

福音と高等教育

アンドリュー・デルバンコの名作『大学――それは何であったのか、何であるのか、そして何であるべきなのか（*College — What It Was, Is, and Should Be*）』は、私たちの社会における主要な世界観が変化したために、高等教育の分野が危機に直面するようになった経緯を説明しています。キリスト教やギリシア＝ローマといった古い世界観は、人間にとって非常に重要な英知は、次世代の人々によって改めて再認識されなければならないと信じていました。古い文献を読みながら、この世界で人生をどう理解し、よい人生を送るためにどうするべきかと思い悩み、その英知の重要性を再認識するのです。現代に生きる私たちは、啓蒙主義的な考えからより強い影響を受けていて、最も高度な意味においては、経験や科学における知識のみが真実であると考えています。「知識の価値をこのように評価する方法は、人間性に対して大きな挑戦を突きつけます。少なくとも、新しいものを好んで古いものを捨て去ることを通して真理を進めることよりも、有機的に統合することによって真理を維持しようと人文主義者が努めている点ついてはそういえます(156)」。C・S・ルイスも同じ意見を持っていて、このように述べています。

昔の知恵者にとっての本質的な問題は、どのようにして魂を現実に順応させるかということであり、その解決法は知識・自己鍛錬・美徳でした。……応用科学にとっての……問題は、現実を人間の願いにどのように従わせるかということであり、その解決法は技術とされています(157)。

デルバンコは、人々の中に「内省する市民としてのあり方（reflective citizenship）」を植えつけるうえで、きわめて重要な鍵《かぎ》となる人文科学研究が、こうした世界観の変化により、西洋社会においては直接的に否定的な影響を受けた、と語っています。デルバンコはまた、資力のない人々にとって、大学教育がどんどん手の届かない存在になっていることを嘆いています。一流大学の少ない募集人員の中で、競争は激しさを増しています。となれば、受験の準備がしっかりでき、家庭教師がつけられ、カウンセラーに相談でき、経済的にも余裕のある人だけが、一流大学に入学できるということになります。貧困地域の生徒は、このような支援は受けられません。最高の教育がエリート階層を生み出し、その子供がまたエリートになるというサイクルが延々と続き、それ以外の人々は置き去りにされてしまいます。そうなると、貧困層からエリート校に入学できる生徒が減るだけでなく、トップの教育機関と中流クラスの教育機関とのギャップが広がります。中流クラスの人も、トップ大学は尊大で一般人の価値観や経験とはかけ離れた世界だと考えるようになります。こうした風潮を下支えしているのが、近代の実力主義で、優秀な学校にいる人は、頭がよく優秀だからそこにいるのだという信念です。デルバンコは、ニューヨーク・タイムズ紙で「ひとりよがりの教育?」と題した署名記事を書いています。一流大学に入った学生は、その大学に入れなかった人々は自分より劣った存在だと教えられ、「うぬぼれと自己満足」を生み出すという現実があると指摘しています。

意外なことに、アイビーリーグに属する大学を創設した人々は「厳格なプロテスタント教徒」であり、「救いを受けているしるしは、高い自尊心にあるのではなく、神の目の前における自らの卑小さを謙遜《けんそん》な思いで自覚していることにある」(158)と信じていたことを、コロンビア大学の教授デルバンコは指摘しています。デルバンコ自身はクリスチャンではありません。デルバンコは、キリスト教に関係のない一般社会が、エリート階級を謙虚にさせるような基本理念を持つようになることを願っています。しかし明敏なデルバンコは、キリスト教の世界観に成功者や富裕層のエゴを抑止する何かがあること、またそれが社会を一つにまとめるための大きな後押しになることを理解しています。ところが今日の社会では、キリスト教的な考え方は社会の奥深くに埋もれてしまっています。つまり、人間は幸せな生活を送るに値しない存在で、富や才能・力はすべて、その人の努力に関係なく、単に神からの贈り物であるという考え方が受け入れられていないのです。また現代では「エリート主義の暗部」が、いまだかつてないほどの不公平を生み出しています。

こうした風潮のすべては、クリスチャンの教育者あるいは思想という領域で仕事をしている人々にとって、非常な示唆に富むものです。中世に古代の文学を救ったのが修道院だったように、今後数十年の間に、カトリック系やプロテスタント系の大学が、人文科学研究の維持・回復の最前線に立つことになるかもしれません。クリスチャンの教育者は、高等教育の質とそこへの入学を妨げる強大な経済的プレッシャーを、福音によってはねのけるという意識をもって仕事に臨むべきです。

福音と芸術

芸術の世界にも、偶像はあります。他のどんな分野もそうであるように、利益追求を最重要課題とし、そのために創作活動を続ける芸術家も存在します。一般的に、観客の前で演技・演奏するような芸術分野に従事しているアーティストは、これまでもそうでしたが非常に感傷的なものや甘美なもの、衝撃的なもの、奔放な性や暴力を取り扱った作品を生み出しています。多くの芸術家は自己表現・オリジナリティー・自由が自分の創作活動を支えている最高の価値観だと主張し、利益にこだわる芸術家は仲間から嫌われます。しかしこうした独善的な姿勢は、さまざまな深い世界観（それぞれの世界観の中に、それぞれの悪魔・偶像・英雄・正統主義・贖罪などが一式ずつそろっている）が働いているという事実に反するものです。[159] 大衆性を最も嫌う芸術家は、（控えめに表現しても）美や希望といった要素を大きく欠いた芸術作品を生み出しているといえるでしょう。

キリスト教は、芸術家の活動にどのように影響するのでしょう。これまでも、そしてこれからも、このトピックだけで何冊もの本が書けるほどの価値ある話題ですが、頑張ってまとめてみましょう。ジャーナリズムの項でも話しましたが、福音の世界観は、人生における楽観主義と現実主義を結び合わせた独特な思考を芸術家に与えます。人間の性質について、福音ほど悲観的な世界観を持っているものはありません。世界が今、このような状況にあるのは、何か一つの階級やグループが原因なのではなく、その責任は全人類にあります。どんな人間も、極悪人になる可能性を秘めています。神の助けを借りなければ、そうした性質を自分の力で変えることはできないし、ましてや、自分の真の姿を見ることすら難しい。しかし同時に、キリストにある神の救いという基本に根差し、福音により、私たちは天国はもちろんのこと、完全に新しくされた被造世界を思い描くことができ、心の奥底までポジティブになることができます。だから、福音を基礎にする芸術家の特徴は、感傷とも、ひどい絶望とも違うのです。

　映画を例に考えてみましょう。映画の「ロスト・イン・トランスレーション」では、人生とは結局のところ無意味だが、友情の中に若干の慰めを見出すことができるという前提に基づいた話です。また「ベイブ」は、古い慣習に立ち向かい一生懸命努力すれば、豚でも牧羊犬になれる！と私たちに勇気を与えてくれました。どちらの種類の話でも、よく描かれた話であれば、クリスチャンはその映画を高く評価するでしょう。なぜなら、福音の世界観から考えれば、ナイーブな話でも虚無的な話でも、そこにはある程度の真実があるからです。堕落したこの世界における人生は、大いに無意味です。私たちの大望や野心は常にくじかれ、また品行方正な人々は往々にして高圧的で頑固です。それでも、最後には「善」が「悪」に勝利します。キリスト教的な視点から考えれば、前述の二とおりの筋書きには、同じ問題があります。それは、問題の原因を罪以外の要素に認め、救いを神以外の要素に求めるという傾向であり、そのために状況の中で、究極的には話があまりにも単純化されている点です。福音が語る世界の物語はとても豊かで、もっと暗い世界観からも、もっと陽気な世界観からも洞察を得ています。福音は、二つの視点をうまく組み合わせ、描き出される全体像に偏りがないようにしています。だから、クリスチャンの芸術家は、この世界に対し、より広くバランスのとれたビジョンを持つことができるのです。クリスチャンの芸術家が何世紀にもわたって素晴らしい芸術作品を生み出してこられたのは、このビジョンのおかげです。

福音と医療

仕事に取り組む姿勢を決めるとき、その基本をイエスの福音に置くということは、心の中にある精神的偶像と社会や職業の中にある社会的偶像、両方の影響に注意するということです[160]。その例として、医療分野を考えてみましょう。数年前、医療分野で働く何人かのクリスチャンにちょっとしたアンケート調査を行いました。その中で「現代の医療活動に不可欠な要素だが、クリスチャンとして仕事をするうえで不都合なことは何か。職場における大きな誘惑や試練は何か」という質問をしました。受け取った回答に私は驚き、教えられ、助けられたものです。

回答の中にあった大きな問題の一つは、仕事の中で自分のアイデンティティーを見失いそうになるという、非常に個人的なものでした。イギリス人牧師のマーティン・ロイドジョンズは、かつてロンドンで外科医として成功を収めていた人物です。医学生と医者を対象にした講義の中で、ロイドジョンズはざっくばらんにこう話しています。「これまで……『人として生まれ、医師として死ぬ』なんていう恐ろしい墓碑銘でも刻みそうな人に多く出会うという僥倖《ぎょうこう》に恵まれました。（医療関係者が直面する）最も大きな危険は、自分がその仕事に埋もれてしまうこと。……これは、医師に特有な誘惑です[161]」。別のイギリス人医師もこう言っています。

その誘惑は、支配的な力として医学があなたの人生を占領し、コントロールすることです。これは微妙な問題です。……他の人の人生に何かよいことをしようと、時間・責任・ストレスなど多くの犠牲を払うものですから、ここでは一種の倫理的な自己満足が得られます。このような種類の偶像礼拝では、自己を正当化しようとする力が大きく働きます。道徳的優越感を味わうためには、株式仲買人になるよりも医師になるほうがより簡単です。……また、ある人たちの中には、他の人から必要とされたいという必要を感じる人もいれば、影響力を持ったために、周囲の人から騒がれている人もいます[162]。

救援事業（医療だけでなく、牧師の仕事も含め）に従事していると、とても高潔で厳しい仕事をしている自分は、他の人よりも優れていると感じてしまいがちです。彼らはストレスが溜《た》まる長時間の仕事に耐え、まさに人の命を救っているのに、山のように多くの人々がその働きに感謝をせず、理不尽で強情で、恨《うら》み言《ごと》を言ったり訴訟を起こしたりするのです。こうした出来事は、彼らのストレスに関係する霊的危機につながります。ある医師はこう書いています。

人間に対して極端に冷笑的になり、人生に対して頑《かたく》なな気持ちを持つようになることは簡単です。生と死にかかわるいざこざを嫌になるほど目にすると、基本的な防衛機能が働いて感情が切り離され、そこから距離を置き、自分の正気を保とうとするのです。

私が話した医者の中には、医療従事者にありがちなプライドやあざけり・無関心が、自分の中に生まれるのを防いだ唯一の方法は福音だったと言う人が何人かいました。「医者になりたての頃《ころ》は、あまりにも長い勤務時間のせいでお祈りなんてまったくできませんでした。それは致命的でした。常に喜びを感じることができるのは、心の中にイエスが本当にはっきりいるときだけです。医者という仕事が自分の価値のすべてになると、感謝してもらえないことに対して、心が固くなっていきます。けれども、心の中にイエスがおられれば、そうならなくて済みます」

このアンケートは、医師が社会から受けるプレッシャーの存在も明らかにしました。アンケートに協力してくれたある女性は『ニューイングランド医学雑誌』に「病床におられる神[163]」という論文があると教えてくれました。この論文の著者は患者の信仰とその実践が、健康問題に大きく関係しているケースをよく見るとしながら、「現代では、宗教と科学とは峻別《しゅんべつ》されたものであって、それぞれがまったく異なる領域を占めていると理解されている」といっています。患者の罪悪感や恐怖が病気の原因となることもあれば、患者の治癒《ちゆ》に神が関係していることもある。医者になるための研修は受けても、こうした現実のいずれにも取り組む準備がまったくできていなかったと思う。「当然のことだが、医者というものは用心深いもので、厳密に診療と呼べる領域から外に出て、あえて霊的な領域に飛び込もうとはしない」とこの著者は書いています。

マーティン・ロイドジョンズも、医療従事者への講義で同じポイントを話しています。ロイドジョンズは、一九二〇年代後半、有名なホーダー卿《きょう》の下、ロンドンの聖バーソロミュー病院で働いていました。ある日、ホーダー卿はロイドジョンズに、これまでのカルテを整理し直すように指示を出しました。ロイドジョンズは名前順ではなく、診断と治療順に並べる新しいファイリング・システムで作業を始めますが、この作業の間に啞然《あぜん》となります。なんと診断の半分以上が「過労」「暴飲」「家庭および夫婦の不和」というコメントで占められていたのです。ホーダー卿は週末を過ごす機会があったとき、ロイドジョンズがこの件について質問すると、ホーダー卿はこう答えました。医者のところに来る問題で、本当に医学的な助けが必要なのは三分の一程度で、残りは不安やストレス、人生における選択ミス、自分自身への高すぎる目標や信念が原因である。もちろん、深刻な状況であれば精神科医を紹介するが、ほとんどはその必要もない。そして最後に、医者は患者の私事に干渉するべきではないとつけ加えたのです。この答えを聞いた後、ロイドジョンズはこう言いました。

週末ずっと、このことを議論しました。私の主張は「その人の生活全体を」治療するべきだというものでした。「ああ！」ホーダーは言いました。「そこが君の間違いなのだよ。私たちがほとんど何もしなくても、彼らが治療費を払うつもりがあるなら、そうしてもらえばいいではないか。そのおかげで、私たちは三五パーセントくらいの人が必要としている〝本当の医療〟に集中できるのだよ」。しかし私の論点は、それ以外の人々の「生活全体を考慮に入れる」のが「本当の医療」であるという点だったのです。彼らは確実に体調が悪かったのですから！　彼らは救いを求めて、おそらく何人もの医者のもとを訪れているのです。[164]

ロイドジョンズは、医者だけでこうしたことが可能だといっているわけではなく、むしろ、他のカウンセラーや専門家と協力して患者個人の問題全体に取り組むべきだと主張しています。人間には精神性・道徳性・社会性があり、このいずれかでも誤った、あるいは軽率な信念・行動・選択などで不当に侵された場合には、心身の破綻《はたん》を招きかねません。こうなると、純粋に身体的な理由で病気になった患者でも、投薬だけで回復や治癒《ちゆ》を望むことは最終的には難しくなります。

この会話が交わされたのは一九二七年のことです。先ほど話した二つの流れは、ホーダーとロイドジョンズの間に見られた状況を悪化させただけでした。まず、臨床現場での専門化が著しく進んだので、一人の医師が一人の患者のすべてをじっくりと診るような贅沢《ぜいたく》は不可能になってきました。「進化論的社会構成主義」と呼ばれる考え方の影響が広がっていることも重要でしょう。これは「あらゆる段階の現実のすべての側面が、たった一つの進化論的な説明によって説明できる[165]」という考え方で、要するに、人間を全体的に認識するという考えが消えつつあるということです。私たちの意識や感情、選択や要望、目標や喜びは遺伝子配列の結果でしかないという見識が徐々に強くなってきています。人間は体と心と霊で成り立っているという古い考えは消え去り、人間には精神神経学・感情神経学・霊的神経学を持つ体があるだけだというのが現代の考え方です。このように人間性を還元主義的に理解することに加え、医師や病院に対して増え続ける経済的・法律的プレッシャーがあります。このせいで医療従事者は患者一人と向き合うことに、より慎重にならざるをえず、それが医療従事者の「干渉しない」という姿勢を後押ししているようです。

クリスチャンは、人間に対する創造と堕罪の影響を理解しています。だから、医療に従事するクリスチャンは、こうした姿勢に潜む狭い考え方を拒否できるのです。神は私たちの体を造り、また復活させてくださいます。ということは、人間の体は重要なのです！　神ご自身が私たちの体を罪から救い出してくださった（ローマ8・23）のなら、神は偉大な医師であられ、医療はこれ以上ない高尚な仕事であるということになります。しかし神が大切になさったのは体だけではありません。神はまた私たちの心を造り、それを罪から救い出されます。だからクリスチャンの医師は、常に一人の人間としての患者と向き合い、そのすべてを請け負うことを心に刻みます。医者に謙遜《けんそん》の思いを与え、また単に患者の体だけを見ないようにするための創意工夫を与えているのは、信仰なのです。

キリスト教の世界観はすべての仕事に影響している

そういうわけで、「クリスチャンは福音が教える世界観に基づいて仕事をする」と言うとき、それは職場でいつも聖書の話をするとか、伝道をするという意味ではありません。福音とは主に仕事の中で「考えるべきもの」と考える人もいます。すると、クリスチャンのミュージシャンはキリスト教音楽を演奏するべき、クリスチャンの文筆家は回心に関する物語を書くべき、クリスチャンのビジネスマンやビジネスウーマンはキリスト教的な製品を作る会社やクリスチャンの顧客を相手にしたサービスを行う会社で働くべき、ということになるかもしれません。確かに、こうした仕事に向いているクリスチャンもいるでしょう。しかし、キリスト教的世界観が働くのは、前述したようなわかりやすくキリスト教的な仕事をするときだけではありません。逆にこの世界のすべてを、福音という眼鏡を通して〝見る〟と考えるべきです。このような意識をもって真摯《しんし》に創作活動をしていれば、クリスチャンのアーティストは利益追求だけ、あるいはむき出しの自己表現だけに囚《とら》われることなく、非常に多種多様な物語を紡ぐことができるでしょう。ビジネスの分野にいるクリスチャンは、利益がすべてではなく、それは重要事項の一つであると見なし、どんな会社であろうと公益に仕える会社で一生懸命働くでしょう。クリスチャンの文筆家は、直接神という言葉を使わなくても、神ではない何ものかを第一に置いたら、壊滅的な事態が生まれるということを描き出すことができます。

聖書を読めば、会社経営や配管、患者の対応など、どんな仕事も完璧《かんぺき》にできるというわけではありませんが、聖書は文化・政治・経済・倫理と非常に幅広い問題に触れています。こうした問題はどれも、私たちがどう生きるべきかということに大きくかかわっています。またキリスト教的世界観は、社会の中で必ずしも白黒はっきりしない部分に対しても、大きく寄与してきました。近代テクノロジーの台頭、近代資本主義を花開かせた民主主義的精神、経済的自由の基礎となる人間は生来自由であるという考え方、市場の発展――こうしたことが深いところで仕事の背景に関係しており、特に西洋文化ではこの傾向が顕著です。キリスト教がもたらした社会や文化の変化がこうした傾向に大きく影響しているのです。歴史家のジョン・サマービルは、西洋社会で最も認められている赦すことや仕えることは、誰《だれ》かの顔を立てることや復讐《ふくしゅう》することよりもずっと大切だという考えは、聖書に深く根差したものだと主張しています。(166) 近代科学の発展そのものは唯一で全能で人格を持つ創造主がおられるという聖書的見識が広く認められた社会でのみ可能であったと論じる人は多く、私もその意見に同意します。(167) このように、私たちは、自分が思っている以上に、独特なキリスト教的世界観の輪郭と力の恩恵を被《こうむ》っているのです。

あなたは、キリスト教的世界観という眼鏡を通して自分の仕事を見つめていますか。あなたは、自分自身に以下のような質問を問いかけていますか。

- 私が生きている社会・文化や働いている職種には、どんなストーリーがあるか。その話の中でヒーローは誰か、悪役は誰か。
- 意義・道徳観・起源・運命について考えるとき、その根底にあるものは何か。
- 偶像は？　希望は？　恐れは？
- 自分の仕事の中で、この筋書きがどんなふうに語られているか。その話の中で、仕事はどんな役割を果たしているか。

- 社会で一般的とされる世界観のどの部分が福音と調和しているか。自分が同意し、同じ立場をとれるのはどの部分か。
- 社会で一般的な世界観のどの部分がキリストなしに解決できないか。つまり、自分のいる社会・文化のどの部分に、自分は挑戦しなければならないか。キリストはこの話をどんな違う方法で完成させられるか。
- こうした物語は外形的にも内容的にも、私の仕事にどのような影響を与えているか。仕事をするときに、単に立派な仕事をするというだけではなく、クリスチャンの独自性を打ち出せるか。
- ⑴ 個人に仕える、⑵ 社会全体に仕える、⑶ 自分の職業分野で仕える、⑷ 能力や卓越した力を示すモデルとなる、⑸ キリストを証する、の五点において、仕事の中でどんな機会があるか。

キリスト教信仰が働くすべての領域で、最も大切でありながら、同時に実行に移すのが最も難しいのがキリスト教の世界観です。クリスチャンはみんな、福音の筋書きとは大きく異なる強力な物語に沿って動く文化の中に生き、仕事をしています。しかし、こうした物語がこんなにも深いレベルで作用し、私たちに影響を与えているという事実を認識することは難しいことです。アメリカ人が海外に住むと、まずアメリカで常識と考えられ、誰でも知っていると思っていた多くのことが、実はアメリカ特有のもので、他国の人にとっては馬鹿馬鹿《ばかばか》しいことだったりするのを知ってショックを受けます。人は違う文化や社会に身を置くことで、新たな視点をもって自分を批判的に見ることができるようになります。それによってその人は少しずつ変わり、これまでの言動を捨てて、新たな言動を取り入れます。

クリスチャンになることは、こんなふうに新しい国に住むこととよく似ていますが、それよりももっと深遠です。なぜなら、クリスチャンになることで、すべての文化・世界観・仕事に新たな見識が与えられるからです。福音はすべてのことを新しい光の中で見ることを助けてくれますが、長い目で見れば、自分の生き様や仕事人生の中に福音という新しい情報を取り込むこと、そしてそれを理解することには時間がかかります。この究極の学びは、決して終わることがありません。天使ですら、福音を見つめ新たな驚きを見出すことに疲れることはないというのですから（Ⅰペテロ1・10―12）。

第10章　仕事に対する新たなコンセプト

あなたの手もとにあるなすべきことはみな、自分の力でしなさい。（伝道者9・10）

神の働きにはすべての人がかかわっている

ユダヤ人コミュニティーは、ニューヨーク市の発展に多大な貢献をしてきました。ユダヤ人のおかげで病院や医学、芸術や文化センターが発展し、高齢者を大切にすると同時に若者を育てるという強い地域社会が構築されました。ユダヤ人の聖書的伝統と信念はユダヤ人に「ただ公義を行い、誠実を愛し、へりくだってあなたの神とともに歩む」（ミカ6・8）という強い責任感を与えました。ユダヤ人はキリストを救い主と認めてはいませんが、神はユダヤ人を通してこの世界に働き続けておられます。荒廃した地域に移住し、そこにいる人々を立ち直らせようと努力するもう一つのグループはゲイのコミュニティーです。この数十年、ゲイたちは最悪の状態にある都市部の数々の地域を改善してきました。もちろん、私たちの周りには、クリスチャンではないけれど、素晴らしい価値観を持っていて、とても見事な製品を作ったり、美しいダンス作品を生み出したり、信頼できるよく組織化されたチームを作ったりする人などが必ずいます。もしキリスト教的世界観がそんなにも独特だというのなら、こうした人々や活動の存在はどう説明すればいいのでしょうか。

第9章で、福音は世界観あるいは物語と呼べるものを提供していることを説明しました。それは、クリスチャンに仕事への現実的なアドバイスを与え、人類の繁栄に関して深く、幾重にも重なるビジョンを与えます。クリスチャンの仕事に対する姿勢がクリスチャンではない人々のそれと違う理由はここにあります。しかしこれが聖書の概念のすべてではありません。もしそうだとしたら、クリスチャンでない人々はよい仕事も善行もすることができない、と思うかもしれません。あるいはクリスチャンが職場ですることはすべて、ノンクリスチャンがすることと完璧《かんぺき》に、明白に違わなければならないと考えるかもしれません。しかしもちろん、そういうことではありません。

神はこの世界の創造主であられます。そして私たちが、人間に対する神の意志とビジョンに一致する社会文化を作り出すとき(それが聖書の物語と一致するとき)、私たちの仕事は創造という神の作業を忠実に反映します。しかし、神学者は神による創造だけでなく、その摂理についても語っています。神は単にこの世界を創造なさっただけではなく、それを愛し、大切にし、育てられます。神は被造物のすべてを養い、守られます。しかしこの神の摂理はどうやって私たちに及んでいるのでしょう。先に述べてきたように（特にマルティン・ルターの教えにあったように）神の愛は、その多くが他者の働きを通して私たちに届きます。神の摂理は主に仕事を通して働くのであり、仕事こそ神が人間世界を維持なさる方法なのです。

人間の仕事は神の創造のみわざの延長にあります。その中で、クリスチャンの仕事は神ご自身に照準を合わせ、神の栄光のためにどのように仕事ができるか、ということを考えなければなりません。人間の仕事はまた、神の摂理の働きの延長でもあります。その中でクリスチャンの仕事は隣人に照準を合わせ、隣人のために何ができるか、そしてどのように素晴らしい仕事ができるかということを考えなければなりません。仕事に対する後者の動機は、誰《だれ》にでも持つことができます。だから農家あるいは料理人は、食べ物を必要とする隣人のために働き、自動車整備工は、車で困っている人を助けます。クリスチャンの仕事内容がノンクリスチャンの仕事内容とおよそ変わらないように見えるのは（少なくとも表面的にそう見えるのは）、このように、仕事は提供するものと考えられる側面があるからです。例えば虫歯の治療をするときに、クリスチャンらしいユニークな方法を見つけ出すのは困難です。すべての人間は神のイメージに造られており（創世1・26―28）、すべての人に神が造られた世界で働くための才能とスキルが与えられているのだから

（Iコリント7・17）、イエスを信じてはいないがよい仕事ができる人、もっといえば、クリスチャンよりも素晴らしい仕事をする人がたくさんいることは、当たり前です。

実際のところ、偏った世界観を持つことには、ある危険が潜んでいて、そのために例えば、ブルーカラーの仕事よりホワイトカラーの仕事に特権を与えてしまうようなことが起きるのです。文筆家や管理職の人々には、職場におけるキリスト教の影響を真摯《しんし》に考える機会があります。しかし組み立てラインにいる作業員、あるいは職人や整備工といった人々の場合はどうでしょうか。彼らのような仕事では、その世界観は、毎日の作業に大きな影響を与えることはないかもしれません。もちろん、クリスチャンはみんな、ノンクリスチャンとはまったく異なる思いをもって仕事をしています。そしてその思いは、その人が働くときの仕事の質や気概・誠実さに確実に違いを生むのです。でもそれは、クリスチャンが造った飛行機のエンジンが、ノンクリスチャンが造ったエンジンと違うということではありません。だから、神の摂理や愛という観点ではなく世界観という観点だけで仕事を考えると、仕事における聖書の見識は労働者階級の人々には、あまり関係ないということを暗に意味することになります。

人間の仕事は、神が摂理をなさるための手段です。この事実を軽視することにはより深刻な危険が伴い、そのためにノンクリスチャンがしたよい仕事をクリスチャンが軽んじるというようなことにつながります。(168) 十全でバランスがとれている聖書の教えは、私たちがクリスチャンの仕事だけ、あるいは専門職の仕事だけを評価することがないようにしてくれます。クリスチャンは、世界に対する神の愛が流れる経路として、人間が行うすべての仕事（特に優れた仕事）を高く評価するべきです。社会的評価が高い仕事であろうとそうでなかろうと、クリスチャンは自分の仕事を感謝し、それを喜びます。またその人がクリスチャンであろうとなかろうと、他の人の熟練した仕事を感謝し、それを喜ぶのです。

そういうわけで、仕事に対する聖書的な考え――人間に与えられた仕事は、世界に対する神の愛を示す手段であるという考え――は非常に重要です。キリスト教的世界観の独自性を理解すると、仕事におけるエリート主義や派閥心が打ち消されるのです。

一般恩寵にあるバランス

すべての人の仕事、すべての種類の仕事に価値があることを学んだ私たちは、「一般恩寵《いっぱんおんちょう》」（創造主、主権者なる神が与えられる神の恵みのうち、すべての人に与えられる恵み）と呼ばれるキリスト教神学の世界に足を踏み入れたことになります。いろいろと学んできた今こそ、一般恩寵への理解を深めるのによいタイミングといえるでしょう。イエスに従っていない人々、明らかに救いの恵みを経験していない人々と、クリスチャンとの共通項とは何でしょう。神は、すべての人にある種の祝福を与えるために、文化の相互作用が働く広い範囲で働いておられるのでしょうか[169]（その祝福は、クリスチャンがノンクリスチャンと協力し、またノンクリスチャンから学ぶときの基礎となります）。

聖書の答えは「イエス」です。詩篇19篇では、すべての人に神の存在と栄光を伝える「言葉のない神からの語りかけ」と、聖書や罪を自覚させる聖霊による啓示とを区別しています。またローマ人への手紙1章と2章は、人間は誰《だれ》でも神という存在の基本的な知識を共有していることを保証しています。ローマ人への手紙2章14―15節で、パウロは神のおきてはすべての人の心に書かれているといっています。人間には生まれながらにして良識があり、誠実や正義・愛・黄金律といった感覚が組み込まれています[170]。人間は心の奥深くでは、神がおられることを知っているのです。私たちは神に造られたものであり、神に仕えるものであり、神や他者との間に人格的関係を築くようにという神の命を知っているのです。さらに神は荘厳な自然を通して、すべての人に自分の存在を示しておられます。それだけでなく人間の社会や文明を通して、つまり神が創造なさった自然を形作り、満たすことでご自分の存在を示されます。イザヤ書28章24―29節には、こうあります。「農夫は、種を蒔《ま》くために、……その地面をならしたら、……小麦をうねに、大麦を定まった場所に、裸麦をその境に植えるではないか。農夫を指図する神は、彼に正しく教えておられる。……パンのための麦は砕かれない。……これもまた、万軍の主のもとから出ることで、そのはかりごとは奇《くす》しく、そのおもんぱかりはすばらしい」

これは驚くべきことです。良質な作物を作る農家や農業に大きな発展をもたらした人は、その方法を神から教えられたとイザヤはいうのです。この件に関し、ある聖書注解書の著者はこう書いています。「（種まきにふさわしい季節や状況、農業経営、輪作といった）発見のように見えるものは、実は創造主が天地創造の書を開き、ご自分の真実を明らかにされたものである」[171]

農業はすべての文化形成に似ています。だからあらゆる学問の進歩、あらゆる芸術作品、ヘルスケア・科学技術・経営管理・統治におけるあらゆる革新は、単にどれも神が人間のために「創造の書を開き、神の真実を明らかにされる」ことなのです。もちろん、有史以来、ほとんどの農夫は、神がこうした働きをしておられたことに気づいていなかったでしょう。しかしイザヤは、それこそ神の働きだというのです。これは、神学者が「一般啓示」と呼ぶもので、神がすべての人にご自身を明らかになさるという一般恩寵《いっぱんおんちょう》の一面です。聖書で、同じようなことが語られている箇所を見てみましょう。

- 「すべての良い贈り物、また、すべての完全な賜物《たまもの》は上から来るのであって、光を造られた父から下るのです」（ヤコブ1・17）。これは、善・知恵・正義・美は、誰がそうした行為をしたとしても、神によって可能になった働きであることを意味しています。それは神が下さった才能であり、よって神の恵みの一つの形です。
- 神がどのようにしてベツァルエルに「知恵と英知と知識とあらゆる仕事において、神の霊を満たし……彼が、……細工を巧みに設計」（出エジプト31・1―4）できるようにしたかを見ることができます。ここでは、芸術の技が神から出ていることがわかります。モーツアルトの音楽は、心の道徳的・霊的状況とは関係なく、本当に神の声だったのです。サリエリは正しかったのです。

●イザヤ書45章1節にはクロスのことが書いてあります。クロスは異教徒の王でありながら、神が霊を注ぎリーダーとして選んだ人物です。創世記20章6―7節では、罪に堕ちようとする別の異教徒の王を、神が救おうとされた様子が描かれています。こうした話は、救いとは関係なく、神の霊にはこの世を高める力と、救いとは関係なくこの世を抑える力の両方があることを示すものです。これは、回心あるいは聖別するために聖霊が働いておられるということではありません。むしろ、聖霊は、知恵や勇気や洞察力を与えるため、または罪の影響を抑えるために、神を否定する人に対してさえ働かれるのです。

つまり、神は一般恩寵《いっぱんおんちょう》を通してすべての人を祝福することで、クリスチャンがノンクリスチャンから恩恵を受けたり、ノンクリスチャンと協力したりできるようにしておられるのです。しかし、一般恩寵には限界があるので、バランス感覚をもって応じる必要があります。ローマ人への手紙1章18節でパウロは「不義をもって真理をはばんでいる」といっていますが、この言葉にある二つの側面を、ジャン・カルヴァンはうまく説明しています。まずクリスチャンではない著述家について、（主に異教の古代ギリシアおよびローマ人思想家を念頭に）こう書いています。

そこに輝く驚くばかりの真理の光によって、人間の精神はその完全の状態から堕落して邪悪になっているとはいえ、なお神の特別な賜物《たまもの》に装《よそお》われ整えられていることに注意を促される。我々が神の御霊こそ真理の唯一の源泉であると考えるならば、神の御霊を侮《あなど》ろうとするのでない限り、真理そのものの現われ出るいずれの所においてもこれを却《しりぞ》けたり軽んじたりしてはならない。……聖書が「プシキコイ」〔生まれたままの人々〕と呼ぶ人も、低次の事柄について鋭敏また聡明《そうめい》なのであるから、これらの範例にならって、真の善が奪い去られた後に主が人間にどれほどの自然の賜物を残したもうたかを学ぶべきである。(172)

カルヴァンは、神のイメージに造られたすべての人を神が祝福される方法に感謝しています。しかしこの直前にカルヴァンはまた「人間の邪《よこしま》で堕落した本性の内に今なお火花が閃《ひらめ》いており……しかし……この光は夥《おびただ》しい無知の厚みの中に窒息し、適切に現われ出ることができない。……精神は愚鈍であって……真理……を探求して発見するにいかにふさわしくないかを露呈する(173)」とも書いています。

このように、矛盾していると思われる二点をわずか数ページのうちに書くことがどうしてできたのでしょう。ノンクリスチャンは、真実を見定めることができるでしょうか。その答えはイェスでありノーです。カルヴァンはローマ人への手紙1章をしっかり読んでいたのです！

まず、この世界に中立はないということを認識しなければなりません。キリストを主と認めない人は誰《だれ》でも、本質的現実に対して間違った認識をもって活動し、一方キリストを主と認める人は、本質的現実に沿って活動しています。人間は誰でもキリストを否定するか、あるいは崇拝するというどちらかの世界観をもとに活動しています。客観的な人も中立的な人もなく、この質問から逃れられる人はいません。

同時に一般恩寵《いっぱんおんちょう》の教理によれば、神に関する真理や創造、人間の本質、そして救いを求める姿勢などの聖書的な世界観は、どんな人でも、あらゆる間違った世界観を持っていたとしても、ある程度理解しています。神は、私たちの心の奥底にある人間の基本ソフトに、神の物語を刻んだのです。自然啓示の一部である神の知識と善の意識という普遍的概念は「一次信条」と呼ばれ、どんな人でもある程度この信条を持っています。かりに意識・知性・文化によって条件づけられる「二次信条」が一次信条を完全に否定したとしても、この第一信条は残っています。パウロは人間が「不義をもって真理をはばんでいる」といっています。これは、私たちがみんな、何かしらの真理を持っていることを意味しています。そうでなければ、どうやってその真理を私たちははばむことができるのでしょうか。

この奇妙な緊張関係が意味していることは、ノンクリスチャンによる最高の言動は、ノンクリスチャンがある段階では〝知って〟いるけれど、別の段階においては知っていない真理に基礎があるということです。例えば、レナード・バーンスタインの二次信条は、世俗的で自然主義的です。しかしあるテレビ放送で語った有名な言葉があります。「〔ベートーベンの第五を聞くと〕この世界には何か正しいものがある、常に抑制し、一貫してそれ自身の法則に従う何か、ぼくたちが信じることができ、けっして絶望させない何かがあると……感じ……る」[174]。ここでバーンスタインは、音楽は自分に感情を与えただけでなく、意味を与えたといっています。バーンスタインは、生命とは宇宙で起きた事故の結果できたものであり、よってどんなことにも意味はありえないと公に語ってきた人です。にもかかわらず、バーンスタインは音楽のおかげで、すべてのことには意味があると感じることができ、また自分がどのように生きるかが本当に重要なのだと感じることができたのです！　バーンスタインには二次信条があったにもかかわらず、彼の中にある一次信条がふつふつと湧《わ》いてきたのです。それはバーンスタインだけでなく、すべての人の心の中で起きることです。

一般恩寵の自由

一般恩寵《いっぱんおんちょう》に対する理解がなければ、クリスチャンにとってこの世界は非常にややこしい場所になりえます。アントニオ・サリエリに共感するクリスチャンが多いのは自然なことです。サリエリは道徳的な人物でしたが、音楽の才能はほどほどでした。モーツアルトは道徳的には卑しむべき人物ですが（少なくとも、ピーター・シェーファーの『アマデウス』ではそう描かれている）、神から寵愛《ちょうあい》を受けて、あふれ出す才能に恵まれていました。この事実に、サリエリは動揺し苦痛を覚えます。サリエリの問題は、自分の罪が見えていないことに加えて、一般恩寵の現実を理解しなかったことにあります。神は人間への恵みとして、知恵・才能・美貌《びぼう》・技能といった資質を与えられます。それも、そうした資質を得る資格がまったくない者にもお与えになります。神はこの世界を豊かにするため、明るくするため、そして守るために、そうした資質を種のように人類の上に蒔《ま》かれました。本来なら、罪が入ったこの地上での生活は、今以上に耐えられないものになるはずでした。それどころか、すべての被造物と社会・文化は、今頃《いまごろ》崩壊していたはずです。そのような状況になっていないのは、一般恩寵という神からの贈り物があるからです。

一般恩寵を理解しないクリスチャンは、俗世的な世界に染まらず、その中に点在するキリスト教文化の中だけで十分に生きていけると思ってしまいます。クリスチャンの中には、医者も、弁護士も、カウンセラーも、クリスチャンの所に行くべきだし、芸術もクリスチャンの芸術だけを楽しむべきだと考える人がいるかもしれません。もちろん、ノンクリスチャンの霊的な見識は大きく傷ついています。それでも、神がこの世界に贈ってくださった贈り物の多くは、ノンクリスチャンに与えられています。モーツアルトがクリスチャンであろうとなかろうと、モーツアルトは人類への贈り物でした。だから神をもっと知るために、クリスチャンはキリスト教文化だけでなく、人類全体の文化を自由に学んでよいのです。被造物である人間は神のイメージとして造られました。だから、私たちはこの世界のどこであろうと、見つけた真実と知恵を感謝し、認めることができるのです。

クリスチャンよりもノンクリスチャンのほうが、道徳的にも見識的にも素晴らしいということはよくあります。一般恩寵を理解していないと、こうした状況を理解するのが難しいのですが、正しい理解を基《もと》にすると、こうなります。罪の原理があるために、クリスチャンは、私たちが持っている真理の世界観に見合うほど、善良な存在になることは決してできません。同じように、恵みの原理があるために、ノンクリスチャンは、その誤った世界観に見合うほど、ひどい存在になることは決してできません。それは、キリスト教の物語では、悪役はノンクリスチャンではなく罪という現実であり、その罪は、福音で語られているように、ノンクリスチャンだけでなくクリスチャンである私たちの中にもあるのです。

ですから、この世界に仕える仕事をするための基盤をノンクリスチャンと一緒に造るとしても、しっかりとした足場を造れそうです。クリスチャンが他の人と一緒に働くときには、謙遜《けんそん》な態度で協力し、そして敬意を持ちながらも相手との相違には毅然《きぜん》と立ち向かうという特徴があるべきです。キリストにある神の赦しという恵みを経験し、一般恩寵《いっぱんおんちょう》を理解したならば、同じ信仰を持ってはいないけれども、神によって大きく用いていただける人たちと一緒に、自由にまた謙遜な態度で働きながら、素晴らしい成果を収められます。同時に、福音の世界観を理解することは、相手への敬意を示しつつも、時には周囲とは違う道を進んだり、あるいは、キリスト教信仰が私たちの仕事に、いかに強力な知恵や指針を与えてくれるかを、魅力的に語るということなのです。[175]

大衆文化に関するさまざまな意見

過去八十年あまり、クリスチャンが大衆文化に対して示した反応は、ある種の「離脱」といえるでしょう。[176] 音楽・映画・テレビはとにかく危険で汚らわしく下劣だとされ、この離脱行為から、文化に対するさまざまな対応が生まれてきました。まずは大衆文化を完全に放棄する態度。次に代替案としてのクリスチャン・サブカルチャーを創り出すこと。そこはきれいに消毒され、伝道を前面に打ち出した音楽・映画・テレビ・文学・旅行などキリスト教一色で敷き詰められています。そして三つ目は、世界観という洞察力を働かせず、批判することもなく、大衆文化を消費していくスタイルです。(177) クリスチャンは、なぜこのように大衆文化と距離を置こうとするのでしょう。

理由の一つは、罪を〝浅薄に〟あるいは律法主義的に捉《とら》えることにあります。つまり神がお決めになった規則に従わない個々の行為をまとめて罪と考えることです。こうした罪深い行動をとることがなさそうな環境、あるいはそのような罪深い行動をした人に会わなくて済みそうな環境に身を置くことで、クリスチャンとして成長しようと考えるのです。罪から離れ修養を積むことで、罪は私の人生から取り除かれるのだ。罪に対するこうした意識は、キリストの恵みのわざが完全であり、豊かであることを理解できないことと合致します。恵みを理解しないと、神の救いは自分で勝ち取らなければならない（そして勝ち取れるものだ）と信じてしまいます。しかしそのためには、常に自覚して努力を重ねれば、罪は簡単に克服できるという考え方が必要となるでしょう。

罪に対する考え方が浅いと、あからさまな暴力や不誠実、神への不敬、性的不道徳などを喚起するものから離れていれば大丈夫、と思ってしまいます。こうした大衆文化の〝原物〟から遠ざかっていれば、罪を犯さなくなるように感じるかもしれませんが、それは自分を騙《だま》しているのかもしれません。私たちの社会の中にある経済的安定や家族、純粋な教理や誇りはよいことです。しかし複雑で有機的な性質を持つ罪は、私たちの生活にあるこうしたよいことからも偶像を作り出します。もちろん、大衆文化にはセックスや暴力を称賛する傾向が強いという有害な部分も多くあります。聖書では、不品行を避けるように（Ⅰコリント6・18―20）、そして知恵ある人ならば知恵をもって境界線を引くようにと説いています。しかし大衆文化から距離を置くことにあまりにもこだわってしまうと、それとは別の〝品行方正な〟偶像崇拝の中に埋もれてしまいます。反対に、罪に対して神学的に〝重厚な〟考え方は、偶像を作り出すのは抗しがたい心の働きと考えます。こうした見識があれば、大衆文化から身を引くこともなく、あるいは無批判的に大衆文化を消費することもなく、むしろ謙遜《けんそん》にかつ批判的な見識を持ちながら、大衆文化にかかわることができます(178)。

大衆文化から距離を置くもう一つの理由は、一般恩寵《いっぱんおんちょう》に対する薄いあるいは知性偏重な見識があるからです。先に述べたように、人間は誰《だれ》でも神とその性質に関して何かしらの知識を持っていますが、時にその知識を抑え込んでいます。しかし、神が存在する証拠やキリスト教の真理などを示すとき、多くの人はこの知識を主に（あるいは完全に）取り出したり、伝えたりできる知識的情報として捉《とら》えています。つまり、生まれながらにして神のことを知っているということの知識を、知性という観点から考えがちなのです。

しかしローマ人への手紙1章18―25節では、一般啓示あるいは一般恩寵が実際の生活でどのように働いているかということを、より包括的でダイナミックな描写で私たちに伝えてくれます。真理は阻まれているにもかかわらず（18節）、変わらず私たちに重くのしかかっています。20節には、「神の、目に見えない本性……は、世界の創造された時からこのかた、被造物によって知られ、はっきりと認められるのであって、彼らに弁解の余地はないのです」とあります。しかしここで使われている「認められる」という意味のノウーメナという動詞の分詞、そして「知られ」という意味のカトラータイという動詞は受動態です。これは、神の性質の現実性と神に対する私たち人間の責任が、私たちの目の前に継続的に存在しているということを意味しています。この現実は静止している命題的な情報ではなく、むしろ常にすべての人の意識に、新しい強制的なプレッシャーを与え続けます。それが本当だとしたら、人間の文化が生み出したすべてのものは、神の一般啓示に建設的に応えたものであると同時に、人間に対する神の主権に反論したものでもあります（ローマ1・21）。

ですから、文化や社会の産物はすべて（仕事にかかわることはみんな、多かれ少なかれ文化の産物であるが）、私たちの心の中で、神の一般恩寵に対する生来の肯定的な応答と、偶像崇拝を好む反抗的な性質との間で交わされた対話の結果と見ることができます。だからこそ、人間の文化は、見事な真理と、若干の傷がついた不完全な真理と、真理に対する明らかな抵抗とが混ざり合った、極端に複雑な文化なのです。「宗教において信仰を失うということは、宗教的な直感を完全に失うということでは決してない。単にその直感が一時的に抑えられ、他のものに目的を求めるようになるということである」(179)

この対話の面白い例があります。学生たちに「季節の中で」という映画を見せたことがあります。これはベトナムとアメリカで共同制作された映画で、絡み合う四つの短いエピソードをまとめたものです。そのうちの一つに、ハイというシクロ〔自転車と人力車の中間のような乗り物〕のドライバーと、ハイが夢中になっている女性のお話があります。この女性は体を売って生計を立てていますが、いつか貧困を抜け出して、自分が男性を拾う場所の近くにある高級ホテルに代表されるような、格好よくてきれいな世界に行きたいと、大きな望みを抱いています。ある日、シクロのレースで優勝したハイは、賞金から五十ドルを使ってこの女性を買います。ハイは彼女のあこがれである、あの高級ホテルに部屋を取りました。この後、ありがちなベッドシーンを想像させるシーンに続きますが、ハイは予想に反して、ただ眠る姿を見せてくれと彼女に頼みます。そしてハイは、彼女が夢にまで見た高級な世界でひとときのやすらぎを得ている様子を見つめます。ゆっくり、そして気持ちよさそうに彼女は眠りにつきました。朝になると、そこにハイの姿はもうありません。「あんな高級ホテルに入れる人になりたい」と思っていた女性。その夢を叶《かな》えるため、ホテルの部屋で一晩を過ごしてほしいと言ったハイ。ハイはそれ以外のことはいっさい彼女に求めませんでした。彼女の中で、何かが壊れる音がしました。そして彼女は、昔の仕事に戻れない自分に気づくのです（これは、『レ・ミゼラブル』で、司教が見せた恵みにより、バルジャンが誠実な人間に変わった経緯に似ています）。それはパワフルなシーンです。この映画は、繊細な美しさ、無私の精神、そして人生を変える愛を、まったく予想外の展開で見せてくれました。私の知る限り、監督兼脚本家のトニー・ブイはクリスチャンではないし、おそらく福音を聞いたこともないでしょう。しかしこの映画には美と真理を表した場面の数々（そしてキリストの救いのわざを想起させる非常に感動的なイメージ）があります。それこそが、罪がこの世界にゆがんだ影響を与えているにもかかわらず、神がご自身の気高く、創造的なイメージを私たち人間の中に留められたというその働きがあるという証拠なのです。[180]

二元性 対 統合性

一般的にクリスチャンが大衆文化から距離を置くと、職場において二元性が生まれます。「二元性」とは、神聖なものと世俗的なものとを分ける壁という意味で使われるもので、罪や一般恩《いっぱんおん》寵《ちょう》や、神の摂理が目的とするものに対して浅薄な見識を持つと、すぐ生じる結果です。

二元性をもとに、明らかに主の御名のために行われる仕事でなければ、自分の仕事を通してキリストを喜ばせることはできないと考える人がいます。こうした人は、イエスという名前がはっきりと出てくる芸術作品を書いたり演じたりしなければならないとか、キリスト教系の学校で宗教の科目を教えなければならないとか、従業員が全員クリスチャンである組織に就職しなければならないと考えています。あるいは、始業前に自分がバイブル・スタディーをリードしていることを、みんなにわかってもらわなければ、と思っています（ルターが、すべての仕事を「霊的状況」と「世俗的状況」に分けることを激しく非難していたことを思い出してください）。こうしたタイプの二元性は、一般恩寵《いっぱんおんちょう》の全体像を見られないという問題と捉《とら》えがたい人間の罪の深さという問題の双方から生まれます。このような見方をする人は、ノンクリスチャンがした仕事に罪によるゆがみがあっても、それと同時に、ある程度の一般恩寵が必ずあるということを理解できません。そしてまた、かりに大げさなほどにイエスの名前を掲げた仕事であったとしても、クリスチャンがしたその仕事が、ノンクリスチャンの仕事と同じように激しくゆがんでいることも理解できないのです。

これとは反対の二元性的アプローチは、今述べた二元性以上に社会に普及しています。そして私たちの経験からいうと、その考えを取り除くのはより困難です。二つ目の二元性を信じるクリスチャンは、教会活動をしているときだけ、自分をクリスチャンだと考えます。彼らのクリスチャン人生とは、日曜日と平日の夜の教会関係の活動に携わっているときだけです。それ以外の平日には、自分が信じ、実践している基本的な価値観について、慎重に考える力を持っていないのです。〝世間〟での暮らしや仕事の中で、彼らは文化の下支えとなっている価値観や偶像崇拝を何の疑いもなく受け入れ、行動に移しています。ここで偶像とされているのが、自分自身、外見、技能、個人の自由、物質主義、そして個人主義を示すその他のさまざまな特徴です。最初に説明した二元性は、この世界と共有しているものの重要さを理解していません。一方、この第二の二元性は、キリスト教的世界観の〝独自性〟（福音は宗教的なことだけではなく、すべてのことを再構成する）の重要性を理解していません。

信仰と仕事の統合は、二元性の反対です。私たちは、ノンクリスチャンの文化や仕事の世界に深くかかわる気持ちを持つべきです。罪に対する深い見識があれば、明らかにキリスト教的な仕事や文化の中にも、いつも何かしらの偶像礼拝的な話があることを忘れません。一般恩寵に対する深い見識があれば、明らかに非キリスト教的な仕事や文化の中にも、いつも何かしら神の真理を証しするものがあることを忘れません。クリスチャンは、自分の正しい信仰が語るほどの善なる存在には決してなりません。またノンクリスチャンは、自分の間違った信仰で語られるほど、悪い存在にも決してなりません。だから私たちはあらゆる職場において、人間の文化とその表現とを吟味しながら受け入れる姿勢を持つのです。不十分な真理の存在を認識し、偶像に抵抗することを学び、私たちの生活のすべての側面に見られる正義・知恵・真理・美の現れを見出し祝福することを学ぶのです。そして文化とどうかかわるべきかという問題に対する福音や聖書の教えを理解することで、最終的には私たちクリスチャンを同僚や隣人の仕事の背後にある神の手のわざを、最も感謝する者へと導いてくれるのです。

第11章　仕事のための新しい羅針盤

あなたがたは断食の日に自分の好むことをし、あなたがたの労働者をみな、圧迫する。……わたしの好む断食は、これではないか。悪のきずなを解き、くびきのなわめをほどき、しいたげられた者たちを自由の身とし、すべてのくびきを砕くことではないか。飢えた者にはあなたのパンを分け与え、家のない貧しい人々を家に入れ、裸の人を見て、これに着せ、あなたの肉親の世話をすることではないか。（イザヤ58・3、6—7）

倫理の限界

二〇〇八年と二〇〇九年の金融危機からほどなくして、ニューヨーク・タイムズ紙日曜版の投稿欄に、投資銀行を解雇された友人について書いた投書が載りました。投稿者の友人は、勤勉で公正で、誠実で、お金に関しても寛容で友人や慈善団体に惜しみなく寄付していました。でも、友人の専門はサブプライムローンや学生ローン、クレジットカードの債務を証券化することでした。「彼女がパズルのようにまとめ、投資家に売却していた負債のすべてが、下降する経済の中でこんなにも悪影響をもたらすことになった。彼女はそうしたことに思い至るべきであったが、そうはならなかった」[181]。なぜその友人にはそうした疑いが起きなかったのでしょうか。ウォール街の人々はその質問を自分自身に、またお互いに繰り返し問いかけました。なぜなら、私たちが抱える近代やポストモダンの偶像の数々が、こうした質問をしようとする私たちの思いを止めようとするからです。こうした偶像は、私たちにこう語りかけます。自分のしていることが合法で、かつ誰《だれ》もがしているなら、基本的な問題は一つだけ。「それで、お金は儲《もう》かるか」

金融サービス業そしてビジネス全般を倫理的にするには、より強力な外からの強制力が必要だという考えをあざ笑う人もいます。ビジネスリーダーに高い倫理観を求める声が強まるなかで、『エコノミスト』誌は、企業の唯一の目的は株主価値の最大化であるというミルトン・フリードマンの有名な言葉を引用しています[182]。この記事の筆者は、市場自らが清廉さに報い、不正行為を罰するべきだと主張しています。かりに、会社の幹部や経営者が不正行為を行ったとしても、その付けが回ってきて、会社の純利益を損なうようになれば、外的制約で彼らを監視する必要はなくなります。純利益を意識していれば、他のこともそれについてくるはずなのです。

実際、ビジネス倫理の講座や本の多くが同じことを示唆しています。もちろん、経営者や従業員は誠実で公正であるべきです、もちろん、従業員には気前よく給料を与えるべきです、コミュニティーにも利益を還元するべきです、と。でもそれはなぜでしょう。こうしたアピールの基本には、いったい何があるのでしょうか。最も一般的な答えは「それは会社にとってよいことだから」でしょう。こうしたことを通じて、会社の評判が上がり、ビジネスにとって長期的によりよい環境を作ることができるからということでしょう。つまり、ほとんどの人は費用対効果分析をもとに倫理を考えていて、倫理そのものを実行している人はほとんどいないということです。清廉潔白だと儲《もう》かる、不正行為を働くと儲からない。そしてほとんどの場合、少なくとも長期的に見れば、それは真実です。

　でもそれだけでよいのでしょうか。例えば、倫理的に問題がある行動だけれど、そこから得る短期的利益は大きく、自分やその周囲に及ぶ危険も少ない。そして費用対効果分析を基本に考えれば、そこで得られる潜在的利益は倫理的問題よりもはるかに大きい。そんな状況は起こりうるのではないでしょうか。もちろん、あります。もっといえば、どんな業界でも、完全に倫理的な活動をしているのに、大きな損害を被《こうむ》ることはあります。だから、厳密な費用対効果分析に沿って、倫理的違反行為をしてそれが見つかる、あるいは人間関係や企業同士の関係が悪くなるといったリスクがあったとしても、あえてそのリスクを冒します。つまりビジネスでは、時として誠実が悪と考えられることがあるのです。

もっと多くの人が実感できるように、この問題をより個人レベルで考えてみましょう。ハワードが転職したのは、二十七歳のときでした。それまで働いていた大企業から別の大企業への転職で、職位は少ししか上がりませんでしたが、明るい将来が約束されていました。給与交渉の席で、現在の収入を聞かれたハワードは実際の金額に少しだけ色をつけて返事をします。その額はたった四パーセントで、金額にして数十万円です。それはもちろん、転職先が今の収入よりも高い金額を提示してくれると思ったからです。また、今の会社よりも有休休暇が二週間ほど少ないため、それを給料に換算しただけのことでした。万が一、嘘《うそ》がばれたとしても、それはもっともな理由になる。これは、自分の利益が、コストとリスクを上回った例です。それにハワードには、みんな似たようなことをしているという自信もありました。この行動に何か問題があるでしょうか。

仕事における個人の倫理観は、それがよいものであろうと悪いものであろうと、その影響が積み重なって、ついにはより広範囲に及ぶ公益に作用します。欧州議会の元副議長であるフレッド・カザーウッド卿《きょう》は、短いながらも素晴らしい小冊子を執筆しており、その中に、贈収賄はこの世界における経済発展と政治的安定に対する最も大きな挑戦であるという箇所があります。(183) 若いときに、建設関係のグローバル企業で働いていたカザーウッド卿は、この世界には贈収賄が習慣になっている場所があり、そこでは政治が不安定で貧富の差が激しいこと、しかしそういう習慣がない場所は経済も社会もずっと強いことを学びました。こうした傾向に応えるべく、多くの国際企業や開発機関、官僚や非政府組織（ＮＧＯ）の代表者がトランスペアレンシー・インターナショナルという腐敗撲滅運動を始めたのです。[184]

個人の誠実さはより広く社会にインパクトを与えるものであり、また誠実な行動を実践するには、個人だけでなく、コミュニティー全体からのサポートが必要です。カザーウッド卿は、それを示すこんな話をしています。彼がある優秀な若いクリスチャンの医師に会ったときのことです。その医師の生まれ故郷では、すべての国民に対する医療費は無料という法律がありました。しかし現実は、治療を受けるには医師や看護師への賄賂《わいろ》が慣例となっており、医療の恩恵にあずかっていたのは富裕層だけでした。賄賂が払えないという理由で、多くの人が亡くなっていました。これは組織的な悪といえます。なぜなら、政府が腐敗を容認し、他の政治機構への支払いを優先したため、国民に約束したはずの無償医療に必要な補助金を捻出《ねんしゅつ》できなかったからです。カザーウッド卿が出会った青年医師は、良心から賄賂の受け取りを拒否したために、自国社会の医療政策の一翼を担うことができなくなってしまいました。教会に助けを求めましたが、望むような対応はしてもらえませんでした。その教会は急速に会員数を増やしている国教会で、創立から日が浅く、運営も不安定でした。そのため、政府の強い意向に逆らって、この青年医師を助けることを嫌ったのです。青年医師は失意のうちに、外国に移住しました。青年の強い正義感と医者としてのスキルの両方を大いに必要としていた祖国を離れたのです。[185]

トランスペアレンシー・インターナショナルのポール・バッチェラーは、こうした腐敗は世界の〝後進地域〟だけの問題だと考えている人が大多数であるという状況に警鐘を鳴らしています。「地の塩、世の光――腐敗と戦うクリスチャンの役割」[186]というエッセイの中で、彼はこうした考えは、あまりにも話を単純化してしまうといっています。腐敗が大きければ大きいほど、経済も弱体化します。しかし経済的に繁栄している地域でも、本来ならもっと強くなれるはずの経済の力が腐敗によって吸い取られ、こうした社会で生活しているメリットを、多くの人から（主に貧困層から）奪い取っています。金融業界には「投資や動機のひずみ」がしばしば見られるので、投資家や株主はもはや企業や金融機関が発表する数字を信じられなくなっており、こうした不信感が投資や経済成長を阻んでいるという認識が大きくなっているとバッチェラーは指摘しています。ちょうど私がこの文章を書いている週に、バークレイズ銀行は自行の利益のために金融商品の価格を操作して（ここではロンドン銀行間取引金利を不正操作した）、中小企業や投資家に損害を与えたということで四・五億ドルの罰金を科せられました。[187]

バッチェラーは、腐敗は決してビジネスの世界だけのことではないと指摘しています。彼が挙げたリストには、当選した議員や政府関係者による汚職、公然と贈られた賄賂《わいろ》、甚だしい私利私欲の追求などがあります。こうしたことにより、一般市民の一部には冷ややかな姿勢が増え、政治への不参加が広がり、一層の腐敗を呼ぶのです。ハーバード大学とジョージ・メイソン大学の政治学教授であるヒュー・ヘクロは『制度を考える（*On Thinking Institutionally*）』という本を書いています。その中には、アメリカ人が政府・ビジネス・宗教など、あらゆる制度に対して信頼を失っていった過程と、それに起因する社会への恐ろしい影響が描かれています。[188]このように職場で個人が不正を行い、それがはびこると、想像よりもはるかに大きな影響を社会に及ぼします。

では、ハワードの場合はどうでしょう。ハワードの小さな嘘《うそ》は、社会全体に影響を及ぼすのでしょうか。今、当時を振り返ってハワードはこう語ります。単にもう少しだけお金が欲しいと思うその気持ちが、いとも簡単に自分の品性を捨てさせることになると気づいたとき、自分の中で本当の意味での発見があった。なぜ「前職よりも休暇が二週間少なくなる分、御社での給与を数十万円上げてくれませんか」と正直に言えなかったのでしょう。なぜハワードは神に信頼できなかったのでしょう。そもそも、この転職の機会を与えてくださったのも、給料を与えてくださるのも神でいらっしゃるというのに。また、彼にとって仕事でいちばん重要なことは給料だったのでしょうか。それとも神が与えてくださった仕事をすることだったのでしょうか。そしてハワードは、自分の品性と引き換えにお金を得ると、社会に大きな影響を与える始まりになると気づきました。一度嘘をつくと、次の嘘はもっと簡単になるからです。自分のしたことを見た周りの人も、その真似をするだろうということにも気づきました。こうして皆がお互いを少しずつ信頼しなくなるでしょう。人間は誰《だれ》も、多少なりともお互いを信頼しています。だから、人が仕事そのものの価値のためでなく、金銭のために働くとき、それは自分がかかわる会社の企業文化に害を与えることに気づいたのです。

クリスチャンは、自分が大きな犠牲を払ったとしても、非倫理的な言動に反対することができるのです。ありがたいことに、キリスト教信仰による筋書きは、クリスチャンに岩盤のような倫理を据えてくれます。それは、費用対効果分析という実用論的なアプローチを基礎にした品性よりも、ずっと堅固な行動規範の基礎になります。私たちクリスチャンは誠実で情け深く、寛大でなければなりません。こうした行いをすれば、自分に何か見返りがあるからではなく（でもたいていは、見返りがあります。だからこそ人は倫理に費用対効果分析を適用します）、それは正しい行いだからです。そして、そうした行いをすることによって、神のみこころと神が決められた人間生活に栄光を帰すことができるからです。もちろん、その姿勢を貫くことによって、自分が少数派になったり、不利な立場に立たされたりすることもあるでしょう。でも、聖書研究家のブルース・ウォルトキは「悪人は、自分自身が利益を得るために、共同体には進んで損害を与える」[189]が、聖書は「正しい人」の本当の定義を、他者の利益のために自分が不利益を被《こうむ》る人であるといっている点を指摘しています。

この世とは異なる価値観

第10章で、一般恩寵《いっぱんおんちょう》という聖書の考え方は、ノンクリスチャンである職場の同僚とクリスチャンである私たちとの間に存在する共通性を強調していると話しました。つまり、クリスチャンであれノンクリスチャンであれ、その信仰の種類を問わず、同じ教育や専門知識を持つことができるし、その分野の発展や最も優秀な専門家の働きを、同じように喜び尊敬することができるのです。スキルがあること、勤勉であること、賢く機転が利くこと、自分をコントロールできること。自分がそのような人間になれるよう、最大限努力することは大切です。コロサイ人への手紙3章23節には「何をするにも、人に対してではなく、主に対してするように、心からしなさい」とあります。このみことばの教えを真剣に受け止める人は、誠実で質の高い勤務態度をとることで同僚から尊敬されたいと思うでしょう。そのためには、公の場であるかどうかを問わず、どんなときでも建前を言わず常に本音で話し、有言実行に徹し、決めたことは毎回必ずやりきり、透明性を保ち公平であるという実績を積むことです。

高潔で献身的なんて、キリスト教と関係なく常識だと言う人もたくさんいるかもしれません。ある意味、それは真実です。C・S・ルイスの『人間の廃絶（*The Abolition of Man*）』にある有名な付録に、人間生活における「徳の高さ」について、多くの文化や宗教に同じような理解があることが描かれています(190)。それでもなお、時に明確に、時にさりげなく、クリスチャンには、自分と周囲とを区別するキリスト教的な倫理の羅針盤と福音の力とが備わっています。なぜなら、聖書的なキリスト教信仰には、それに従って人生を歩めば、職場において周囲とは違う存在になれるという、他の世界観にはない重大な力の源を私たちに与えてくれるからです。

中世期、最も偉大な神学者であるトマス・アクィナスは、プラトンの正義・知恵・節制・勇気の四元徳を取り上げ、こうした美徳は聖書にもあると同意しています(191)。しかしアクィナスはそれに信・望・愛という三つの神学的徳を足しました。なぜならこの三元徳は、神の性質と恵みを表すキリスト教的啓示から特別かつユニークに生まれた美徳だからです。慈悲の大切さは、もちろん古代文化でも認められていますが、そこにはある程度の線引きがあります。一方キリスト教の教えでは、自分の敵を愛し自分を迫害する者を赦す愛を持つようにと、愛の定義を新しいレベルに引き上げました。この考えは、恥と栄誉を重んじ、復讐《ふくしゅう》を美徳とする文化では、言語道断と見なされました。

フランスの哲学者リュック・フェリーは、自分が書いた哲学史の中で、キリスト教は「ギリシア哲学よりも優勢になり、ヨーロッパを支配した」、それは特に「倫理の領域においてキリスト教が教えていた内容」によると論じています。具体的にいうと、ギリシア哲学では、究極の現実には根本的に人格がないと見なしていますが、「宇宙《コスモス》に備わっている調和のとれた神的な構造が、クリスチャンにおいては、唯一にして独特な人格、つまりキリストの人格と同一視されたのだ」(192)。キリスト教が生まれる前は、西洋文化においても東洋文化においても、救われるとは人格も個性もない状態に入ることだと考えられ、人間は神の愛によって生まれた存在であり、神の愛を再び経験することができる存在だという考えはどこにもありませんでした。しかしキリスト教は、愛をもって天地を創造なさった人格のある神にこそ、究極の現実があると理解しました。このことにより、「誰《だれ》が救ってくれるかもわからない行き当たりばったりの救いの教理から、キリストという一人の人物によって救われること、さらに私たちの一人ひとりが個人という資格で救われる教理に移行するのである(193)」。

クリスチャンは、私たちが永遠の愛によって、永遠の愛のために造られ、それこそが人生の本当の意味であることを理解しました。神は三位一体である（神は永遠から永遠までお互いを知り、愛し合っておられる三つの人格から成っている）というキリスト教の教理を見ても、愛という関係はすべての現実の構成要素であることがわかります。神の創造における究極の目的は、神との関係を持つことができる人間世界を造ることにありました。神が人間を造られたのは、人間から愛や栄光を受け取るためではなく、三位一体の中にすでにある神の愛・喜び・栄誉・栄光を人間と共有なさるためです(194)。

だから、クリスチャンが想像できることの中で、最高位を占めるのは愛です。イエスが言われたように、完全な人間になるとは、煎《せん》じ詰《つ》めれば神を愛し隣人を愛することにあります。それ以外のこと（自分の業績・大義名分・アイデンティティー・感情など）は、愛とは大差のついた二位です。当然、現実の性質をこのように理解すると、それは私たちの仕事の運び方に大きく影響します。例えば人間関係とは、権力や富や快適な生活を得るという目的のための手段ですか。あるいは富を作ることとは、隣人を愛するという最終目標を達成するための手段になっているでしょうか。前者は、三位一体の神が造られたこの世界の性質に反しており、よって人間の繁栄を阻み、神を称えることはできません。後者は、クリスチャンの働きの模範となります。

昔から、人生の最期に、もっとたくさん仕事がしたかったと思う人は誰《だれ》もいない、といいます。もちろん、ある程度はそのとおりです。しかしここに、もっと興味深い考え方があります。人生の最期に、人々が愛を与え、また愛を受け取るのを助けるために、職場や製品に、もっと自分の時間・熱意・スキルを使いたかった、と思いたくはありませんか。今、あなたが歩んでいる仕事人生で、この質問に「イェス」と答える方法は見つかっていますか。

人間性をどう考えるか

至上の愛に加え、キリスト教信仰は倫理的言動をとるべき、もう一つの根拠を与えてくれます。そしてそれは、人間の権利を大切にするための具体的な基礎ともなります。人間が神のイメージに造られているのなら、人種・階級・性別・ライフスタイル・素行のいかんにかかわらず、その人には決して侵されてはならない権利があります。人の価値は生まれながらの才能や技能にあり、単に人間であるという事実にはないと、ギリシアやローマでは考えられていたとフェリーはいっています。(195)アリストテレスが、高度な論理的思考ができない生まれながら奴隷となるべき人がいると書いたのも、こうした考え方があったからでしょう。「自然は肉体をも自由人のと奴隷のとでは異ったものとして、すなわち一方のは生活に必要な仕事に適するほど丈夫なものとして、他方のはまっ直ぐで、かような労働には役にたたないが、しかし国民としての生活（……戦争に関する仕事と平和に関する仕事……）には有用なものとして作る意向をもっている。……従って、以上論ずるところから、自然によって或《あ》る人々は自由人であり、或る人々は奴隷であるということ、そして後者にとっては奴隷であることが有益なことでもあり、正しいことでもあるということは明らかである(196)」

これとはまったく対照的に、プロテスタント宗教改革者の一人であるジャン・カルヴァンはこう書いています。

大部分の人はそれ自身の価値によって評価すれば……最も相応《ふさわ》しくない。だが聖書は、人はそれ自身の価値によって評価されるべきでなく、各々《おのおの》の内にある「神の形」すなわち我々に尊敬と愛を義務づけられている神の形が考慮されねばならないと説く時、最良の理由を示して助けてくれる。……この人は私に対してまるで功績がない（とあなたは言う）。しかし、主はどういう功績を為《な》したもうたか。……その人の悪を思わず、彼の内に神の形、すなわち……その美しさと価値の故に彼らを愛し受け入れるように我々を引きつけるこの御形を読み取ることを、忘れさえしなければ良いのである。(197)

人間に対するユニークな定義（人間は神のイメージに造られている）、そして愛に対するこれまでにない考え方（愛はこの世界の起源・目的・宿命である）を基本にして、キリスト教は、思想の歴史や文化の発展に計り知れないほどの影響を与えました。もし、個人に対するキリスト教的な視点がなかったならば、今日私たちが認めている人権という考え方も決して生まれなかったでしょう。キリスト教ではすべての人間が神のイメージに造られており、よって尊敬と愛をもって取り扱われるという不可侵の権利を持つとしています。そしてその権利は、その人が文化的・道徳的・性格的に、自分にとって魅力的であろうと、あるいは不快な人物であろうと変わりません。こうした倫理的信条が持つ圧倒的な性質は衝撃的であり、キリスト教以前の文化で生まれたいかなる信条とも異なります。フェリーが指摘しているように、またほかにもそのことについて強く主張している人がいるように、人権へのこうした理解は、人間は神のイメージであるというキリスト教信仰の土壌から育ったものです[198]。

こうした信念は、クリスチャンの仕事にどのように反映されるべきでしょうか。キャサリンの話を見てみましょう。キャサリンが最初に一般企業での仕事を辞めて、教会へ転職したときのことです。同僚牧師に町にいる自分の「有力なつて」について話をすると、その牧師はキャサリンに優しくこう言いました。「キャサリン、あなたは今、ミニストリーという分野で仕事をしています。ミニストリーの世界ではそういう人を『つて』ではなくて『知り合いの方』と呼びます」。経済界でのプレッシャーや実務が大きくなるなか、私たちは人生のあらゆる側面を効率性という観点から考えて合理化しようとします。そうした考えの中では、周りにいる人々は、自分を助けてくれるつてであり、顧客は商品を買うための目と財布があるだけの存在であり、従業員は業務を実行するための手段です。そして顧客や従業員はもちろん教会にいる人ですら、その価値を経済的な物差しで測ることが当たり前になってしまいます。経済的見地からだけ見れば、株保有者・会社経営陣・従業員・部品製造業者・顧客・地域住民の経済的な価値はそれぞれ異なるので、彼らを同じように扱えといわれても難しい側面があります。しかし、経済的に価値の大小があったとしても、神学的には神のイメージに創造された私たち人間の重要性は、どれも変わらず同じなのです。

一時解雇が避けられない状況になったときのことを考えてみましょう。もちろん、どんなコミュニティーにおいても、コミュニティー全体の長期的利益を考え、関係者が犠牲を払わなければならないときがあります。それでも、こうした状況に愛をもって対処することはできます。一時解雇を行うとき、担当の役員は内容を簡潔にまとめた文書を発行し、従業員からの質問や懸念を払拭《ふっしょく》することによって、労力や時間やそれに伴う不快感などを減らすこともできます。しかし、従業員を交換可能な人材としてではなく、尊厳のある人間として扱うということは、すべての情報を明らかにして、コミュニケーションをとるなかでは自分の話をするだけでなく、相手の話にも耳を傾け、単に相手の意見を抑え込むのではなく、真摯《しんし》に説得することにほかなりません。会社の縮小化・一時解雇という厳しい現実の真ん中で、尊厳を持っている人間と向き合うためには、非常に強い道徳的指針が求められますが、人間が神のイメージに造られたという信念が、組織におけるあなたの言動に新たな側面をもたらすのです。

フェリーや他の人々が意見しているように、愛という神学的美徳から生まれた人権という概念は、近年、キリスト教を信じない、あるいは無神論者の人々にも広く受け入れられてきています。無信仰の人であっても、人間の権利を信じ熱意をもって人権運動に携わっている人は何百万人もいます。しかし現在のように世俗性の強い社会において、人間の権利や尊厳という概念の基本である「愛のある人格を持った神」を信じていなければ、こうした人権を大切にする動きが長期的に続くことは難しいと警告する人もいます。クリスチャンは、人間が神のイメージに造られたことが人権の基礎であることを理解し、その考えを絶対に支持し続けなければなりません。[199]

どこに手引きを求めるか

信仰や霊性を作り上げるのは、教理に基づいた信念、道徳的な言動、霊的な経験だと思っている人がほとんどです。だから、神が〝道徳的指針〟を与えることについて考えるとき、それを神が人間のために用意してくださった言わば〝マニュアル〟に記載されている倫理的なルールや規則と考えるのではないでしょうか。もちろんクリスチャンは、どのように生きるべきか、そして言動において絶対に超えてはいけない一線など、聖書から現実的な倫理的原則を学びます。しかし神が私たちに与えてくださるのがこれだけだったとしたら、助けにはなっても十分とはいえません。なぜならそこには知恵というカテゴリーが完全に欠落しているからです。

聖書によれば、知恵とは神の倫理的規範に従う以上のことです。人生の中で起きることの八〇パーセントは、明快な道徳的答えが出るものではありません。そこでどのように振舞うのが正しいのかを知るのが知恵なのです。どの会社に就職するべきか、もう一度学校に通って専門的な知識を増やすべきか、友人や配偶者はどう選ぶのか、意見を述べるべき、あるいは黙っているべきタイミングをどう知るのか、取引をするべきかやめるべきか、こうしたことについて聖書的なルールはありません。でも、間違った決断をすれば、それで人生を棒に振ってしまうこともあります。

ではどうすれば、よい決断をする知恵を得ることができるのでしょう。聖書では、知恵を得るにはいくつかの異なる要素が必要であるといっています。まずは、単に神を信じるだけでなく、神を個人的に知ることです。何か問題に直面するとき、私たちは心にある不安やプライドのせいで、良識のない過剰な反応をしたり、とるべき対応をとらなかったりします。神の恵み深い愛が、抽象的な教理ではなく、あなたの中に生きる現実となると、そうした不安やプライドに自分がコントロールされることが少なくなります。次の要素は、自分自身をよく知ることです。間違った判断の多くは、自分には何ができるか、また何ができないのかを見誤ることが原因です。福音は、キリストにある神の私たちへの愛、そして私たちの罪の双方を教えてくれるので、自分の能力を過大評価したり過小評価したりすることがなくなります。三つ目は、経験を通して知恵を学ぶことです。偶像を持ち、現実を見られなくなってしまった愚かな心のままでいると、自分の経験から学ぶことができません。それどころか、人生のアップダウンは、私たちに間違った推論をさせてしまいます。プライドの高い人は、失敗を全部周りのせいにするでしょう。一方、自分に自信のない人は、他の人に責任があるときでも自分のせいにしてしまいます。神と自分自身に対する知識を福音から得なければ、経験から大切なことを学ぶことはあまりないかもしれません。でも、神と自分自身をよく理解すれば、時を経るなかで人間の性質、自分の生きている時代、言葉の力と使い方、そして人間関係についての理解が深まり、私たちを賢明な決断へと導いてくれます。

旧約聖書の中で、知恵について学べる最高の場所は箴言です。箴言は、怒り・妬《ねた》み・プライド・失望との付き合い方、女性・金銭・権力の誘惑に抵抗する方法、自制心を失いそうな状況への立ち向かい方、決断の仕方、よい人間関係を維持する方法などであふれています。では新約聖書はどうでしょう。新約聖書は、旧約聖書が知恵の性質について教えていることのすべてを前提にしています。そのうえで、箴言で謳《うた》われている言動を実践するために、クリスチャンに素晴らしくまた新しいツールを提供しています。どうすれば単に神について知っているという状態から、神を知っているという状況に、移れるのでしょうか。どうすれば自分自身の心、そして周囲の人々の心について、深い見識を持つことができるのでしょうか。答えは、聖霊です。私たちがキリストにある信仰を受け入れたときに与えられる聖霊が、そうしてくださるのです。

新約聖書では、聖霊を「知恵……の御霊」（エペソ1・17）、「力」（同1・19）と呼んでいます。またパウロは、友人のために「あなたがたがあらゆる霊的な知恵と理解力によって、神のみこころに関する真の知識に満たされますように」（コロサイ1・9）と祈っています。パウロが聖霊の満たしについて語っている有名なエペソ人への手紙5章の教えでは、エペソ人に対し「賢くない人のようにではなく、賢い人のように歩んでいるかどうか、よくよく注意[200]」（エペソ5・15）しなさいと語りかけています。賢明であるということは、一瞬一瞬を戦略的に最高の状態で過ごす方法を知ることです。そしてこの見識は、聖霊の影響から与えられます。聖霊はまた、主にあって価値のある人生を送る力を私たちに与えてくださり（コロサイ1・11）、「力と愛と慎みとの霊」（Ⅱテモテ1・7）として知られています。

でも聖霊はどうやって私たちに知恵を下さるのでしょう。静かに座って、聖霊からの語りかけを待つのでしょうか。いいえ、そうではありません。使徒の働き15章で、初代教会のリーダーは、キリストを信じた異邦人がユダヤの食事や文化の慣習を守るべきかどうかと論争しています。ここで実際にリーダーが話し合っているのは、組織の中の政治的問題です。そして結論に至るまでの様子が詳しく書かれ、リーダーがたどり着いた結論を書いた手紙には、「聖霊と私たちは……決めました」（使徒15・28）という素晴らしい言葉が記されていました。つまり、リーダーが持ちうる最高の思考と理性、知識と経験を用いて至った素晴らしい決断は、聖霊によるものだったというのです。

ここに、聖霊が私たちを賢明にしてくださる様子が描かれています。イエスがお亡くなりになる前の夜、イエスは「すなわち真理の御霊が来ると、……御霊はわたしの栄光を現します」（ヨハネ16・13―14）と、弟子たちに聖霊を送ると言われました。聖霊は魔法か何かで私たちを賢明で知恵ある者としてくださるのではありません。私たちに何かの合図や株の情報を与えて、いつも儲《もう》かる株が選べるようにしてくださるとか、そんなことでもありません。むしろ聖霊は、イエス・キリストを生きておられる明確な現実とし、私たちの性質を変え、内なる平安・明快さ・謙《けん》遜《そん》・大胆さ・満足・勇気を与えてくださいます。こうしたことのすべては、年を重ねるにつれて私たちの知恵を増し、仕事でもプライベートでも、よりよい決断ができるようにしてくれるのです。

この世とは異なる観衆

エペソ人への手紙6章で、パウロはシンプルな、しかし深い原理を語っています。この原理があれば、仕事を苦役と考えている人にとって仕事が高尚なものになり、仕事を自分のアイデンティティーであると考えそうな危険にある人は、仕事の神格化を避けられるようになります。パウロは、すべての仕事は「人にではなく、主に仕えるように」行うべきだと語ります。

奴隷たちよ。あなたがたは、キリストに従うように、恐れおののいて真心から地上の主人に従いなさい。人のごきげんとりのような、うわべだけの仕え方でなく、キリストのしもべとして、心から神のみこころを行い、人にではなく、主に仕えるように、善意をもって仕えなさい。良いことを行えば、奴隷であっても自由人であっても、それぞれその報いを主から受けることをあなたがたは知っています。主人たちよ。あなたがたも、奴隷に対して同じようにふるまいなさい。おどすことはやめなさい。あなたがたは、彼らとあなたがたとの主が天におられ、主は人を差別されることがないことを知っているのですから。（エペソ6・5―9）

パウロは、奴隷と主人の両方に話しかけています。しかしこの言葉を読む現代人の中には、奴隷制度の悪しき部分に触れた聖書の表現に、多くの疑問を持つ人もいます。この件については、いろいろな意見があるでしょうが、[201] ここで私たちが覚えておくべき重要なポイントがあります。それは、ギリシア＝ローマ世界の当時の奴隷制は、アフリカ人の奴隷売買から発生した新世界の奴隷制とは違うものだということです。パウロの時代の奴隷制は人種には関係なく、また一生続くものでもありませんでした。それは今でいう年季奉公のようなシステムだったのです。しかし私たちの論点をはっきりさせるために、この聖句を修辞的に誇張して考えてみましょう。パウロは奴隷の主人に、奴隷に対して横柄な態度をとってはいけないし、脅してはならないといっています。だとしたら、この言葉は現代の雇用主にとってどれほど真実になるでしょうか。そして、奴隷が自分の仕事に満足や意義を見出すことができるというなら、現代の労働者はもっと大きな満足や意義を見出せるはずではないでしょうか。

このパウロの教えの鍵《かぎ》は、心理的かつ霊的な部分にあります。パウロは雇用主と従業員の両方に、向き合う相手を変えなさいといっています。あなたの仕事ぶりを見ているのは誰《だれ》ですか。あなたは誰のために働いているのですか。最終的に、いちばん大切になるのは誰の意見ですか。

労働者へ　まず労働者は、誠意をもって仕事をするようにといわれています（5節「真心から地上の主人に従いなさい」）。自分が不利益を被《こうむ》らない程度の最低限の仕事をするのも、上の目があるときだけ一生懸命仕事をするのも違います。また何も考えずに気を散らしながら働くことも正しいことではありません。そうではなく、クリスチャンは与えられた仕事に対して全身全霊で向かい、心と意識と身体を十分に用いて、最高の結果を出すようにといっているのです。でも、それはなぜでしょう。

クリスチャンには、仕事への新しい動機づけがあるから、パウロがいうように考えたり働いたりすることができるのです。クリスチャンは「キリストに従うように」（5節）働きます。労働者はキリストから想像できないほどの報いを受ける（8節）のですから、自分の主人からもらう報酬を過度に意識してはなりません。同じことを説いている他の聖句では「何をするにも、人に対してではなく、主に対してするように、心からしなさい。あなたがたは、主から報いとして、御国を相続させていただくことを知っています。あなたがたは主キリストに仕えているのです」（コロサイ3・23―24）とあります。パウロは来るべき御国の至福を語っています。ギリシア語から英語への翻訳で、「相続する（receive an inheritance）」という表現にある冠詞が"a"となっていますが、本来は"the"と訳されるべきでした。

これを見ればわかるように、クリスチャンは楽しんで仕事ができるように、解放されたのです。主に仕えるように仕事をすれば、働きすぎからも無気力からも解放されます。また金銭や名誉が得られるか否かも、私たちをコントロールすることはできません。仕事の第一義は、それが神を喜ばせる方法の一つであるということです。神の御名のために、この世界における神の仕事をしっかりすることによって、神を喜ばせるのです。

この原理を理解したクリスチャンの労働者には、実際になすべきことがあります。まず「恐れおののいて真心から」仕事をすることです。それは軽蔑的《けいべつてき》な態度ではなく、礼儀と尊敬にあふれた態度を持つと同時に、萎縮《いしゅく》や盲従ではなく、慎み深くしかし自信を持つという意味です。「恐れおののいて」とは「主を恐れる」という意味と思われます。聖書を見ると、この言葉は神を怖がるということではありません。詩篇130・4には、神のあわれみと赦しを経験すればするほど、主への真の恐れが増し加わるとあります。神を真に恐れるとは、神への畏敬と驚き、強い愛と敬意の中に生きることで、神を悲しませることや神の名を汚すことを恐れるようになるということです。こんなことを考えてみましょう。ずっと尊敬し憧《あこが》れている人がいて、直接会うことなんて絶対に無理だと思っていた人があなたの家に来たらどうでしょう。その名望からあなたが尊敬している人が目の前にいるのです。あなたは慎重に行動し、その人のすべての希望を叶《かな》えようとするでしょう。私たちの仕事における神の思いも、このように扱われるべきです。仕事は、自分のスキルのすべてを使い、心と力のすべてを注ぎながら行うものであり、重荷ではなく特権として捉《とら》えるべきです。

次にクリスチャンは「真心から」働かなければなりません。これは文字どおりには一、つの心という意味で、誠実と専心を表す言葉です。つまり仕事をするときは、いかなる意味においても不正やごまかしなく、道義的に正しく仕事をするということです。三つ目は、仕事をするときに「人のごきげんとりのよう」であってはならないということです。周囲の目があるときだけ一生懸命に働くのは間違いです。必要最低限のことだけをして、何とか切り抜けるというのもいけません。最後に、7節にある「善意をもって」は、クリスチャンは明るく喜びながら仕事をするべきだということを意味しています。

雇用主へ　パウロは主人に、彼らもまた奴隷、つまりキリストの奴隷であるといっています（9節）。非常に厳しい階級社会に生きていた主人にこうした言葉をかけるのは、特別かつ過激なことでした。「あなたがたも、奴隷に対して同じようにふるまいなさい」というパウロの言葉の中で、「同じように」という一言が見逃されがちです。しかし、同じようにとはどんな様子を指すのでしょう。それは、主人に必要があるとき、奴隷が最大限の敬意を払って主人を扱ってくれるのと同じようにしなさいということです。新約聖書研究家のピーター・オブライアンは以下のように述べています。

一世紀のギリシア＝ローマ世界における奴隷所有者に対する衝撃的な忠告の中で、使徒は奴隷の主人に「同じように振舞いなさい」と諭しています。主人の多くが暴君であり虐待を行っているうちに、セネカのものとして知られることわざによれば、「すべての奴隷が（私たちの）敵」となってしまいました。奴隷を扱う際に、主人にしてみれば、暴行やセクハラ、あるいは男奴隷を売り払う（するとその奴隷は家族から永遠に引き離される）ことは当たり前でしたから、パウロの密《ひそ》かな忠告は言語道断でした。しかしパウロの言葉は主人に、奴隷に仕えなさいといっているのではありません。……それはむしろ奴隷に対する主人の「態度や行動」を自分と天におられる主との関係によって「決める」ようにと指摘しているようです。

そうなれば、主人は奴隷に対する脅迫行為をやめるでしょう。もし奴隷が間違いを犯しても、処罰がないという意味ではありません。そうではなく、この一節が語っているのは、脅迫を使って奴隷を操ったり、貶《おとし》めたり脅したりすることは、それがいかなる種類のものでも否定するということです。この文のすぐ隣では、奴隷は主人に敬意と真心と善意を示すようにと教えられています。今度は主人が同じような態度で奴隷を取り扱うようにと強く促されているのです。(202)

主人といえども、主なる神の前にあっては奴隷と同じ立場にあるというだけでなく、主なる神には誰《だれ》もが同じように自らの言動に説明責任があり、その主に偏見がないからこそ、パウロはこうした過激な提案をしたのです。神にえこひいきはありません。人種や社会的階級や教育などによって、人との向き合い方を変えることはなさいません。ローマ人への手紙3章にあるように、すべての人は等しく罪を犯しましたが、信仰によって等しく神の恵みを受け取ることができます。パウロは主人に力強く語りかけます。「自分が使っている労働者や奴隷と比べて、自分のほうがよい人間で霊的にも優れているなどと思ってはいけません」

この原理を理解したクリスチャンの雇用主やリーダーは、以下のことを実行に移しましょう。まず「おどすことはやめなさい」という言葉は、強制されるからとか怒られるからという理由で、使用人が仕事をするようではいけないということです。この手紙を受け取ったすべての奴隷がクリスチャンの主人に仕えていた、あるいはすべての主人がクリスチャンの奴隷を抱えていたかどうかはわかりません。ですから、ここにいる主人は奴隷が「主に仕えるように」自分に仕えていると推測することはできませんでした。それでも、奴隷がクリスチャンであるかどうかにかかわらず、主人は奴隷に仕事をさせるとき、その主な手段として脅しを使ってはならないといわれています。次に「奴隷に対して同じようにふるまいなさい」という言葉は、「奴隷があなたに仕えることは、私の願いです。あなたは自分のリーダーシップを発揮して、使用人の利益が増す方法を考えなさい」という意味です。つまり、使用人の仕事の才能や生産性だけに興味を持つのではなく、人間として使用人に向き合い、使用人の人生に投資するのです。三つ目は、社会的階級は神にとっては何の意味もないことなので、主人も階級によって奴隷の扱いを変えるべきではないということです。主人は恩着せがましく振舞ったり、使用人を貶《おとし》めたり、横柄な態度をとってはなりません。

自分が気づいているかどうかにかかわらず、仕事をする私たちの周りには観衆がいます。仕事をするときに、両親を喜ばせようとする人、同僚の感心を得ようとする人、先輩を追い越そうとする人がいる一方で、自分自身が納得できることだけをしようという人も大勢います。しかしここに挙げたどんな観衆も、十分な存在とはいえません。こうした観衆のためだけに働くなら、観衆によって、仕事をしすぎたり、手を抜いたり、あるいはその両方をしてしまうという状況に陥るでしょう。しかしクリスチャンは、たった一人の観衆すなわち愛する天の父のために仕事をします。そうすることが私たちに仕事への責任感と喜びをもたらしてくれます。

新しい羅針盤が示す方向

この世とは異なる価値観に触発され、人間についてこの世と異なる理解を持ち、この世とは異なる知恵によって導かれ、この世とは異なる観衆のために行動するのがクリスチャンだとしたら、仕事においてはどのような違いがあるべきでしょうか。いくつか、例を挙げてみましょう。クリスチャンは《無慈悲でない人》として、周囲に認められなければなりません。公平で優しく、他の人にも責任を持つ人という評判が立つような人で、思いやり、そして赦すことや和解することに、並外れた意志を持つという特徴を持たなければなりません。復讐《ふくしゅう》や悪意、聖人ぶる言動がない人でなければなりません。

何年も前のことですが、このような品性と思いやりを持ったクリスチャンの忘れがたい話を聞きました。私たちがニューヨークで新しい教会を始めた頃《ころ》、一人の若い女性の存在に気づきました。明らかに教会のメンバーではなく、礼拝が終わるといつも脱兎《だっと》のごとく礼拝堂を出ていってしまいます。ある日、呼び止めて話をすると、その女性はキリスト教を勉強しているのだと話してくれました。そのときはまだ、キリスト教を受け入れていませんでしたが、大きな興味を持っていました。どうしてこの教会のことを知ったのかと聞いた私に、女性はこんな話をしてくれました。

女性はマンハッタンにある会社に勤めていました。入社してほどなく大きなミスを犯してしまい、解雇を覚悟しましたが、上司が全責任を被《かぶ》ってくれました。その結果、上司の社内での評判は下がり影響力も落ちてしまいました。上司の行動に驚いた女性は、上司のもとにお礼を言いに行きました。これまで、自分の成果を横取りする上司はいても、間違いを被ってくれた上司は一人もいませんでした。女性はこの人と今までの上司との違いを知りたいと思いました、上司は謙《けん》遜《そん》して話をそらしました。それでも女性があきらめずにいると、やっと上司は話してくれました。「私はクリスチャンでね。イエス・キリストが私の間違いを被ってくれたから、神様は私を受け入れてくださったんだ。イエス様は十字架で死んでまで、私の間違いを庇《かば》ってくれたんだよ。だから私も他の人の間違いでも責任を取りたいと思う。それに、そうしてくれたイエス様のおかげで、実際にそうする力をいただくことができるんだ」。そう言った上司をしばらく見つめた後、女性は聞きました。「どこの教会に行かれているんですか」。上司が私たちのリディーマー教会を薦めたということで、女性は礼拝に来たのでした。この上司は福音の恵みを自ら経験したことで、その人格が形作られ、他の管理職とは圧倒的に違う魅力的な言動が引き出されました。女性の上司として、利己心も冷酷さもないその態度が、最終的に女性の一生を変えたのです。

加えて、クリスチャンは《寛大な人》だという評判を持つべきであり、この寛大さがさまざまな形で発揮されるべきです。管理職であるならば、従業員や顧客に惜しみなく時間を使い、投資することができます。中小企業のオーナーなら、自分の利益を最小限にし、よりよい商品やサービスを顧客に提供すること、そして従業員に少しでも高い給料を払うこと。市民としては、目に見える形で自分の時間とお金を惜しみなく使い、同じような家計の人よりも、より多くを周囲の人に与えること。私たちは実際に可能な生活レベルよりも質素な生活を心がけ、他の人に十分な金銭的サポートをすることができるのです。

クリスチャンはまた、《困難や失敗に直面したときにも、平静を保ち表情を変えない人》として、知られるべきです。これは、人格形成の基本に福音があったかどうかを確認できる、いちばんのポイントかもしれません。マタイの福音書6章19節と21節で、イエスはこう言っておられます。「自分の宝を地上にたくわえるのはやめなさい。そこでは虫とさびで、きず物になり、また盗人が穴をあけて盗みます。……あなたの宝のあるところに、あなたの心もあるからです」。イエスは何を言っておられるのでしょうか。どんな人にも宝物があるでしょう。他のどんなものよりも大切にし、喜び、大好きなものがあるでしょう。それを偶像と呼ぶこともあります。宝物について理解するためには、自分の心の中で大切にしているものの順位と、自分の個性や性格の基盤がどこにあるかを知る必要があります。周囲からの評判や銀行の預金残高や成功で得た名声などに人生の意義を見出すなら、それがあなたの宝物です。しかし、こうしたものを宝物にするとき、私たちがいかに不安定な存在になるかということをイエスは的確に指摘しておられます。こうしたものは突然なくなったり、盗まれたりします。[203] すると、私たちの人生そのものが崩壊しかねません。

こうした背景があるからこそ、会社での失脚やビジネスの失敗を、非常に大きな困難と考える人が多いのです。人生の意義や自分のアイデンティティーが危険にさらされると、私たちはパニックに陥り衝動的な行動をとってしまうことがあります。そして自分を守るために平気で嘘《うそ》をついたり、誰《だれ》かを裏切ったり、あるいは大きく落ち込んだりします。しかしイエスはそうするのではなく、「自分の宝は、天にたくわえなさい」（20節）と言っておられます。これはどういう意味でしょう。パウロは、キリストのうちに宝がすべて隠されている（コロサイ2・3）といい、ペテロは、イエスは私たちのために拒否され、私たちが進むはずだった死の道に定められ、だから「より頼んでいるあなたがたには（キリストは）尊いものです」（Iペテロ2・7）といっています（実際、ペテロは名詞を使って「キリストは尊い」といっています。ですからキリストが尊いものの基準なのです）。

これは単なる修辞的表現ではなく、ましてや抽象的な神学論でもありません。イエスを宝物とするときにだけ、あなたは真に裕福になれるのです。なぜなら、イエスだけが絶対に価値が変わらない貨幣だからです。そして、イエスをあなたの救い主にするときにだけ、あなたは真の成功者です。なぜなら、イエスとともにあるという立場こそ、絶対に失われることのない立場だからです。

最後に、クリスチャンは《派閥主義者》であってはなりません。同僚の中で自分がクリスチャンだと明確に打ち出すことができず、同僚の中に埋もれてしまう人がいます。あるいは、自分はクリスチャンだと言いながら、ノンクリスチャンが端に追いやられた、あるいは軽蔑《けいべつ》されたように感じさせてしまう言動をとっている人もいます。しかし、仕事に関して統合的で非二元的な理解があれば、神の摂理と一般恩寵《いっぱんおんちょう》により、クリスチャンでない人にも、素晴らしい仕事をする能力が与えられていることがわかります。そうすれば、同僚が自分と違う信仰を持っていても、同じように価値ある人間として、尊敬をもって同僚と向き合うことができ、同時にイエスを信じる自分を恥じることがないのです。こうした間違いを避けられれば、希有《けう》なしかし健全なバランスを兼ね備える、印象的な人物になれます。

私の知り合いに、数年前にビジネスを始めた男性がいます。ある特定の金融サービスにおいて特定の商品を提供する既存の業者は、複雑な仕組みを採用し、また顧客が無知なのを利用して料金を高くしていました。そのことを念頭に置いて、その男性はビジネスを始めます。クライアントへの情報を透明化することで、低価格で質の高いサービスを提供し、結果として健全な利益を生み出すことに成功しました。同時に、こうした状況を真に必要としていた業界に変革を起こし、また品位をもたらしました。一緒にビジネスを始めようとしていたパートナーや従業員にこのアイデアを提案したとき、男性は素晴らしいバランス感覚を見せました。彼は新しい会社の価値観を提示し、この会社はその価値観に基づいて運営される会社であること、こうした価値観を守ることに、自分は全力を尽くすことを強調しました。なぜなら、そうした姿勢はクライアントの興味を引き、収入を上げる要因となるだけでなく、正しいことだからです、と。そしてこうした価値観は、自分のクリスチャンとしての信仰から生まれたものです、と言った後、すぐに、つけ加えました。クリスチャンでない人であっても、この価値観を同じように大切にしてくれるなら、その人は私のパートナーです。男性の行動は個人の信仰をオープンにしながらも、排他的あるいは派閥的にならないことのよい例です。こうした態度をとることは難しく、まためったにないことですが、そこにはよい職場を作り出すためにとても強力な力があります。

召された仕事におけるクリスチャン倫理

腐敗体質が根づいていない組織で誠実に働いていたとしても、クリスチャンであるならば、もっと大きな見地から自分に問いかけるべき質問があります。それは自分の仕事は、通常、どのような方法で行われているのか、という質問です。特に、自分が従事している仕事の分野で、どうすればより多くの人により正義と利益をもたらすことができるかということを、（信仰とその実践がなされるコミュニティーの中で）いつも考えなければいけません。

例えば、クリスチャン経済学者であるマイケル・シュルーターは、今日の資本主義の形態に向けてクリスチャン、そしてそれ以外の人々による批判をまとめています。[204] 今日の問題のほぼすべては、人間関係を第一とする姿勢が失われたことに端を発しています。まずは企業のサイズが大きくなりグローバル化している昨今、投資家や経営者は地元コミュニティーから遊離してしまいました。例えば、ボルチモアに拠点を置くある銀行では、重役はその地域に居を構え、地域の病院や博物館やその他の文化施設の評議員としても活動することを慣例としてきました。しかし現在、銀行の取締役が住んでいるのは、シャーロットやニューヨークやロンドンであり、自行の行員や顧客の多くが住んでいるコミュニティーの必要から、ほぼ断ち切られています。

二点目に、政府からの財政援助があったり金融商品が複雑化したりしたため、ローン貸付のリスクが少なくなってきている（時にはまったくない）ことが挙げられます。これは下手な投資や貸付をしてしまっても、実質的に影響が出ないことを意味します。あなたが銀行の貸付担当だったとしましょう。あなたが面識のある顧客から、住宅ローンや中小企業ローンの申し込みを受けたら、そのローンが実利をもたらすかどうか、精いっぱい審査するでしょう。住宅ローンを申し込んだ人は、その家を買って自分の純資産を増やすことができるだろうか。中小企業ローンを申し込んだ人は、この地域の経済を活性化させ雇用を増やせるだろうか。銀行の担当者であるあなたが間違った決断をすれば、自分の株が下がることは明らかです。しかし今日の環境では、関係者は誰《だれ》もお互いの顔を知りません。そして、よい投資をすればしっかりと報われ、悪い投資をすればその責任を負わされるという古い職責システムは消えつつあります。

三点目は、これまでに挙げてきた要因があるために、会社経営陣が会社の長期的な健全経営を犠牲にしても利益追求に走り、従業員・顧客・環境までも犠牲にして、すぐに株価を上げるための行動をとる傾向が増えつつあることです。会社が株を売却し、自分以外のすべての人を貧しくしても、それを恥ずかしいと思う意識は年々失われつつあります。

最後のポイントは社会学者がいうところの「商品化」です。これは、人間関係や家族や市民活動といったものを貨幣価値で捉《とら》え、そこに費用対効果分析を適用させることです。私たちの生活のすべては、市場価値によって容赦なく侵されています。例えば、事故や悲劇的な事件が起きたとき、かつては地域のサポートや宗教的な教えを通じて悲しみを乗り越えたものです。しかし訴訟時代の現代では、「精神的苦痛」にも金銭的価値が付与されます。このように、人間の痛みに数字がつけられ、法廷ではその数字が争われます。訴訟に至った痛みや苦しみはどのくらいだったのか。この裁判でどれだけのお金がもらえるのか。最近出版された『外部調達される自分――市場時代における私生活（*The Outsourced Self: Intimate Life in Market Times*）』によれば、自分の家族と過ごす生活はもはや、歴史家にして社会批評家であるクリストファー・ラッシュが名づけたように、「殺伐とした世界の中にある安息所」ではないのです。この本に書かれていることは、一世代にわたって多くの人々が指摘してきたことを要約したものです。

冷酷な世界の中で、家族は市場要因も経済予測の影響も受けないただ一つの場所、個人的でプライベートで感情が落ち着く、いわば避難所として長い間、認められてきました。しかし……もはやその時代は終わったのです。愛・友情・子育てなど、個人の私生活の一部であったものはすべて、箱詰めにされた専門知識に変えられ、混乱し頭を悩ませているアメリカ人に売りさばかれています。……（この本では）、生活の中にある非常に個人的なすべての場面に市場の力が押し寄せてきた様子を見ていきます。あなたを恋愛の神様にしてくれる出会い系サイトから「二人の特別な物語」を編み出してくれるウェディング・プランナーまで、子供の名前を考えてくれる「命名師」から仕事の目標を決めてくれる「目標屋」まで、商業として成立しているインドの代理出産工場から家族の遺灰を自分の希望の海に散骨してくれる雇われ会葬者まで……。最も直感的で感情的な人間の活動のほとんどが、雇用を生み出す仕事になってきているのです。[205]

これまで見てきたように、神は三位一体という性質を持ち、人間は神のイメージに造られています。それはつまり、人間の生活とは基本的に人間関係であるということです。しかし近代資本主義では、人間関係の緊密さやそこに発生する責任を消し去ってしまう力が徐々に大きくなってきています。ですから、市場を含め、他のいろいろな分野において、強力な倫理的指針を持った人が必要となっています。

自分の仕事の分野で、神学的・倫理的に物事を考えるのは、決して易しいことではありません。それよりも、仕事をすることだけに集中し、ただ自分個人の誠意や技能や心の喜びだけを考えながら働こうとするほうがはるかに簡単です。もちろんこれは、クリスチャンが誠実に仕事をすることの大部分を占めますが、これがすべてではありません。クリスチャンは、自分が従事している分野における仕事の形をどこまでも、また深く追求して考えるべきです。そしてそれが聖書的に、正義や人間の幸福を可能にしているか、またそれらと調和するかを考えるべきです。[206]

考えた結果、もしそうなっていなかったら、あなたはどうするべきでしょう。社会人になったばかりであれば、その分野や職場環境に大きな変化をもたらすことはできないでしょう。仕事に対して十分な内省をしつつ職場での権力と影響力を積み上げたなら、特に新しい会社を起こしたり自分で事業を始めるなら、その仕事の進め方を大きく変えることができるかもしれません。金融サービスやＩＴ企業をリードする立場にあるあなたが、株主や顧客に対して常識を大きく超える透明性を確保すれば、同業他社もより健全な会社運営をするようになるでしょう。あるいは映画制作会社や学校や画廊を始めた場合はどうでしょう。最高の仕事と素晴らしい価値観を持ち合わせたあなたの仕事で、その分野で働く多くの人にインパクトを与えることができるかもしれません。こうした行動により、あなたはまったく新しいレベルで〝仕事を務める〟ことができるようになります。しかし、自分が就いている仕事の内容についてあなたが深く考えなければ、こうした変化は起こりません。変化を起こす機会に恵まれたとしても、仕事への深い考えがなければ、あなたにその準備はできていません。将来、あなたのために神が新しいビジネスへのドアを開けてくださるという希望を持って、仕事をしてください。

第12章　仕事のための新たな力

何をするにも、人に対してではなく、主に対してするように、心からしなさい。

（コロサイ3・23）

仕事のもとにある仕事

精神医療の研修を終え、ニューヨーク市立病院で働き始めた若い医師がいました。彼女には自分より数年先輩の友人がいて、そのとき先輩は二人目の子供を妊娠していました。「妊娠のいちばんの素敵なことが何かわかる？」ある日、先輩が後輩の彼女に尋ねました。「妊娠しているときはね、ずっと自分が何かしている、生産的だって感じられるの。寝ている間だって、私は何かしていい、いい、いいしていられるのよ！　そんなふうに感じられるのって、妊娠しているときだけ。だから、妊娠すると幸せなの」。彼女は先輩の言葉にショックを受けました。自尊心の源を完全に自分の生産性に置き、絶え間なく何かをし続けられることに、やっと安心を見つけられるという先輩の姿勢にです。そのときのことを振り返り、彼女はこう言っています。「私たちの多くは、生産することと何かをすることを通して贖いを得ようと試みるようになりました。それはつまり仕事を通じて、自分の価値や安心、存在する意味を作り出そうとしているのです[207]」

　自分の生産性や成功に自己意識を置こうとする人は多くいます。しかしそんな自己意識はいつか人を燃え尽きさせてしまいます。あるいは、〝リアルな生活〟を楽しむためにお金を稼ぐという人もいるかもしれません。しかしこうした動機は、仕事をただのつまらない作業にするだけです。こうした動機をもって仕事に臨んでいるのなら、あなたはいわゆる「仕事に使われている」のです。だから、最終的には、こうした動機が仕事を体力的にも精神的にも辛《つら》いものにしているのです。

　イエスに出会った使徒は、手にしていた網を置いてイエスについていきました（ルカ5・11）が、その後、彼らが漁師の仕事にかかわっている様子が描かれています。パウロは伝道をしながら、テント職人としても働いていました。キリストに出会ったからといって、彼らは〝世俗の仕事〟を辞めたり、その仕事への思いや情熱を失ったりしたわけではありません。それどころか、キリストとの出会いを通して、仕事と自分との関係が永遠に変えられたのです。イエスは使徒に物事の全体像を見せました。というよりも、イエスご自身が全体像そのものだったのです。イエスは大きな意図をもって、魚よりもずっと大きなものを獲《と》ることに、使徒を召し出されました。「こわがらなくてもよい。これから後、あなたは人間をとるようになるのです」（ルカ5・11）。つまり、この世界を贖《あがな》い出し、癒《い》やすために地上においでになったイエスが、使徒にこのプロジェクトへの参加を呼びかけられたのです。この召しにより、使徒は自分のアイデンティティーや重要性を、仕事や経済状況と関係ないところに見出せるようになりました。だからこそ、使徒は仕事を去れと召されれば自分の仕事を去ることも、その仕事に戻ることも、あるいは以前とは違った形で仕事に臨むこともできたのです。こうして、使徒は仕事から、そして仕事の中に新たな自由を得ました。イエスが使徒を召されたのは、彼らが大漁を得て、経済的に大きな成功を得ていた瞬間でした。それでも使徒は網を手放すことができたのです。彼らは実際に網を置き、イエスについていきました。イエスの臨在の前で、使徒は自分が仕事にコントロールされる状態から抜け出したのでした。

こうしたことは、理想論に聞こえるかもしれません。結局のところ、使徒には海から魚がいなくなって漁師を続けられなくなることもなければ、イエスに従い欠勤が続いた彼らの復職を阻止しようとする上司がいるわけでもありません。しかしこの話を通じて、私たちは大切なことを考えなければなりません。それは、神が新たな機会を与えてくださっていることにさえ気づかないような状況まで、仕事に人生をコントロールされていいのか、ということです。年末ボーナスやら新しい仕事やらといった〝大漁〟を経験して、すぐに次の大漁の機会のことばかり考えていませんか。仕事を続けながら、それにかかわるさまざまな誘惑から解き放たれるためには、どうしたらいいのでしょう。

列王記第二5章に、その例があります。シリヤの将軍であったナアマンは、イスラエルの神を信じた後も将軍の仕事を続けました。シリヤ王に随行してリモン（シリヤの神）の神殿に行く仕事も続け、そのときにはイスラエルから持ち帰った土の上に跪《ひざまず》くようにしました。リモンは、基本的にシリヤの国そのものが神格化されたものです。このことを通して、ナアマンは「私は国に仕え、ますが、国を礼拝することはもうしません。私にとってシリヤの国益は大切ですが、それは今や私の神でも、究極の価値でもありません」という主張をしたのでした。未公開株式投資会社に勤めている私の友人で、ナアマンと同じような姿勢を貫いた人がいます。友人は、ベンチャー・ビジネスへの投資によるボーナスの受け取りを拒否しました。この投資は完全に合法でしたが、人々のために有用な投資とはいえなかったからです。この二人の男性は、神との出会いを通して、自分の仕事にある偶像から解き放たれる力を得ました。

ここまで、福音は私たちの仕事を活き活きとさせること、仕事の概念を変えること、仕事で用いる倫理的羅針盤の方角を正しい方向に改めてくれることを話してきました。こうした要素に加えて、福音は私たちに新たな情熱とより深い休息を与えることによって、仕事に臨むための新たな力を与えてくれるものなのです。

真の情熱が持つ力

今日の私たちがよく見聞きする言葉の一つに情熱があります。どんなことであれ、情熱があれば従来より優れた力を発揮できます。しかし情熱の源は、それぞれ異なるでしょうし、情熱の種類もいろいろあります。例えば、成功を求めることではなく、失敗への恐怖という思いから働きすぎる人がいます。こうした種類の情熱は大きなエネルギーを生み出しますが、キリスト教の視点から見れば間違った種類の情熱です。自分が仕事に振り回されているから、こうした情熱を持つのです。まるで、切れてしまう直前の電球が一瞬パッ！と明るくなるようなもので、こうした情熱は長続きしません。

私たちの仕事を突き動かす偽りの情熱について、どう理解すればよいのでしょうか。著書『ドグマこそドラマ――なぜ教理と混沌《こんとん》のいずれかを選ばなければならないか』の中で、ドロシー・セイヤーズは私たちにヒントを与えてくれています。セイヤーズは、古典的な七つの大罪に触れて、その中で「無関心（acedia）」の罪が「怠惰（sloth）」と訳されていることが多いが、それは不適切だといっています。通常、怠惰と定義される無精は、七つの大罪の無関心とは性質が違います。無関心は「それは、自分にとってどんな得があるのか」という費用対効果分析だけを基本に人生を生きることです。「怠惰は何ものも信じませんし、何ものも気にかけませんし……何ものも楽しまず、愛さず、憎まず、何もののうちにも目的を見出さず、何もののためにも生きず、そのために死ぬべき何物も持っていません。ただまあ、生きているというだけです。私たちはこのところ、何年にもわたって、この罪を知りすぎるくらい、よく知っています。それについて私たちが知らなかったただ一つのことは、それが死に値する罪であるということでした」(208)

さらにセイヤーズは、続けます。自分自身の必要・快適・利益に情熱を持つ「無関心」な人は必ずしも無精には見えず、実際にはいろいろな行動を起こしているように見えます。しかし「空虚な魂という罪」である無関心のせいで、それ以外のすべての罪が、あなたが仕事をするための動機になりうる、とセイヤーズは主張しています。

この怠惰の罪のお気に入りの手の一つは、せかせかと体を動かすことなのだと指摘しておきましょう。いかにも忙しそうに動きまわり、たえず何かをやっていれば怠惰の罪に陥ることはないだろうという思い違いがあるようです。……貪食《どんしょく》の罪は、ダンス、美食、スポーツ、観光などを楽しむ機会を矢継ぎ早に提供します。貪欲《どんよく》は、私たちが仕事に熱中するように、朝早くベッドからたたき起こします。嫉妬《しっと》は、私たちを噂話《うわさばなし》とスキャンダルの交換にふけらせ、新聞社に喧嘩腰《けんかごし》の手紙を書かせ、他人の秘密をほじくりださせ、ゴミ入れの中まであさらせたりします。憤怒《ふんぬ》は、悪事を働く人間や、悪魔のような人間がはびこっているこの世の中では、たえず声を大にして罵《ののし》ることが必要だともっともらしく（巧妙な手です）主張します。姦淫《かんいん》は、性的な無軌道ぶりを身体的な活力の表われと見なすようにさせます。けれども以上の罪はすべて、怠惰特有の空虚な心、空虚な頭、そして空虚な魂の変装にすぎません。……それはこの世では寛容と自称していますが、地獄では絶望と呼ばれているものです。(209)

このポイントは本質をついており、偶像礼拝をよく説明していると思います。あなた自身よりも何か大きなもののために働くのでなければ、あなたの仕事に対するエネルギーのすべては、残りの六つの大罪のいずれかが源になっています。あなたが一生懸命働く理由は何でしょう。周りより早く昇進したいから？　自分自身の能力を他の人に示したいというプライド？　それとも、思いっきり楽しい人生を送るためのお金が必要だから？　つまり無関心とは、最も目立たない種類の偶像礼拝なのです。それは、人生の中心に冷笑的な自分自身を置くことであり、あなたの仕事の主たるエネルギーの裏には、最もひどい悪徳や罪のすべてがあるのです。

『指輪物語』の軸を成しているのは、力の指輪の邪悪な影響です。その指輪をはめると、力を手に入れたいという自分の意志が大きくなり、自分が悪い人間に変えられていきます。ホビットが指輪をはめるシーンがたくさん出てきますが、そこではその指輪の力がこんなふうに描かれています。「指輪をはめると、そこでは自分だけがリアルな存在となる。その妖気《ようき》の世界にいる自分は、小さく、暗く、固い岩であり、それ以外は、ぼんやりとして影のようである」。ある意味で、私たちの近代社会は「力の指輪」のように動いていて、一人ひとりの心にある自己中心という罪の性質を押し広げます。それは、ありとあらゆる方法で、他人に自分の善悪をいわれる筋合いはないと毎日私たちに語りかけるのです。しかしそれは、最終的に自分自身を選ぶことよりも高い権威や基準がないということです。私たちの意識や必要は、周囲の何よりもリアルだ。自分が従うべきものはない、自分自身が許したこと以外、自分の幸せの切り札になるものはない、そして自由を犠牲にするのに値するようなものはない、と考えるのです。しかし聖書では、情熱（passion）の真の定義は、キリストの受難（Christ's Passion）から、誰《だれ》かのために自分の自由を犠牲にすることだとしています。

ローマ人への手紙12章では、この真実を現実的レベルで説明しています。パウロはこのような言葉でその説明を始めています。「兄弟たち。私は、神のあわれみのゆえに、あなたがたにお願いします。あなたがたのからだを、神に受け入れられる、聖《きよ》い、生きた供え物としてささげなさい」（ローマ12・1）。パウロは、神殿用語を使い、捧《ささ》げ物《もの》を持ってくる礼拝者について考えるように勧めています。しかしパウロがいっている捧げ物とは、罪を犯してしまったために神と和解するために捧《ささ》げる罪のいけにえのことではなく、むしろ、なだめの供え物について語っているのです。なだめの供え物は、自分の家畜から穢《けが》れのない強い動物を選んで捧げます。これは、神に絶対に従うことを示すための捧げ物であり、「私の所有物はすべてあなたのものであり、何の例外もありません」と表現すること、つまり情熱を表すことです。

実際「生きた供え物」という言葉はわざと逆説的な表現になっています。なぜなら、供え物は死んでいるからであり、そしてここに、いけにえの意味があります。「あなた方に、生きながらも殺されたものとなってほしい」と言われた神の民は大きなショックを受けます。それはあなたに、自分の利益については死んで、神のために生きるというリズムの中で生き続けなさいということです。これこそが、神があなたに求めておられる情熱です。それは、どんなものでしょう。ローマ人への手紙12章の残りの部分に説明がありますが、特に生きた供え物の意味を詳しく描き出している聖句があります。「勤勉で怠らず、霊に燃え、主に仕えなさい」(ローマ12・11)

この聖句の中に、二つの具体的な表現があります。まず「勤勉で怠らず」という言葉は、ギリシア語で「切迫」と「精勤」を合わせたような意味がある言葉を訳したものです。目的や訓練のないまま性急に動けば、狂乱を生み出す可能性があります。しかし、切迫感がなければ、事態はなかなか進まないでしょう。神のなさり方は、切迫感と精勤の二輪で動きます。次に「霊に燃え」という言葉は、ギリシア語で文字どおり「あなたの霊を沸騰《ふっとう》させる」という意味です。つまり私たちは感情・鍛錬・切迫感を持って、日常生活においても仕事においても、生きた供え物として任務を全うすることを、情熱をもって生きることを求められているのです。

　では、こうした真の情熱はどこから来るのでしょうか。パウロはローマ人への手紙12章を「私は、神のあわれみのゆえに、あなたがたにお願いします。あなたがたのからだを……生きた供え物としてささげなさい」という言葉で始めています。生きた供え物となり、自分の必要に対して死に、仕事に振り回されることをやめ、自分の情熱を神に向けるようにさせるという神のあわれみとはどんなものでしょう。答えは、もちろんイエスです。究極の生きた供え物であり、神のあわれみの究極の形であるイエスです。イエスが自分のために苦しみ、自分の犠牲になられたことを見るとき、イエスの受難が自分の心に刻まれたとき、自分が情熱を覚えるものが、単に六つの大罪のいずれかであったかどうか、はっきりとわかるでしょう。

　しかしなぜイエスは苦しまれたのでしょう。イエスの情熱と犠牲はどこから来たのでしょう。ヨハネの福音書17章で、イエス・キリストは弟子たちを見つめながら、天の父にこう言っておられます。「わたしは、彼らのため、わたし自身を聖《きよ》め別《わか》ちます」（ヨハネ17・19）。「聖め別つ」という言葉の原語は、オリンピック選手のように自分自身を周囲から区別するという意味があります。オリンピックに備えたトレーニングが意味するところは、誰《だれ》もが知っています。それは、一つの目標のために人生においてそれ以外のすべてを二の次にすることです。一日の中の毎分毎秒、すべての行動をオリンピック出場という目標に捧《ささ》げることです。日々大きな痛みが伴ったとしても、弱音を吐かずに耐えることです。このような情熱と決意があってこそ、初めて金メダルを手にすることができるのです。

これこそが、イエスであり、イエスの情熱です。イエスは、私たちを救うという目的のために、ご自身を他者から分かたれました。私たちを救うために、すべてを失い、すべてに耐えられました。イエス・キリストは自分のためではなく、あなたのため、そして天の父のために、その情熱を燃やされました。それは、私たちの模範です。自分のために燃やされたイエスの情熱の広さと深さを、心でしっかりと理解したなら、イエスが特別に自分を召し出された地上での仕事に対しても、情熱を持つことができるでしょう。あなたを救い出すためにイエスがしてくださったことに気がつくと、あなたのプライドや妬《ねた》む気持ちは消えていきます。なぜなら、あなたは周囲と比べてもっと裕福になる、もっと恰好《かっこう》よくなる、もっと快適な生活をするということに、自己価値を求める必要がなくなるからです。

自己中心から生まれる無関心という誤った情熱を抱いて働くのではなく、無私から生まれる真の情熱を抱いて働くようになります。神の家族に迎え入れられたあなたは、それだけで認められた存在なのです。神の目に正義とされたあなたは、何かを証明しようと頑張る必要はありません。死という犠牲を払って救われたあなたは、生きた供え物として自由を得たのです。あなたは絶え間なく愛されています、だから、静かに満たされた心をもって、あなたは疲れを感じることなく働くことができるのです。

深い休息が持つ力

仕事と休息は、（もちろん、あるレベルにおいてという話ではあるが）共存的な関係にあります。心身の力を補給するために、私たちは仕事から離れます。休みをとること、あるいは安息日を守ることは、仕事に対する考え方を見直し、仕事に対して正しい意識を持つことを助ける機会にもなります。仕事と距離を置き、仕事以外のことに集中しないと、正しい意識を持てなくなることがよくあります。休むことで、人生は仕事だけではないと思えるようになります。そのうえで心身を休めると、よりよい状態で仕事に戻り、よりよく仕事ができます。

しかし、仕事と休息は、より深いレベルでもつながっています。私たちはみんな、自分自身を証明して救いを得るため、あるいは価値やアイデンティティーを得るために、仕事のもとにある仕事に使われている状態にあります。しかし、私たちの心が福音の休息を経験し、仕事によって自分の救いを得ようとする気持ちから解放されれば、私たちの活力を常に満たし、視点を回復し、情熱を新たにする強いエネルギー・ドリンクのタンクのようなものを持つことができます。

このような深い休息を理解するためには、聖書における安息日の意味、それが何を象徴し、意味しているのかを理解する必要があります。

安息日を覚えて、これを聖なる日とせよ。六日間、働いて、あなたのすべての仕事をしなければならない。しかし七日目は、あなたの神、主の安息である。あなたはどんな仕事もしてはならない。――あなたも、あなたの息子、娘、それにあなたの男奴隷や女奴隷、家畜、また、あなたの町囲みの中にいる在留異国人も――それは主が六日のうちに、天と地と海、またそれらの中にいるすべてのものを造り、七日目に休まれたからである。それゆえ、主は安息日を祝福し、これを聖なるものと宣言された。（出エジプト20・8―11）

安息日を守って、これを聖なる日とせよ。あなたの神、主が命じられたとおりに。六日間、働いて、あなたのすべての仕事をしなければならない。しかし七日目は、あなたの神、主の安息である。あなたはどんな仕事もしてはならない。――あなたも、あなたの息子、娘も、あなたの男奴隷や女奴隷も、あなたの牛、ろばも、あなたのどんな家畜も、またあなたの町囲みのうちにいる在留異国人も――そうすれば、あなたの男奴隷も、女奴隷も、あなたと同じように休むことができる。あなたは、自分がエジプトの地で奴隷であったこと、そして、あなたの神、主が力強い御手と伸べられた腕とをもって、あなたをそこから連れ出されたことを覚えていなければならない。それゆえ、あなたの神、主は、安息日を守るよう、あなたに命じられたのである。（申命5・12—15）

出エジプト記20章は、安息日を守ることを神の創造のわざと結びつけています。「〔神が〕七日目に休まれたからである」。現実的に捉《とら》えると、これは何を意味するのでしょうか。神は創造を終えた後に休まれたから、私たちも自分の仕事の後に休まなければならないということです。この仕事と休息のサイクルは、クリスチャンに限ったことではなく、神に造られた私たちの性質の一部として、どんな人にもいえることです。働きすぎも働かなさすぎも人間の性質を侵すものであり、それは人間の崩壊につながります。休息をとることは、被造物と私たち自身の中にあるよい部分を楽しみ、敬うものです。仕事と休息のサイクルやバランスを侵すことは、私たちの生活や周囲に混乱を起こします。ですから、安息日は私たちが造られたことを、喜ぶときなのです。

申命記5章は、安息日を守ることを神の贖《あがな》いと関連づけています。15節にはこうあります。「あなたは、自分がエジプトの地で奴隷であったこと、そして、あなたの神、主が力強い御手と伸べられた腕とをもって、あなたをそこから連れ出されたことを覚えていなければならない。それゆえ、あなたの神、主は、安息日を守るよう、あなたに命じられたのである」。ここで安息日は、奴隷状態からの解放を再現するものとされています。パロのためのれんが作りの労働力としてしか見なされず、人間扱いされていなかったイスラエルの民を救い出された神のわざを思い出させるのが、安息日です。安息日を守るという神のおきてを守れない者は（かりにそれが自分の意志で守らないのだとしても）、奴隷です。安息日を守るために自分を律する力を持たないならば、自分自身の心、または私たちの物質主義的な社会、または従業員を搾取する組織、あるいはその全部の要素が、あなたをだめにするでしょう。ですから安息日は、そうしたことからの解放宣言なのです。あなたは社会からの期待や家族の希望や医学部からの要求に奴隷としてつながれているわけではないし、自分自身の不安に囚《とら》われることもありません。安息日を守るという真理。その真理を、勝利の調べとともに宣言する重要性を学びましょう。そうでなければ、あなたは休みをとることに罪悪感を持ってしまうか、あるいは完全に心身を休めることが難しくなるのです。

イスラエルで安息日が定められたのは、出エジプト後のことであり、当時の社会や文化ではユニークなことでした。安息日によって、労働・利益追求・搾取、そして経済的生産全般が制限されます。畑での労働は七日ごとに禁止され、農地は七年ごとに休ませ、耕作はいっさい禁止されます。短期的に見れば、もちろんイスラエルの経済的生産は落ち、隣国よりも不況に見舞われることになります。しかしそれは、解放された人々の土地です。長期的に見れば、十分な休息をとった人がそうでない人よりもずっと生産性が上がるのは当然でしょう。

また、安息日を信頼に基づく行動と考えなければなりません。神が安息日を決められたのは、神が今も働き、また休みをとっておられることを教えるためです。この世界を動かしているのも、家族を養っているのも、ましてや自分が今携わっている職場のプロジェクトを動かしているのも、自分ではありません。その事実をしっかりと覚えるために、安息日を守るのです。この事実を信じるのは、特に起業家の人にとっては難しいことです。起業家には非常に高い能力があり、また一緒に働くチームの人数は限られています。自分が働かなければ、仕事は終わらないという状況にある起業家が、この世界は自分が支えている！と信じる誘惑に陥るのは簡単なことです。

しかしあなたは、そこに神がおられることを見なければなりません。あなたは一人で仕事をしているわけではありません。イエスが「心配しないように」と語る有名な箇所（マタイ6・25―34）は、仕事という設定の中で書かれています。イエスは、野のゆりは「働きもせず、紡ぎもし」（28節）ないのにもかかわらずしっかりと育つのに、なぜ心配するのかと私たちをたしなめておられます。そして私たち人間は、神にとって当然植物よりもずっと大切なものですから、仕事を通じて物質的なものを「切に求め……る」べきではないと、私たちに思い出させてくださいます。ですから、休みの日にくよくよ悩むようなことがあれば、あなたは安息日を守っているとはいえません。安息日とは、深い休息があなたの中に滲《し》み入るまで、マタイの福音書6章のような聖句に思いを巡らす機会なのです。

こうなると、福音の安息日がもたらしてくれる実際的な利益を得るためには、個人として祈り、みことばを読むしかない、という結論にたどり着きそうですが、そうではありません。神はまた、他のクリスチャンがいるコミュニティーでの交わりを通して、私たちを力づけてくださるからです。例えば、パウロはクリスチャンに「互いの重荷を負い合い、そのようにしてキリストの律法を全うしなさい」（ガラテヤ6・2）といっています。しかし同時にイエスが重荷を取り除いてくださいますし（マタイ11・28―30）、また日々私たちの重荷を担ってくださる神（詩篇68・19）に思い煩いをすべてゆだねなさい（Iペテロ5・7）と私たちは教えられています。さて、いったいどちらが本当なのでしょう。私たちの働きや重荷を下支えしてくださる神を見上げるべきでしょうか。それとも、その役割をクリスチャンの兄弟姉妹に求めるべきでしょうか。もちろん、両方とも正解です。なぜなら、仕事上の問題について神によって新たにされ、支えられる経験は、通常、クリスチャンの友人から受ける思いやりや励ましを通して実感するからです。

休息のもとにある休息

すべて、疲れた人、重荷を負っている人は、わたしのところに来なさい。わたしがあなたがたを休ませてあげます。わたしは心優しく、へりくだっているから、あなたがたもわたしのくびきを負って、わたしから学びなさい。そうすればたましいに安らぎが来ます。わたしのくびきは負いやすく、わたしの荷は軽いからです。（マタイ11・28―30）

キリストに出会った後に、仕事にどんな変化が起きるのか。その変化を深く理解するためには、この聖句が重要です。イエスはすべての人をみもとに呼び寄せ、私たちが「疲れた人、重荷を負っている人」であり「安らぎ」が必要であることを知っていると言っておられます。それなのに、私たちの疲れを癒《い》やすのは「荷」であり「くびき」であると言われるのです！　動物に荷物を引かせるためのくびき（あるいは馬具）は、奴隷や重労働のシンボルでした。どうしてこうしたものが、ひどい疲れを癒やす解決法になりうるのでしょうか。イエスは私のくびきであり重荷であるとおっしゃり、それだけが軽いくびきだと言っておられます。なぜなら「わたしのくびきは負いやすく、わたしの荷は軽いからです」（29節）。イエスだけが、あなたを農地に無理やり引き出すことのない上司であり、あなたが最高のパフォーマンスをしなければ、あなたに満足しないような聴衆ではないからです。それはなぜでしょう。あなたのためのイエスの仕事は、完了しているからです。

それどころか、クリスチャンの真の定義は、イエスだけを賛美し、イエスだけに習い、イエスだけに従う人、それでいて「キリストが完成された仕事の中で休む」人です。創世記2章1―3

節で、神が創造のわざをすべて終えられた後、休息をとられたことを思い出してください。そして神の贖《あがな》いは、天地創造のときと同じように、キリストの中に完了しました。だから、クリスチャンは休息をとることができるのです。仕事のもとにある仕事がひとり子によって果たされた以上、私たちに残されているのは、天の父に与えられた仕事をすることだけです。

多くの人が「仕事のもとにある仕事に使われている」と先に述べました。そうした人は、単に給与を得るために仕事をするのではなく、自分が小さい存在だと思う気持ちを追い払うために働いています。しかしここで私たちはイエスの中に「休息のもとにある休息」、つまり魂の休息、自分の魂をレム睡眠状態で休ませられることを見出します。こうした種類の休息がなければ、どんな仕事であれ満足のいく仕事はできません。そして自分は休んでいるつもりでも、心からリラックスできないでしょう。夜になっても、頭から仕事のことが離れません。神が私たちのために準備してくださった仕事なのに、その仕事に満足し楽しむことができないのです。

こうしたコントラストを示す古典的な例は、映画の「炎のランナー」でしょう。この映画には、文字どおり「自分の存在意義を正当化する」ために、オリンピックに出場する男と、キリストにある深い休息を知っているがゆえに日曜日に行われるレースに出場せず、金メダルを逃しそうな男の話が描かれています。最初の男は、仕事に振り回されているので、メダルを獲《と》らなければならないのです（少なくとも映画の中では、その金メダルすら、その男が求めている深い休息を与えることはできない)。もう一人の男は、献身的なクリスチャンであるエリック・リデルです。オリンピックでメダルを獲るか否かは、リデルにとっては問題ではありませんでした。リデルは休息の中にいました。リデルは妹に、単に神が自分を足の速い人間に造ってくれただけだと語り、そして「走ると、私は喜びを感じるのだ」と言いました。リデルは、走ることそのものに喜びを覚え、自分に俊足という賜物《たまもの》をくださった方を喜ばせるために、走るのでした。

この本書の冒頭に書いた、ジョン・コルトレーンの引用を思い出してください。

一九五七年、神様の恵みによって私は霊的覚醒《れいてきかくせい》を経験しました。この経験によって、私はより濃密で、満足感にあふれた、生産的な人生を送ることができるようになりました。その当時、この覚醒に感謝しながら、私は謙虚になって、自分の音楽を通して他の人を幸せにするために……また他の人を励まして、自分には意味のある人生を送るための可能性があるのだともっともっと気づかせるために力と特権とをいただきたいと神様に祈りました。そしてこの祈りも、神様の恵みによって叶《かな》えられてきたと私は感じています。**すべての賛美が神にありますように。**

コルトレーンも、かつては他の人と同じでした。コルトレーンは心の底で、「自分が重要な存在であると知るためには、自分がとてもよい状況にあること、成功していること、周囲からの称賛と感謝が必要だ。そうすれば、自分は何かしら価値がある人間であると知ることができる」と思っていたと語っています。しかし、心の中にある動力がこうしたものであっては、最高の仕事を生み出すことは——あるいは、深い休息を得ることは——できません。C・S・ルイスはこういっています。

他の人びとに対して、自分がどんな印象を与えているかなどということを忘れてしまわなければ、決して良い印象を与えることはできない。文学や芸術についても同じこと。独創性ばかり気にしている人は独創的なものを創作することはできない。これに反して、ただ真実を（それがすでに何回語られたかなんていうことには少しも頓着せずに）語るなら、人は十中九まで、自分では気がつかずに、独創的になっているのである。……自己を捨てなさい。そうすればあなたはあなたの本当の自己を見出すであろう。(210)

ある晩、コルトレーンの自我を映し出すような事件が起きました。自身の「至上の愛」を演奏したときのことです。この曲は、あふれ出す神への賛美に満ちた三十二分間にわたる四部構成の組曲です。その夜、普段にも増して素晴らしい演奏の後、ステージを下りたコルトレーンは「ヌンク・ディミティス」と言っていました。これは、ルカの福音書2章にある、約束の救い主を見たシメオンの言葉で、基本的に「今こそあなたは……〔私を〕安らかに去らせてくださいます」という意味です。そしてコルトレーンは、仕事のために働く仕事から、自分を解放してくださる神の愛を経験したといいます。以来、コルトレーンは神の力を受け取り、神の喜びを感じてきました。(211)そして、自分自身のために音楽を作ることをやめ、音楽のため、ファンのため、そして神のために音楽を作ったのです。

キリスト教的な価値観の中で自分の召しを見つける方法は、自分がどのように造られたかを見ることです。自分の賜物《たまもの》は偶然の産物ではなく、創造者に与えられたものです。しかし、自分がオリンピック選手でもないし、世界的なリーダーでもないとしたら、どうでしょう。不公平な上司に苦しめられたり、あるいは自分の賜物を活かせない単調な仕事しかできないでいたりしたら？　どんな瞬間でも、自分が置かれた状況を神はご存じであると受け入れ、自分に与えられた仕事を通して神に仕えることが、あなたを解放することです。

これこそが、ドロシー・セイヤーズがいった仕事に仕えるということです。そしてトールキンが『ニグルの木の葉』でいおうとしたことです。自分の心がキリストとキリストが保証してくださった未来の世界に希望を抱くようになるとき、つまり自分がキリストの負いやすいくびきを負ったときに初めて、自由な心で仕事をする力を得ることができるのです。自分の中で神が与えてくださった成功や成果は、どのようなものでも喜んで受け入れられるようになります。その仕事に自分を召し出されたのは、神だからです。そして、自分の心の中にある強い願いは（地上で与えられた仕事に対する具体的な熱望も含めて）、真の故郷である新しい天と地に着いたときに最終的に叶《かな》えられることを知っているあなたは、情熱と休息をもって仕事ができます。だからどんなときにも、どんな場所でも、喜びと満足とを持ち、何も後悔することなく仕事に打ち込むことができるのです。そのとき、あなたもまた「ヌンク・ディミティス」と言うことができるでしょう。

終わりに――人々を導いて信仰と仕事とを統合させる

リディーマー長老教会では、信仰と仕事を調和させるための弟子化訓練プログラムを作りました。このプログラムは、もう十年ほど、私たちのミニストリー全体の主眼点となっています。わずか三パーセントほどのクリスチャンしかいないニューヨークという大きな都市で、私たちの教会は〝居留外国人〟のような立場にあります。教会には、職場に貢献したいと努力する一方で、信仰を守ることに苦しんでいる人が多くいます。また、自分がクリスチャンであることが周囲にとって魅力的な要素であってほしいと願い、教会と一般市民との距離が広がることを嫌う人もいます。さらに、クリスチャンになったばかりで、仕事も含め、人生のすべてにおいてイエスに従うことの意味がまったくわかっていない人もいます。ここでの課題は、教会員の信仰と神学の知識を深めると同時に、教会員を福音の愛と真理をもって一般社会にかかわる人間にすることです。神によって私たちが置かれたその町の「平和と繁栄」を求める（エレミヤ29・7。新国際訳による）ように、社会のあらゆる場面で福音を実践できるよう、会員を助けてきました。

エレミヤはバビロンに捕囚に連れていかれたイスラエルの長老・祭司・人々に、エルサレムから手紙を書きました。その手紙の内容は、私たちのミニストリーの目的と流れを決めるなかで、重要な要素となっています。その手紙にはまず、イスラエルを捕囚に連れ出したのが、主なる神の責任であったことがはっきりと書かれています。大都市の暮らしの中で試練にあったとき、仕事で大きなプレッシャーがかかったとき、この手紙にあるように神の主権を思い出すことで、今、自分は神の望む場所にいるのだと確信できます。次に、エレミヤはイスラエルの民に「そこの繁栄は、あなたがたの繁栄になる」のだから、バビロンの平和と繁栄を求めなさいといっています。教会として、私たちは少数派であること、少数派でありながら、自分の住む町、仕事、職場、隣人を愛し、仕えるようにと、神に召されていることを理解しなければなりません。私たちは他の人が贖《あがな》いと回復の信仰に引き寄せられることを願いながら、また、町や世界のために、クリスチャンでない人々とともに働きます。居留外国人、あるいは捕囚の民を弟子にすることは、キリスト教が当たり前な社会で弟子訓練を行うのとは違います。キリスト教が当たり前で、すでにどんな言動をとるべきかが社会で教えられている場所で、その言動を取り戻すことを目標とする弟子訓練とは違うのです。リディーマー教会では、前者を「捕囚の弟子化訓練」と呼んでいます。

またリディーマー教会は、福音が私たちの心・コミュニティー・世界のすべてを変えるという神の約束に深く根差した教会です。アブラハム・カイパーは「人間存在の全領域において、キリストすなわちすべてを統べ治める主権者が『これはわたしのものだ』と叫ばない領域はほんの一平方センチメートルもない」(212)という言葉を残しています。クリスチャンの物語は、私たちの仕事、職場での人間関係、仕事を通じて触れる世界のすべての側面を変え、贖い、新しくする力があり、またその実現を約束しています。私たちの教会で行っている信仰と仕事を統合させるミニストリーは、この物語にある力と約束を常に掘り下げてきました。

信仰と仕事のよりよい融合を目指すとき、私たちはどんな人々を指導しているかということに注意を払う必要があります。これまで私たちが導いてきた人々はそのほとんどが、法律・芸術・金融・経営・教育・健康管理・テクノロジー・政治・建築・広告といった分野で強いキャリア志向を持っていました。また彼らは若く（平均年齢は三十三歳）、キャリアも浅く、七〇パーセントが独身でした。ミニストリー開始から九年が経ち、参加者は千五百人以上、そして百五十人を超えるボランティア指導者に上ります。この学びの中で、職場で福音をフルに実践するための基礎を成す具体的な思考（物語や価値観）や明確な言動（実践や習慣）のいくつかを、明らかにすることができました。

あなたが変化を起こしたいと思ったら、まず今、自分がどこにいるのか、そしてこれからどこに行こうとしているのかを考えることが役立ちます。三三五頁に掲載した表の左欄には、リディーマー教会の会員の中でスタート地点に立っている人の多くが持っている、さまざまな信条や思考が書かれています。第9章で話したように、そこにあるのは教会員の人生を形作っていく前提条件です。右欄には、教会で指導している、教会員の人生を作り直す物語を反映する信条が書かれています。右欄の考えが自分の中で現実的になると、私たちの思考・感情・行動が本当に変わります。こうしたアイデアは、本書の中でより詳しく具体的に説明されています。このリストの内容は、職場において、福音を完全に適用するために必要な意識改革の主たるものを、簡単にまとめたものです。

ほかの町から多くの若者がリディーマー教会にやって来ます。彼らは、個人の救いにしか福音を適用していない福音派の教会で育っています。私たちのミニストリーの中心は、そうした若者の福音の理解を広げ、(福音によって変えられた人間関係という形の中で)私たちの教会・組織・町・社会に福音を適用させることにあります。

変えられる前	変えられた後
1. 個人の救い	福音によって、すべてが変えられる（心・共同体・世界）
2. よい人であろうとする	救われている
3. 恵みに有難味を感じない	恵みを高価に感じる（罪の自覚）
4. 天国は「空の上」にある	キリストの再臨（地上に再び来られる）
5. 神は付加価値	神の摂理の中で、地上における神の働きに貢献することができる
6. この世界の偶像に囚われる	神のために生きる
7. この世界を嫌う	この世界のことにかかわる
8.「孤独なボーリング」（共同体の崩壊と個人主義化）	共同体を受け入れる
9. 人が大事	組織が大事
10. クリスチャンがいちばん正しい	神はどんな人を通してでも、みわざをなされる（一般恩寵）

信仰と仕事を調和させるミニストリーの多くは、正直で公平でよい人間であるためにはどうするべきか、という点から倫理を大切にしています。第7章の終わりでお話ししましたが、エステルのような素晴らしい人あるいはヒーローになることは、とても難しいことです（福音とは相容れないとすらいえるかもしれません）。よい人間であろうとすると、自分の罪との折り合いをつけるのが難しくなります。なぜなら、私たちの罪のためにキリストが死ななければならなかったからです。しかし、自分の罪を理解すればするほど神の恵みをもっと経験できる、ということを皆さんが理解できるよう、私たちが手助けしたいと思います。救われたことを喜ぶ生活は、よい人間であろうとする自己正義に基づいた生活よりもずっと満足が得られます。これが次のポイント、神が私たちのために払ってくださった代償は非常に高かったということにつながります。私たちのために死んでくださったキリストの死について深く考えるとき、私たちは謙遜《けんそん》になり、キリストに何かお返ししたいという気持ちになるのです。

次の二つのポイントもそれぞれに関係しています。〔私たちの魂が浮遊しているだけの天国は、私たちがこの世で想像しうるいちばん美しい都市に住める天国とはまったく異なります。〕この美しい都市には、私たちの木の絵があります（序章を参照）。あるいは、この崩壊した世界で便利だと思える道具も、その都市ではもっと完璧《かんぺき》になっています。この理解は、私たちの周りにある物質性に重要性を与えます。そして今生きているこの世界と、これから来る天の御国の両方が繁栄するために貢献しベストを尽くそうという思いにさせます。

第8章では偶像について話しました。偶像は私たちと神との関係を阻害し、心にあるプライドを強くします。リディーマー教会では、仕事の中にある偶像を見出すこと、人生のとげやあざみに立ち向かうときに人間が用いる偶像を見出すこと、神を持たないことがどんなに危険かということを理解できるよう手助けしています。心の中にある偶像の一つひとつから引き離されるたびに、私たちは神に近づき、神への信頼が増し加わるのです。

個人主義が行きわたった私たちの環境では、コミュニティーに対する聖書的な考え方に大きな抵抗があります。もちろん、人は誰《だれ》でもコミュニティーが、友情が、愛が欲しいと言います。しかし「責任」や「約束」という言葉を聞いたとたんに、人々はそうしたものに背を向けて一目散に逃げ出します。私たちクリスチャンは、神がコミュニティーの中で、またコミュニティーを通してどのように働かれるかを実際に示して見せる存在です。神が教会を建て上げられたのも、人間が協力して福音を伝えていくためでした。同時に、私たちは、キリストを知らない人々の善良さや雅量や愛に常に直面します。「私が一緒に働いている人が、私が知っているクリスチャンよりも素晴らしく見えるなんて、どういうことだろう」ということがあるでしょう。有名なフットボール選手やバスケットボール選手がクリスチャンだと公表するたびに、私たちは自分が世間から羨《うらや》ましがられる会員制クラブの一員になったような気持ちになり興奮します。イエスからいただいた力を通して他の人とは異なる際立った仕事をしようとするとき、それと同時に、福音という力の源を持たない何百人という人が、クリスチャンである私たちよりも優秀で、目立った仕事をするのを目にするのは、なかなか辛《つら》いものです。私たちが謙遜《けんそん》になり、神の主権を感謝するための重要な鍵《かぎ》は、一般恩寵《いっぱんおんちょう》を理解することです。

最後に、福音に満たされた仕事人生とは、「仕事で成功する10の法則」といったものに従うことでは決してないということをお伝えしたいと思います。こうした考え方は、自分を正当化し、福音の持つ美しさを鈍らせるのに最短の方法です。それでも、こうした本にあるアイデアのいくつかを端的にまとめることは、教会員の皆さんが職場で神学的により健全な考え方をするための手助けになってきました。

私たちの祈りは、神はどのようなお方か、そして神とのかかわりはどのようにするべきかという課題に取り組むなかで、私たちの教会が成長し、謙遜・愛・真理・恵み・正義において前進することです。また、ニューヨーク市に住む隣人が私たちの存在ゆえに繁栄することです。

リディーマー教会付属 仕事と信仰センター

二〇〇二年、リディーマー長老教会は組織再編を行い、ニューヨーク市におけるミニストリーに関して、五つの主要分野を決めました。その五つとは、⑴ワーシップと伝道、⑵コミュニティーの構築、⑶慈悲と正義、⑷教会開拓、⑸信仰と仕事です。教会は、信仰と仕事のミニストリーの立ち上げのために私（キャサリン）を採用し、ニューヨーク市のあらゆる職業に就いている教会員の力を通して、市内の社会的組織が持つ文化を刷新するビジョンの作成を始めました。この作業に携わった教会員は素晴らしい熱意を持っていました。私はこれまで、多くの新しい商品やサービスの開発に携わってきました。そこでは、何か月もの時間と莫大《ばくだい》な広告宣伝費が費やされます。しかし今回のプロジェクトでは、私の存在が正式に発表される前に、すでに問い合わせの電話が鳴り始めたのでした。

リディーマー教会付属 仕事と信仰センター（ＣＦＷ）には、当初予算がつきませんでしたが、実はそこには隠れた大きな需要があったのです。二〇〇三年時の一週間の集会出席者はおよそ三千人で、そのほとんどはクリスチャンになって日が浅い人々でした。また多くは社会人経験が浅く、職場では毎日の業務についていくのに必死で、そこで信仰を体現することとはほど遠い生活を送っていました。それでいて教会の中には、指導者や手本となる人が絶対的に不足していたのです。

教会の長老と私で、「仕事における意思決定」や「リーダーシップ」や「仕事における神学」といった一連のクラスを行いました。教会員が日々直面する問題について、聖書ではどのように語られているかを学び、また私たちが置かれたコミュニティーの必要をよりよく理解することに努めました。クラスに参加してくれた数百名へのアンケートで以下のようなことがわかりました。

- 職場で自分の信仰について語っている人→六パーセント
- 自分の職場や仕事について祈っている人→五五パーセント
- 神が自分の人生に求めておられることと自分の希望との間のバランスがとれない、両者をうまくまとめられない人→五〇パーセント
- 自分が仕事をしていること自体が社会貢献であると認識している人→数パーセント[213]

二〇〇五年、五年後にＣＦＷの施設を献堂しようという目的をもって教会全体に献金を呼びかけ、資金を集めることができました。ＣＦＷのミッションは「職場という領域において、教会員一人ひとりを整え・結びつけ・動かすことにより、共通の目標を達成するべく福音中心の変化を遂げさせること」です。教会員を整え・結びつけ・動かすという各要素のそれぞれの目的は、福音という灯《あかり》の中で、周囲とは違う形で仕事に臨む教会員にとって重要です。教会や家庭集会でさまざまな集いがあったとしても、信仰に対する考えに同じ枠組みがなければ、そこでの話は浅いものにとどまるでしょう。教会で教えられれば、教会員は教えられたことをちゃんと適用してく

れると思い込んで、教会が自分を〝教える場所〟としか考えないことがあります。しかし成人教育の研究では、新しい考え方を聞き（整える）、同志の中で話し合い（結びつける）、実際に事が起きたときにその考え方を適用する（動かす）ことができたときのみ、成人に変化が起きることがわかっています。

またこのプログラムでは、参加者の人数と、私たちが費やす人材や資金の量を考慮するようにしています。参加者の意欲が高ければ高いほど、私たちはより多く投資します。このようにして、二〇一二年から二〇一三年までの一年間に四十人が参加した「ゴッサム（ニューヨークの意）・フェローシップ」の集中プログラムには相当な投資をしました。三四五頁にあるピラミッドの底部は、プログラムに参加したのが、週末に一つの集会に一回だけ参加した人、あるいは一晩だけ講義を一回だけ聴いたという教会員です。ほとんどの人がこうした短期の参加でしたが、プログラムの参加費は共同負担しました。ＣＦＷが作った本プログラムの概要は、ウェブサイト（www.faithandwork.org）をご覧ください。また、三四五頁でも取り上げています。

ヴォケーション（仕事）・グループ

リディーマー教会のヴォケーション・グループは月例の集会です。毎月の集会を、特別講師を迎える集会や社会奉仕活動などでさらに補っています。各グループではボランティア・スタッフがリーダーを務め、自分と同じ職業の人々が、集まり、信仰を深め、福音という観点から職場の問題や機会について考えを深められるように参加者を助けています。

リーダーは、それぞれのグループの集会の流れやトピックについて、さまざまな工夫を凝らしています。現在、リディーマー教会のヴォケーション・グループは以下のような多彩な内容になっています。俳優、広告、建築、エンジニア&建設、ビジネス、ダンサー、教育、起業家、服飾、映画、金融、医療、高等教育、IT、国際外交、法律、博士課程在学生、ビジュアルアート、文筆業。

ゴッサム・フェローシップ

ゴッサム・フェローシップ（ワシントン・アービングがつけたニューヨーク市のニックネーム「ゴダム」に由来）は、神学とリーダーシップを学ぶ九か月の集中講座で、あらゆる職種の若者を対象にしています。アウグスティヌス、カルヴァン、オーエン、ルターなどを学び、自分の考えや人間関係、仕事への理解に福音を適用させる力を強めます。本プログラムを通して、職場生活が抱える現実的な状況や問題に適用できる神学的な枠組みや、霊的な実践方法を発展させることができます。開始から五年で修了生は百人を超えました。プログラム終了後も、修了生は教会や職場で奉仕し、また定期的な会合を持って、「互いに勧め合って、愛と善行を促すように注意し合」(ヘブル10・24)っています。

起業支援(Ei: Entrepreneurship Initiative)

リディーマー教会は、教会に通っていない、あるいはイエスに従っていない人々に働きかけるために、ニューヨークで開拓伝道を行っています。それに加えて、ニューヨーク市にある組織や団体で、エコシステムの構築を助ける活動もしています。またEiでは、ビジネスプラン・コンペを行っています。このコンペでは、ベンチャー・ビジネスを起業したばかりの人に、もっと神学的・戦略的に考えることを求めます。コンペの優勝者には賞金が与えられ、また教会関係者で経験豊富な実業家からの指導を受けられます。Eiは、投資家、管理職レベルの指導者やコーチ、経験豊富な起業家、経験の浅い起業家から成るネットワークを構築しており、こうしたネットワークを活用して、福音を中心とした新しいベンチャー・ビジネスを起こして、市に仕える環境を作ってきました。

芸術ミニストリー

リディーマー教会員の一五～二〇パーセントは、音楽、舞台、ビジュアルアート、ダンス、文筆業、デザインといった芸術関係の仕事に従事しています。ニューヨーク市に住むアーティストの多くは、教会は自分を誤解している、あるいは拒否していると感じています。それはアーティストの仕事内容がいわばキリスト教らしくない、つまり教会に直接関係ない、あるいは明確にキリスト教的なメッセージを発信していないからです。私たちの芸術ミニストリーでは、芸術と文化を通じて神学に関わることができるよう、アーティスト同士が作品を見せ合ったり、コラボレーションしたりする機会も提供しています。

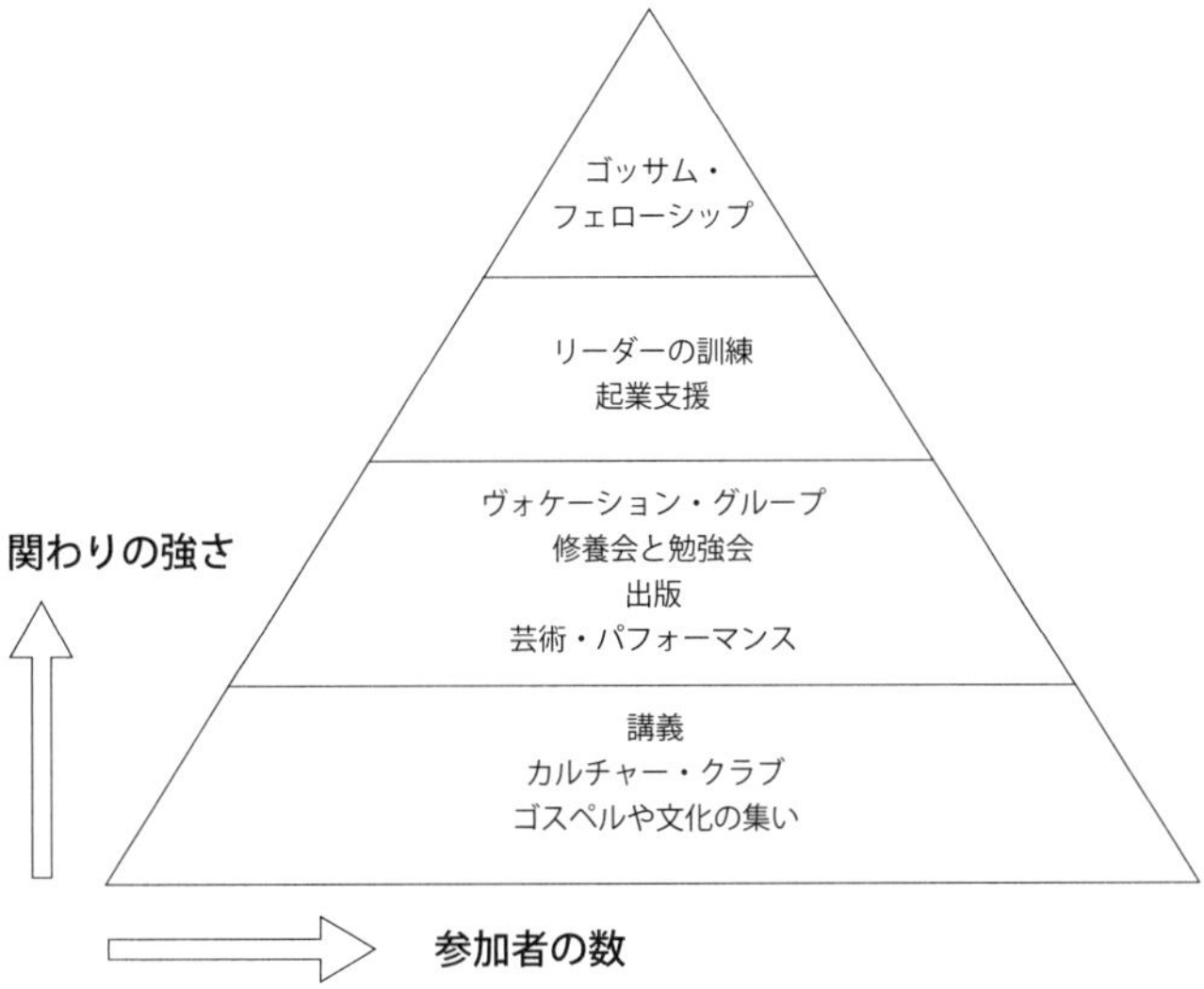
ゴッサム・
フェローシップ
リーダーの訓練
起業支援
ヴォケーション・グループ
修養会と勉強会
出版
芸術・パフォーマンス
講義
カルチャー・クラブ
ゴスペルや文化の集い
関わりの強さ
参加者の数

教会に基礎を置く弟子訓練

リディーマー教会とCFWでは、「信仰と仕事」のミニストリーと教会生活を統合することが、非常に重要であると考えています。これまで、CFWを独立させて非営利団体にする計画はないのかと何度も聞かれましたが、答えは「ノー」です。私たちのゴールは、聖書的な考えに基づき、「豊かな人生を送るためには仕事は必須《ひっす》である」という私たちの信念を形にすることです。教会は、既婚者、独身者、健康な人、病気の人、職場で働く人、自宅にいる人など、あらゆる人を受け入れる必要があります。教会を基本とした「信仰と仕事ミニストリー」は、以下の二つの理由から重要だと考えます。(1)仕事は時に試練となります。この試練を通して、神はその人の偶像を明らかにしたり、キリストの似姿に変えたりする機会となさいます。(2)教会員が自分の職場の人々に真摯《しんし》に仕えることによって、教会が世界全体に触れることになります。この十年の働きで私たちに明らかになったことは、教会員の生活や人生にとって、「信仰と仕事ミニストリー」の働きは非常に重要であり、このミニストリーはもはや無視されてはならないということです。このミニストリーは、社会に影響を与える人々を惹《ひ》きつけ、より福音に根差すようにさせました。また教会に、この世界に仕えるという共通のビジョンを与えました。そして、教会が仕えている社会において、教会の信頼性をより高めました。

ほとんどの教会はリディーマー教会よりも規模が小さいので、私たちとは違った形で、信仰と仕事を調和させるためのミニストリーを実践する必要があるでしょう。それでも、それぞれの教会に合う形で、信仰と仕事のミニストリーを行うことを強くお勧めします。まずはビジネス・芸術・サービス業といった基本的業種で働く人のためにヴォケーション・グループを作り、それぞれの分野における特別な問題や好機について話し合います。これは、ほとんどの教会でできることではないでしょうか。あるいは、牧師がさまざまな仕事に携わる二十～二十四人くらいの人を集めて、オズ・ギネスの『召命（*The Call*）』やアル・ウォルターズの『回復された被造物（*Creation Regained*）』を読み、その本に書かれている人生のヒントについて話し合うこともできるでしょう。リディーマー教会では、仕事での問題を、神学的な学びを通して解決したいと思っている人がいる、また毎日直面する状況について牧師に知ってほしいと思っている人がいることを知ることができました。

感謝のことば

本書の著者として、私とキャサリンの名前があります。しかし、私たちの背後にはチームがあり、その司令塔はスコット・カーフマンです。この本が皆さんの手元に届くためには、スコットの指導と素晴らしい編集作業が不可欠でした。ビジネス界での長い経験、神学に基づいた眼識と文章力、そのすべてが本書の作成のための準備だったといえるでしょう。この本が役に立つと思った方は、どうぞスコットに感謝してください。また、いつも私を助けてくれるデイビッド・マコーミックとブライアン・タートにも感謝します。二人が協力して編集作業に当たってくれるおかげで、リディーマー教会の出版部は急速に成長しています。

さらに、この本のトピックに関して、私の考えに大きな影響を与えてくれた二人の友人に感謝します。マイク・ボントレーガーとドン・フロウは、ビジネスの世界にいたクリスチャンです。そして二人は忠実にかつ喜びをもって、毎日の仕事と福音の信仰とを統合しています。私の仕事は、聖書を説き明かし、弟子をつくることです。しかしマイクとドンという二人の模範がなければ、そして二人が私を弟子化してくれなかったら、仕事に関する聖書の教えを私がここまで理解することはできなかったでしょう。

最後に、この本を献呈する信仰と仕事センターのスタッフに感謝します。スタッフは、日々の葛藤《かっとう》の中を生き抜き、仕事と信仰とを統合するとはどういう意味かを考え抜いてくれました。スタッフがそのように実践してくれているからこそ、この本を書くことができたのです。キャサリンのリーダーシップのもと、CFWのスタッフであるケニヨン・アダムズ、クリス・ドーラン、カルヴィン・チン、マリア・フィー、デイビッド・キム、アミリー・ワトキンズは、この本にある、仕事に対する神学をただ読んで学んだだけではなく、話し合い、適用させ、発展させ、周囲の人に教えています。それだけでなく、仕事の中で共に本書の内容を実践しようと常に努力しています。自分の仕事の動機を考え、心の中に福音を取り入れることによって、福音が自分を変えることを実感し、聖書に従って仕事をより豊かに高く評価することから来る喜びをもって仕事に臨んでいます。教会で聖職やスタッフになっていない一般のリーダーも、仕事で感じる「とげとあざみ」の中で活動しておられる神を垣間見《かいまみ》たい、という自分自身の動機や願いについて神と格闘しています。そして周囲の人が知識と行動において成長するのを助けたいと真摯《しんし》に思っています。私たちはリーダーたちを賞賛します。なぜなら、リーダーたちがこうしたことを実践していることで、福音の証拠が示されているからです。神がリーダーたちを置かれた都市において、来るべき神の国というよい知らせの証拠を示しているからです。

著者について

ティモシー・ケラーは、ペンシルベニア州生まれ。バックネル大学、ゴードン・コンウェル神学校、ウェストミンスター神学校で学ぶ。バージニア州ホープウェル市で最初の牧師職に当たる。一九八九年、ニューヨーク市にて妻キャシー、三人の息子とともにリディーマー長老教会の開拓をスタート。現在、同教会は日曜礼拝の出席者が五千人以上。また世界中で二百近くの教会の開拓を助けてきている。著書に *The Meaning of Marriage*〔『結婚の意味――わかりあえない2人のために』廣橋麻子 訳、二〇一五年、いのちのことば社〕; *Generous Justice*; *Counterfeit Gods*〔『偽りの神々――かなわない夢と唯一の希望』廣橋麻子 訳、二〇一三年、いのちのことば社〕; *The Prodigal God*〔『「放蕩」する神――キリスト教信仰の回復をめざして』廣橋麻子 訳、二〇一一年、いのちのことば社〕; *King's Cross*; *Reason for God*. 現在、家族とともにニューヨーク市在住。

キャサリン・リアリー・アルスドーフは、ハイテク業界にて二十五年の経験を持ち、経済アナリストおよびさまざまな経営幹部職を務める。ワン・タッチ・システム社およびペンサーレ社で最高経営責任者を務めた後、リディーマー長老教会に招かれ、経済界へのミニストリーを推進するために教会を指導。このミニストリーは現在、信仰と仕事センターとなり、一年間に二千人以上の人々に奉仕している。国際芸術運動（International Arts Movement）、舞台芸術フェローシップ（Fellowship for the Performing Arts）、仕事の神学プロジェクト（Theology of Work）の理事も歴任。

原注

序文

(1) C・ジョン・「ジャック」・ミラーは、ニューライフ長老教会の主任牧師。筆者の家族は一九八〇年中ごろにニューライフに所属していた。私の知る範囲では、出版されたジャックの本の中には、ここで引用した言葉は見つからなかったが、ジャックの教えや説教でよく使われた言葉である。

(2) Robert N. Bellah, "Is There a Common American Culture?," www .robertbellah.com/articles_6.htm.

(3) R・N・ベラー、R・マドセン、S・M・ティプトン、W・M・サリヴァン、A・スウィドラー『心の習慣――アメリカ個人主義のゆくえ』島薗進、中村圭志 共訳(みすず書房、一九九一年)三四五頁。

(4) 近代の「職場における信仰」運動史の概要をよく理解するためには(特に教会一致運動の立場に立つ主流派の教会におけるその起源を見るためには)David W. Miller, *God at Work: The History and Promise of the Faith at Work Movement* (Oxford, 2007)を参照。ミラー(Miller)は少数の福音派の学生団体、特に「学生ボランティア運動」や「世界学生キリスト教連合」(後に学生キリスト教運動に改名)などが、二十世紀初頭にその主眼を伝道や海外宣教から社会問題に移したことを記している。こうした動きにより、「信仰と秩序グループ」、「生活と仕事グループ」を含む多くの新しい会議や働きが生まれて一つになり、最終的に世界教会協議会が生まれた(p. 163, n. 43)。一九三七年、オックスフォードで行われた「生活と仕事に関する世界会議」では、特に職場と経済に信仰がもたらすインパクトを取り上げた。この会議は、教会の前には「偉大なる歴史的な任務、すなわち礼拝と仕事との間に失われてしまった一致を回復するという任務」が立ちはだかっていると書いたジョーゼフ・H・オールダムが指導した（Miller, *God at Work*, 31）。仕事に対する聖書的見解について二十世紀半ばに書かれた本のほとんどは、主流派の教会一致運動の立場に立つ教会から誕生したもので、キリスト教信仰のおかげで仕事がいかに社会倫理に敏感になったかということを強調する内容であった。こうした本には Alan Richardson, *The Biblical Doctrine of Work* (SCM Press, 1952); *Work and Vocation*, ed., J. O. Nelson, (Harper and Brothers, 1954); W.R. Forrester, *Christian Vocation* (Scribner, 1953); Hendrik Kraemer, *A Theology of the Laity* (Westminster, 1958)〔H・クレーマー『信徒の神学』小林信雄 訳（新教出版社、一九六〇年）〕; Stephen Neill and Hans-Ruedi Weber, *The Layman in Christian History* (Westminster, 1963) が含まれている。最後に挙げた本はおそらく、牧師や宣教師の仕事ではなく、教会の外で働く一般のクリスチャン社会人の仕事に光を当てた、唯一の教会史的書物といえる。よく知られているものとしては、エルトン・トルーブラッド（Elton Trueblood）の著書も重要であり、その中でも特に *Your Other Vocation* (Harper and Brothers, 1952) が挙げられる。

（5）二十世紀半ば、一般信徒が主体となったスモール・グループによる交わりを大切にする教会の中で、復興運動が起きた。この動きは多くの支流を生み、インターバーシティー・クリスチャン・フェローシップ、キャンパス・クルセード、ナビゲーターなど、第二次世界大戦後に新しく創設された福音派の大学伝道などでは、スモール・グループを用いた伝道方法が採り入れられた。しかしここでの主要人物は米国聖公会の牧師であるサム・シューメーカー師であろう。シューメーカーはニューヨーク市に「仕事に生かされる信仰（Faith at Work）」を、その後に「ピッツバーグの実験（Pittsburgh Experiment）」を創設。両組織とも、一般信徒によるスモール・グループを基本にし、ビジネス界にいる人々への伝道と職場に影響をもたらすことを主眼としていた（Miller, *God at Work*, 32）。

（6）主流派の教会は、仕事に関わろうとする信仰を主に資本主義に正義と社会倫理をもたらす努力として理解したが、この姿勢は疑いの目をもって受け入れられた。この動きとは反対に、保守的な福音派教会の多くは、キリスト教信仰をより個人的なものとして理解していた。福音派教会は市場資本主義により楽観的であり、そこでの改革を主眼とは考えていなかった。福音派教会にとっての最重要課題は個人の決心と救いの必要性である。そのため、職場においてクリスチャンとして生きるということは、主に同僚に伝道活動をすることであった。デモス・シャカリアンが創設したフルゴスペル・ビジネスメンズ・フェローシップやフェローシップ・オブ・カンパニーズ・フォー・クライスト・インターナショナルなどのペンテコステ派のグループは、主流派の動きとはまったく違う働きをしていた。ペンテコステ派は、職場において同僚に伝道できるように人々を訓練すると同時に、社会倫理よりも個人の倫理を強調すること、つまり誠実と正直をもって働くことに重きを置いていた（Miller, *God at Work*, 51）。

（7）ルター、カルヴァン、そしてそのほかのプロテスタント改革者は、職場における神学を中世のローマ・カトリック教会の神学とは対照的な形で唱えた。中世の人々は、人間の労働はこの世界における一時的なモノを得るために必要であると考え、来世における永遠のモノを得るためにはあまり意味がないと捉えていた。しかし改革者は人間の仕事を人間生活における神の目的のまさに中心であると考えた。カルヴァン派は神に栄光を帰す文化・社会を生み出すための、神の創造のわざを続ける手段として仕事を捉えた。ルター派は、神の創造物を守るというみこころのわざを行う手段として仕事を捉えた。しかし仕事に対するカトリック神学も、新しい動きを見せ始める。一八九一年、教皇レオ十三世の労働回勅から始まり、一九八一年のヨハネ・パウロ二世の回勅『働くことについて』まで、私たちは大きな変化を見ることができる。例えば、パウロ六世は神が人間に「地を満たせ、地を従えよ」と語った創世記1章28節について、「すべての被造物は人間のために造られた。知的な努力を払って被造物を発展させること、またこの労働を通して、言うならば、人間が用いやすいように被造物を完成させることは人間の責任である。これが聖書が最初のページから私たちに教えていることである」(Lee Hardy, *The Fabric of This World: Inquiries into Calling, Career Choice, and the Design of Human Work* [Eerdmans, 1990], 71 からの引用) と語っている。カトリックによる自然法則の理解と改革派による一般恩寵の理解とは類似している、と多くの人が指摘している。一般恩寵とはつまり、仕事を通してこの世界を豊かにできるよう、神はノンクリスチャンを含むすべての人間に知恵と眼識を与えているというものだ。まとめると、今日、カトリック教会で教えられる仕事の重要性とプロテスタント改革派の仕事の重要性の教えには、もはや大きな隔たりはなくなっている (Hardy, *The Fabric of This World*, 67ff.)。

(8) 仕事に対する私たちの理解に大きな役割を果たしたプロテスタント改革派については、この後の章でさらに詳しく記述する。

(9) 「ニグルの木の葉」が初めて掲載されたのは、『ダブリン評論』誌の一九四五年一月号である。書かれた時期については諸説ある。トールキンの伝記作家であるハンフリー・カーペンターによれば、原稿を依頼された一九四四年九月近辺であるとしているが（ハンフリー・カーペンター『J・R・R・トールキン――或る伝記』菅原啓州 訳〔評論社、一九八二年〕二三〇―二三二頁）、トム・シッピーは第二次世界大戦開戦近辺と主張している（トム・シッピー『J・R・R・トールキン――世紀の作家』沼田香穂里 訳、伊藤盡 監修〔評論社、二〇一五年〕四〇〇―四〇一頁）。現在では J. R. R. Tolkien, *Tree and Leaf and The Homecoming of Beorhtnoth* (HarperCollins, 2001) や J. R. R. Tolkien, *The Tolkien Reader* (Del Rey, 1986) などに収録されている〔邦訳としては、J・R・R・トールキン『妖精物語について――ファンタジーの世界』猪熊葉子 訳（評論社、二〇〇三年）、および『農夫ジャイルズの冒険――トールキン小品集』古田新一、猪熊葉子、早乙女忠 訳（評論社、二〇〇二年）に収録されている〕。こうした本には「ニグルの木の葉」とともに、トールキンの古典的エッセイ「妖精物語とは何か」の両方が収められている〔J・R・R・トールキン『妖精物語について――ファンタジーの世界』猪熊葉子 訳（評論社、二〇〇三年）所収。または「妖精物語について」という邦題で、J・R・R・トールキン『妖精物語の国へ』杉山洋子 訳（筑摩書房、二〇〇三年）所収〕。当該箇所にある「ニグルの木の葉」からの引用は、J. R. R. Tolkien, "Leaf by Niggle" in *Tree and Leaf and The Homecoming of Beorhtnoth*, 93–118 からの引用。

(10) この引用とその直後に続くトールキンの思考については、ハンフリー・カーペンター『J・R・R・トールキン――或る伝記』二三一頁からの引用。

(11) 前掲書、二三二頁。

(12) シッピー『J・R・R・トールキン』四〇二頁に引用あり。

(13) シッピーは「必ずの道行の前」で始まる古い英詩の『ビードの辞世の歌』を引用している。「必ずの道行」は必ず行かなければならない旅、すべての人が出なければならない長い旅、そしてその旅は（ビード曰く）その人の「臨終の日」に始まる。

(14) J・R・R・トールキン「ニグルの木の葉」（『妖精物語について——ファンタジーの世界』猪熊葉子訳〔評論社、二〇〇三年〕一九八頁）。

(15) トム・シッピーとハンフリー・カーペンターは話の最後について二種類の若干違う解釈を示している。カーペンターは、ニグルの木は「創造の真実の一部」〔邦訳二三二頁〕である、つまりその木は神の壮麗な国の一部としてずっと存在していたといっている。アーティストとして、ニグルはこの世に対し来るべき御国のほんの一部を、底流にある真理を垣間見る機会を与えている。シッピーの解釈はこれよりもさらに野心的だ。「ニグルへの報いは、彼の絵が旅の終わりに現実〔傍点は筆者〕のものとなっているのを見つけることであった。その時、彼の『準創造』は創造主に認められ〔ていた〕」〔邦訳四一四—四一五頁〕。言い換えれば、ニグルの芸術的想像力は神により、その御国において本物とされた、ということである。

(16) シッピーは、『ダブリン評論』がまず「カトリック教徒のあり方」〔邦訳四〇〇頁〕を表すような作品を書くようにトールキンに依頼した点を指摘している。言い換えれば、トールキンは自分の物語を特に創造性と芸術に対するキリスト教およびカトリック的理解を表すものとして見ていた、と指摘している。また、天の御国で「羊飼い」〔邦訳四一五頁〕つまり明らかにキリストを示すものがいることを示している点も指摘している。

（17）　Tolkien, *Tree and Leaf*, 3ff. 所収の有名なエッセイ “On Fairy Stories” を参照〔このエッセイの邦訳は「妖精物語について」として、J・R・R・トールキン『妖精物語の国へ』杉山洋子 訳（筑摩書房、二〇〇三年）所収〕。

（18）　カーペンター『J・R・R・トールキン――或る伝記』二三二頁。

（19）　前掲書。

第1章　神はどのような思いで仕事をデザインなさったのか

（20）　旧約聖書研究家のビクター・ハミルトン（Victor Hamilton）は「神の創造の働きは二度もわざと呼ばれている。『労働』を意味する単語は、旧約聖書に二種類ある。二番目の単語は、熟練を必要としない労働を強調している。一番目の単語は、ここで使われている単語であって、熟練を必要とする労働、つまり職人や芸術家によってなされるわざを意味している。これが神のわざの素晴らしさと高度な技巧を示している」と書いている。V. P. Hamilton, *The Book of Genesis: Chapters 1–17* (Eerdmans, 1990), 142.

（21）　旧約聖書の多くの箇所で主張されているように、すべての人に、それも召使いや家畜にすら六日間の労働と一日の休みが与えられている。このことがイスラエルと近隣諸国との違いを生んだ。「エジプトでは、限りなく繰り返される強制労働に一日の中断もなかった。礼拝をするために時間が欲しいというモーセの要求は、パロに嘲笑された。しかしヤハウェは『イスラエルの民をエジプトから連れ出し』、安息日を『休日』として祝うように命じられた。これは民がヤハウェに依存していることを宣言するだけでなく、民がすべての他の民族や権力からも独立していることを宣言するものであった」。J. I. Durham, *Word Biblical Commentary: Exodus* (Word, 2002), 290.

(22) 古代の創造神話について、良質にして簡潔に編纂したものが『オンライン版 ブリタニカ百科事典』にある。http://www.britannica .com/EBchecked/topic/142144/creation-myth.

(23) 聖書研究者のゲルハルト・フォン・ラート（Gerhard von Rad）は、イスラエルは他のどの近隣諸国とも違い、主と同じ神聖な力を持つものの存在を考えることはできなかったと主張している。Gerhard von Rad, *Wisdom in Israel* (SCM Press, 1970), 304（G・フォン・ラート『イスラエルの知恵』勝村弘也 訳〔日本基督教団出版局、一九八八年〕）。

(24) ヘーシオドス『仕事と日』一〇九—二一九行参照〔邦訳は、ヘーシオドス『仕事と日』松平千秋 訳（岩波書店、一九八六年）などがある〕。英訳はオンライン上で参観できる。*Elpenor: Home of the Greek Word*, http:// www.ellopos.net/elpenor/greek-texts/ ancient-greece/ hesiod/ works-days. asp−pg=4.

(25) G. J. Wenham, *Word Biblical Commentary*, vol. 1, *Genesis 1–15* (Word, 2002), 35.

(26) Ibid., 34.

(27) この件に関して、さらに詳しくは第3章「『育てる』という仕事」参照。

(28) この件に関して、さらに詳しくは第4章「奉仕としての仕事」参照。

(29) Ben Witherington, *Work: A Kingdom Perspective on Labor* (Eerdmans, 2011), 2.

(30) Lester DeKoster, *Work: The Meaning of Your Life* (Grand Rapids, MI: Christian Library Press, 1982), 17.

（31）ドロシー・セイヤーズ「人はなぜ働くのか」（『ドグマこそドラマ――なぜ教理と混沌のいずれかを選ばなければならないか』中村妙子 訳〔新教出版社、二〇〇五年〕一〇六―一〇七頁所収）。

（32）この概念に関して、さらに詳しくは Timothy Keller, "Is Christianity a Straitjacket?" *The Reason for God: Belief in an Age of Skepticism* (Dutton, 2008) 参照。

（33）ジャン・カルヴァン『キリスト教綱要　改訳版　第3篇』渡辺信夫 訳（新教出版社、二〇〇八年）第3篇第10章2、二〇六頁。

（34）セシル・F・アレクサンダーが作詞した英国国教会の賛美歌 "All Things Bright and Beautiful"

（35）ヨゼフ・ピーパー『余暇と祝祭』稲垣良典 訳（講談社、一九八八年）七〇―七一頁。

第2章　仕事の品格

（36）アイン・ランド『肩をすくめるアトラス』脇坂あゆみ 訳（ビジネス社、二〇〇四年）八四三頁。

（37）アドリアーノ・ティルゲル『ホモ・ファーベル――西欧文明における労働観の歴史』小原耕一、村上桂子 共訳（社会評論社、二〇〇九年）。Lee Hardy, *The Fabric of This World: Inquiries into Calling, Career Choice, and the Design of Human Work* (Eerdmans, 1990), 7 に英訳が引用されている。

（38）アリストテレス『政治学』一・八・九、『ニコマコス倫理学』一〇・七。いずれも前掲書に引用されている〔邦訳は、アリストテレス『政治学』山本光雄 訳（岩波書店、一九六一年）と『ニコマコス倫理学』上・下、高田三郎 訳（岩波文庫、一九七一・一九七三年）など〕。

(39) プラトン『パイドン——魂の不死について』岩田靖夫 訳（岩波書店、一九九八年）など。

(40) Hardy, *Fabric of This World*, 27.

(41) これはリュック・フェリーによるエピクテトスの教えの要約である。Luc Ferry, *A Brief History of Thought: A Philosophical Guide to Living*, trans. Theol Cuffe (HarperCollins, 2010), 45参照。

(42) Leland Ryken, *Work and Leisure in Christian Perspective* (Multnomah, 1987), 64.

(43) Hardy, *Fabric of This World*, 16.

(44) デレク・キドナー『創世記』遠藤嘉信、鈴木英昭 共訳（いのちのことば社、二〇〇八年）六五頁。

(45) Alec Motyer, *Look to the Rock: An Old Testament Background to Our Understanding of Christ* (Kregel, 1996), 71.

(46) V. P. Hamilton, *The Book of Genesis: Chapters 1–17* (Eerdmans, 1990), 135.

(47) Phillip Jensen and Tony Payne, *Beginnings: Eden and Beyond*, Faith Walk Bible Studies (Crossway, 1999), 15.

(48) Jeff Van Duzer, *Why Business Matters to God (And What Still Needs to Be Fixed)* (Inter-Varsity Press, 2010), 28–9.

第3章　「育てる」という仕事

(49) デレク・キドナー『創世記』七八頁。

(50) アダムとエバは動物を「従え」「支配せよ」と命じられたのだが、創世記1章29節では、堕罪が入る前の支配権において、人間が動物を殺したりその肉を食べたりすることは許されていなかったと指摘する解釈者が数人いる。創世記9章で洪水が起きた後になってやっと、神は動物を食する許可を与えておられる。したがって、「従える」「支配する」からといって、「搾取」してよいということではない。V. P. Hamilton, *The Book of Genesis: Chapters 1–17* (Eerdmans, 1990), 139参照。

(51) Albert N. Wolters, *Creation Regained: A Transforming View of the World* (Eerdmans, 1985), 36.

(52) http://www.tufenkian.com/about/james-tufenkian. html

(53) Mark Noll, *The Scandal of the Evangelical Mind* (Eerdmans, 1995), 51.

(54) もし（この「もし」が重要である）、あなたのプロジェクトが自分には利益を生まず、人間生活に価値を付加するものであれば、あなたは神がなされてきたことをしている。この範疇に入ることの最も顕著な例は、違法薬物の取引やポルノである。しかしほかにもたくさんのプロジェクトがあり、その多くは昨今の不景気のもとで陽の目を見るようになった。それは当該の取引が組織や顧客、株式保有者、あるいは社会全体には明らかにいい影響はないものの、個人には短期の利益を生み出すものである。

(55) Andy Crouch, *Culture-Making: Recovering Our Creative Calling* (Inter-Varsity Press, 2008), 47.

第4章　奉仕としての仕事

(56) 聖書の引用はほとんど新改訳聖書からであるが、ここでは原書であるギリシア語の意味をより強く引き出しているという観点から英語標準訳（English Standard Version）も援用した。

（57）議論のポイントは、21節でパウロが奴隷状態について、それが神に仕えることのできる「召し」だと述べている点にある。この議論に立ち入るのは私たちの範囲外である（新しい動機について語る本書9章とエペソ人への手紙6章を参照）。以下のことに留意するのが重要である。①21節で、パウロは、奴隷ではあるが、望めば自由を手に入れることができる状態で働いているクリスチャンに語りかけている。②古代の奴隷制のすべてが、近代のように奴隷を家財道具のように扱う奴隷制であったと考えるべきではない。この聖句をよく説明しているのが、R. E. Ciampa and B. S. Rosner, *The First Letter to the Corinthians* (Eerdmans, 2010), 306–28である。ここで「クリスチャンの奴隷が置かれていた状況を軽く扱わないように、パウロは注意している」（p. 327）と書いている。

（58）Ibid., 308–9.

（59）Ibid., 309に引用されている。

（60）R・N・ベラー、R・マドセン、S・M・ティプトン、W・M・サリヴァン、A・スウィドラー『心の習慣――アメリカ個人主義のゆくえ』島薗進、中村圭志 共訳（みすず書房、一九九一年）三四五頁。

（61）Ciampa and Rosner, *The First Letter to the Corinthians*, 309, n.184.

（62）Louis Berkhof, *Systematic Theology* (Eerdmans, 1949), 569参照。

（63）改革運動において、それ以外にルターに反対していた人々が宗教改革急進派のアナバプテスト（再洗礼派）だったことを思い出すことは興味深い。アナバプテストは、公の領域は基本的にサタンの領域であるとして、教会員が警察官や行政官といった公務員になることを禁じた。皮肉なことに、アナバプテストは、カトリックの慣例を十分に拒否していないという理由でルターやカルヴァンといった改革者を攻撃していたのに、アナバプテスト自身は当時のカトリック教会と同じように、この世における〝世俗的な〟仕事については否定的に見ていたのである。このため、ルター（そしてカルヴァン）のすべての仕事は神からの召しであるという教えは、カトリック教会やアナバプテストと対立するものであった。

（64）「キリスト教界の改善について　ドイツ国民のキリスト教貴族に与う」成瀬治 訳（『世界の名著23　ルター』松田智雄 編〔中央公論社、一九七九年〕八六頁）。

（65）原書では、欽定訳聖書を用いている。*Luther's Works: Selected Psalms III*, ed., J. Pelikan, vol. 14 (Concordia, 1958) 中のエドワード・シトラーの翻訳を参照。

（66）Ibid., 95.

（67）ルター『大教理問答』（『ルーテル教会信条集《一致信条書》』信条集専門委員会 訳〔聖文社、一九八二年〕六三八―六三九頁）より。

（68）Pelikan, *Luther's Works*, vol. 14, 95.

（69）Ibid., 96.

（70）Ibid., 100.

（71）Ibid., 96.

（72）*Luther's Works, Sermon on the Mount and the Magnificat* ed. J. Pelikan, vol. 21, (Concordia, 1958), 237.

（73） Hardy, *Fabric*, 45.

（74） これはルターのラテン語著作全集（ウィッテンベルク版、一五四五年）の序文からの引用。*Luther's Works*, vol. 34, *Career of the Reformer* (Fortress, 1960), 336–8 所収。

（75） *Luther's Works, Genesis Chapters 6–14*, eds. J. Pelikan and D. E. Poellot, vol. 2 (Concordia, 1960), 348.

（76） *Luther's Works, Sermon on the Mount*, vol. 21, 367.

（77） ドロシー・セイヤーズ「人はなぜ働くのか」（『ドグマこそドラマ――なぜ教理と混沌のいずれかを選ばなければならないか』中村妙子 訳〔新教出版社、二〇〇五年〕一〇三―一〇四頁）。

（78） ドロシー・セイヤーズ「教理か、混沌か？」（『ドグマこそドラマ』七六頁）。

（79） 前掲書、七七頁。

（80） Lester DeKoster, *Work: The Meaning of Your Life* (Christian Library Press, 1982), 5, 7, 9–10.

（81） ドロシー・セイヤーズ『ドグマこそドラマ――なぜ教理と混沌のいずれかを選ばなければならないか』一一三頁。

（82） William E. Diehl, *The Monday Connection: A Spirituality of Competence, Affirmation, and Support in the Workplace*, (HarperCollins, 1991), 25–6 で詳しく語られている。

（83） Ibid., 29.

（84） Ibid.

（85） ジャン・カルヴァン『キリスト教綱要　改訳版　第3篇』渡辺信夫 訳（新教出版社、二〇〇八年）、第

3篇第10章6、二一〇頁。

第5章　虚しいものとなった仕事

(86)　神がアダムとエバに対して、木の実を食べたら死ぬと言われたことから、アダムとエバは利己心から従うこともできただろうという人もいる。しかし話の流れから考えると、アダムとエバはその意味を理解できていなかったと考えられる。

(87)　ここでは、アダムとエバが神に背を向けたときに人類が罪を犯した、よってあなたも私も罪を犯したということを前提にしている。ローマ人への手紙5章12節はアダムの罪の中で「全人類が罪を犯した」と私たちに語っている。これは、私たちの個人主義的西洋社会では直感に反する考えである（しかし、西洋社会以外の他の世界では、この限りではないということをつけ加えなければならない）。キリスト教神学者がこの聖書的教えを説明してきた方法の一つに以下がある。アダムは完璧な人間の代表として、神に特別に造られた。そのため、私たちがその場にいたら、アダムとは違う対応をとったと反論することはできない。私たちがそこにいたらとったであろう行動（そしてまた今日も続けている行動）を、アダムとエバはそのままとったのである。このように、私たちは「彼らの中で」罪を犯したのだ。"Sin" in J. I. Packer and I. H. Marshall, eds., *The New Bible Dictionary, Third Edition* (Inter-Varsity Press, 1996), 1105ff. の記事参照。

(88)　ウィリアム・バトラー・イェイツ「再臨」（『マイケル・ロバーツと踊り子』所収。邦訳は『対訳 イェ

イツ詩集』高松雄一 編〔岩波書店、二〇〇九年〕一四九頁)。

(89) David Atkinson, *The Message of Genesis 1–11: The Dawn of Creation* (Inter-Varsity, 1990), 87.

(90) Alec Motyer, *Look to the Rock: An Old Testament Background to Our Understanding of Christ* (Inter-Varsity Press, 1996), 118–9.

(91) これは大きな問題である。ティモシー・ケラー、キャシー・ケラー『結婚の意味——わかりあえない2人のために』廣橋麻子 訳（いのちのことば社、二〇一五年）第6章参照。デレク・キドナーによれば創世記3章16節において、「統制する機能が完全な人格の領域から、受動的にせよ能動的にせよ本能的な衝動の領域へと移ってしまった」。「愛することと大事にすること」が「求めることと支配すること」になってしまうのがわかるという（デレク・キドナー『創世記』遠藤嘉信、鈴木英昭 共訳〔いのちのことば社、二〇〇八年〕九一頁)。

(92) Albert C. Wolters, *Creation Regained: A Transforming View of the World* (Eerdmans, 1985), 44.

(93) W. R. Forrester, *Christian Vocation* (Scribner, 1953), 129. 前掲書に引用されている。

(94) "Work, Worker" in *The Dictionary of Biblical Imagery*, eds. L. Ryken and T. Longman (Inter-Varsity Press, 1995), 966.

(95) 歴史上のサリエリとモーツアルトの真の姿は、戯曲の中に描かれているキャラクターと違うものと考えるべきである。

(96) ピーター・シェーファーの戯曲『アマデウス』の台本は次のホームページにある。*The Daily Script,*

http://www.dailyscript.com/scripts/amadeus .html (retrieved May 16, 2012).

（97）セバスチャン・スランとのインタビューから（Andy Kessler, "What's Next for Silicon Valley?" *The Wall Street Journal*, June 16–17, 2012 所収）。

（98）Crouch, *Culture-making*, 188. David Brooks, "Sam Spade at Starbucks," *The New York Times*, April 12, 2012 も参照。

（99）Isaac Watts, "Joy to the World." In Isaac Watts, *The Psalms of David: Imitated in the Language of the New Testament and Applied to the Christian State and Worship* (London: C. Corrall, 1818).

第6章　仕事は無意味

（100）Tremper Longman, *The Book of Ecclesiastes* (Eerdmans, 1998), 15–20.

（101）自分の知恵・金銭・力が増えていく様子を語っている伝道者の書の語り部は、父親であるダビデの後にイスラエルの王となったソロモンであるとされてきた。しかしこの伝承には大きな問題がある。それは伝道者の書そのものにある証拠から提起されている問題である。伝道者の書1章16節、語り部は「今や、私は、私より先にエルサレムにいただれよりも知恵を増し加えた。私の心は多くの知恵と知識を得た」と言っている。しかしソロモンの前にエルサレムからイスラエルを支配したのはダビデだけであるので、ソロモンがこの言葉を言ったとは非常に考えにくい。Longman, *Book of Ecclesiastes*, 2–9 を参照。

（102）コヘレトの人物像は、神を漠然とした遠い存在と見なしているため、無神論者というよりは世俗主義者である。しかしこの本の著者は、最後になって自分のことを「日の下」の人生がすべてではないと考える信仰の人であることを明らかにしている。聖書の中では伝道者の書と完全に同じような文学形式をとっているものはないが、最も近いのがヨブ記である。ここでもやはり、登場人物が初めに登場し、話の最後にその人物が肯定的かつストレートに評価されている。話の半ばでは、苦しむ主人公がうたぐるような自己矛盾するようなことを多く口にしている。

(103) Peter Shaffer, *Amadeus, The Daily Script*, http://www.dailyscript .com/scripts/amadeus.html (retrieved May 16, 2012).

(104) マイケル・A・イートン『伝道者の書』熊谷徹 訳（いのちのことば社、二〇〇四年）一二五頁。

(105) Hardy, *Fabric of This World*, 31. 二九―三七頁において、カール・マルクスが仕事をどのように理解していたかについて、ハーディーはすぐれた概観と批評を行っている。

(106) Ibid., 32 に引用されている。

(107) P・F・ドラッカー『企業とは何か』、『断絶の時代』、『ポスト資本主義社会』（ドラッカー名言集11、7、8）上田惇生 訳（ダイヤモンド社、二〇〇七―八年）参照。

(108) Derek Kidner, *A Time to Mourn and a Time to Dance* (Inter-Varsity Press, 1976), 47.

(109) David Brooks, "The Service Patch," *The New York Times*, May 24, 2012.

(110) Ibid.

(111) John A. Bernbaum and Simon M. Steer, *Why Work? Careers and Employment in Biblical Perspective*

(Baker, 1986), 70.

（112）ドロシー・セイヤーズ「人はなぜ働くのか」（『ドグマこそドラマ——なぜ教理と混沌のいずれかを選ばなければならないか』中村妙子 訳〔新教出版社、二〇〇五年〕一一八頁）。

（113）前掲書、一一八—一二二頁。

第7章　自己中心的になった労働

（114）デレク・キドナー『創世記』遠藤嘉信、鈴木英昭 共訳（いのちのことば社、二〇〇八年）一三七頁。

（115）前掲書、一三八頁。

（116）C・S・ルイス『キリスト教の精髄』柳生直行 訳（新教出版社、一九七七年）一九三頁。

（117）録音されたディック・ルーカスの説教 "Gen. 44–45: Story of Joseph Recalled and Applied: 4. No Way but down to Egypt" からの引用。もとは一九八九年六月二十六日水曜日、ロンドンの聖ヘレンズ・ビショップゲート教会で説教された。

（118）Raymond J. Bakke, *A Theology as Big as the City* (Inter-Varsity Press, 1997), Chapter 13: "The Persian Partnership for the Rebuilding of Jerusalem," 105ff. 参照。

（119）Karen H. Jobes, *Esther: The NIV Application Commentary* (Grand Rapids, MI: Zondervan, 1999), 146.

第8章　仕事が明らかにする自分の偶像

(120) Luc Ferry, *A Brief History of Thought: A Philosophical Guide to Living* (Harper, 2011), 3–12.

(121) マルティン・ルター「善きわざについて」(『ルター著作集　第一集2』福山四郎 訳〔聖文舎、一九六三年〕二〇—二三頁所収)

(122) ティモシー・ケラー『偽りの神々——かなわない夢と唯一の希望』廣橋麻子 訳（いのちのことば社、二〇一三年）参照。同書のほとんどは私的および個人的な偶像を見極めることに費やされているが、5章と6章の一部は文化・社会および共同体における偶像について触れている。

(123) Andrew Delbanco, *The Real American Dream: A Meditation on Hope* (Harvard, 1999), 3, 23, 91.

(124) 偶像や文化に関するニーチェの思想の概観は、Ferry, *Brief History of Thought*, 144–8 にある。ニーチェ「偶像の黄昏」(『ニーチェ全集14　偶像の黄昏　反キリスト者』原佑 訳〔筑摩書房、一九九四年〕所収）参照。

(125) ポストモダン脱構築の父ニーチェは「偶像崇拝」の餌食にならない生き方の概要を描こうと努力したが、それができなかったというのが一般的な理解である。ニーチェの相対主義や「ハンマーをもって哲学をする」といった考え方は、基本的には真理を要求していると指摘する声が多くある。最も説得力のあるフェリー（Ferry）の議論によれば、ニーチェは「偶像」を壊すという目的を持ちながらも、実際にはこの現実、つまりこのあるがままの世界を何か基本的に聖なるものに変えているということである。Ferry, *Brief*

History of Thought, 199–219 参照。

（126）Reinhold Niebuhr, *The Nature and Destiny of Man*, vol. 1, *Human Nature* (Scribner, 1964), 189.「自分が安全ではないとおぼろげながらも意識して気づくと、権力を得たいという渇仰が促進される」。「偶像礼拝が最も顕著な形をとると、ある中心点を基準として、その周りに意味の世界が組織されることになる。……この中心点は、例えば民族の生命だったり国家の生命だったりするが、この中心点は偶発的に生じるものであって、究極的なものではない」（165）も参照。

（127）Steven Brull, "No Layoff Ideal Costs Japan Dearly," *The New York Times*, November 26, 1992, http://www.nytimes.com/1992/ 11/26/business/worldbusiness/26iht-labo. html.

（128）Ferry, *Brief History of Thought*, 145–6.

（129）Philip Kitcher, "The Trouble with Scientism: Why History and the Humanities Are Also a Form of Knowledge," *The New Republic*, May 4, 2012.

（130）R・N・ベラー、R・マドセン、S・M・ティプトン、W・M・サリヴァン、A・スウィドラー『心の習慣――アメリカ個人主義のゆくえ』島薗進、中村圭志 共訳（みすず書房、一九九一年）参照。

（131）Ferry, *Brief History of Thought*, 122.

（132）Ibid., 126.

（133）例としては、テイラーがベスレヘム製鉄所（後のベスレヘム鉄鋼）にいたときに行った「スコップの科学」であろう。テイラーが到着したとき、およそ六百人の鉱夫がおのおののスコップと方法で石炭を掘っていた。何千時間もの分析を経て、テイラーは最も効率的なスコップの形と掘削方法を見出す。そのスタイルに変更し、鉱夫を厳しく監視した結果、使用されるスコップの数は三分の二も削減され、一日あたりの掘削量の平均も三倍になった。フレデリック・W・テイラー『新訳 科学的管理法』有賀裕子 訳（ダイヤモンド社、二〇〇九年）七六頁以下。Lee Hardy, *The Fabric of This World: Inquiries into Calling, Career Choice, and the Design of Human Work* (Eerdmans, 1990), 132 に引用されている。

（134） Hardy, *Fabric of This World*, 139 に引用されている。Stephen P. Waring, "Peter Drucker, MBO, and the Corporatist Critique of Scientific Management," Ohio State University Press, https://ohiostatepress.org/Books/Complete%20PDFs /Nelson%20Mental/10.pdf. という論文も参照。

（135） ニーチェの思考や影響に関する秀逸で肯定的な、それでいて鋭い概観は、Ferry, *Brief History of Thought*, Chapters 5–6, 143–219 参照。続く数段落は、フェリー（Ferry）の評論に基づく。

（136） Edward Docx, "Postmodernism Is Dead," *Prospect*, July 20, 2011, http://www.prospectmagazine.co.uk/magazine/postmodernism-is-dead-va-exhibition-age-of-authenticism 参照。

（137） Ferry, *Brief History of Thought*, 215–6.

（138） ジャック・エリュール『技術社会』上・下、島尾永康・竹岡敬温 訳／鳥巣美知郎・倉橋重史 訳（すぐ書房、一九七五・一九七六年）。

（139） Delbanco, *Real American Dream*, 96–7, 102.

（140） Ibid., 105.

（141）Wendell Berry, *Sex, Economy, Freedom, and Community: Eight Essays* (Pantheon, 1994); William T. Cavanaugh, *Being Consumed: Economics and Christian Desire* (Eerdmans, 2008); Richard A. Posner, *A Failure of Capitalism: The Crisis of '08 and the Descent into Depression* (Harvard, 2009) 参照。ポズナーは、資本主義の教えの中で大きな部分を占める教え、すなわち市場は自己修正できるという考えに対して反論している。ボブ・ハウツワールト「5　物質的繁栄というイデオロギー」『繁栄という名の「偶像」』宮平望訳（いのちのことば社、一九九三年）六二頁以下も参照。

（142）ダニエル・ベル『資本主義の文化的矛盾』上・中・下、林雄二郎訳（講談社、一九七六〜七七年）。

（143）Naomi Wolf, "This Global Financial Fraud and Its Gatekeepers," *The Guardian*, July 15, 2012, http://www.guardian.co.uk /commentisfree/2012/jul/14/global-financial-fraud-gatekeepers.

（144）Nicholas Wolterstorff, *Justice: Rights and Wrongs* (Princeton University Press, 2010), 145.

（145）この信仰と仕事を統合するための四つの方法と、キリスト教の仕事観を作り出しているさまざまな神学的「傾向」との間にある関係性に気づき、興味を覚える読者もいるだろう。9章の「仕事のための新たな物語」は、改革派による明確な世界観から、10章の「仕事に対する新たなコンセプト」はルター派によるすべての人間の仕事は神の創造物と人類を守る手段であるという観点から導き出されている。また12章の「仕事のための新たな力」は個人の救いや霊的成長を主眼とする保守的福音派の意見と調和し、また11章の「仕事のための新しい羅針盤」は仕事における倫理的言動、特に社会正義を強調する教会一致運動《エキュメニカル》の主流派の考えとある程度合致している。

(146) アラスデア・マッキンタイア『美徳なき時代』篠﨑榮 訳（みすず書房、一九九三年）二五七頁。

(147) さまざまな話と世界観がどのような関係にあるかということに関し、理解しやすい研究者の意見については、N. T. Wright, "Stories, Worldviews and Knowledge," *The New Testament and the People of God* (Fortress, 1992), 38–80 参照。この本は非常に有益で、世界観そして物語一般への素晴らしい理解（特に聖書においては、世界観が物語形式を通して語られるので）を深める一翼を担うであろう。

(148) Ibid.

(149) 概念の歴史の入門書として、また概念そのものの有用性を説いた説得力のある議論として、David K. Naugle, *Worldview: The History of a Concept* (Eerdmans, 2002)、および James W. Sire, *Naming the Elephant: Worldview as a Concept* (Inter-Varsity Press, 2004) 参照。ジェームズ・K・A・スミス（James K. A. Smith）は私たちに総合的な視点――その視点を通して現実を解釈する視点――があることを否定せず、またそれが物語の形式をとっていることに真に同意しているが、ほとんどの人は今日「世界観」を認知的に捉えていると主張している。スミスは、あなたの世界観は理性と情報だけで形成されている単なる教理的・哲学的信念のまとまりではないという。それはまた「無言」の知識、そして心の動きである希望と愛との組み合わせも含んでおり、この希望や愛はすべて意識的あるいは意図的に取り入れられるものではない。よって、世界観の形は議論だけ、あるいは政治だけによってできるものではない。むしろ世界観は私たちが取り入れる物語、特に私たちの心と想像力を捉える人類繁栄という魅力的で望ましい物語の結果である。こうした物語は単に（あるいは主に）教室で提供されるだけでなく、さまざまな文化的場所で見、聞き、読む話を通して提供される。James K. A. Smith, *Desiring the Kingdom: Worship, Worldview, and Cultural Formation* (Baker, 2009). スミスはカナダ人哲学者のチャールズ・テイラーを引用しながら、「社会的想像（social imaginaries）」という言葉が「世界観（worldview）」という言葉より適切であると提言している。

(150) マッキンタイア『美徳なき時代』二五九頁。Wright, *New Testament*, 38 に引用されている。

(151) スティーブンソン『人間本性にかんする七つの理論』川澄英男 訳（未来社、一九八二年）。

(152) 前掲書、六九頁。

(153) Albert C. Wolters, *Creation Regained: A Transforming View of the World* (Eerdmans, 1985), 50.

(154) "Two Murdochs, Two Views," *The Wall Street Journal*, August 24, 2012.

(155) Jay Rosen, "Journalism Is Itself a Religion," *Pressthink*, January 7, 2004, http://archive.pressthink.org/2004/01/07/press _religion.html. 参照。

(156) Andrew Delbanco, *College: What It Was, Is, and Should Be* (Princeton University Press, 2012), 94–95.

(157) C. S. Lewis, "Illustrations of the Tao," in *The Abolition of Man* (Collier, 1955), 7.

(158) Andrew Delbanco, "A Smug Education?" *The New York Times*, March 12, 2012, http://www.nytimes.com/2012/03/09/ opinion/colleges-and-elitism. html.

(159) 芸術界（本質的には聖職者・教義・寺院を備えた宗教界）の脱構築を描いた古典的作品は、トム・ウルフが一九七五年に書いた社会批評の小さな作品、『現代美術コテンパン』高島平吾 訳（晶文社、一九八四年）である。

(160) 偶像はすべて心の中で働くもので、恐れや願望を通して私たちをコントロールするものであるから、心理的偶像と社会学的偶像を完璧に区別することは不可能である。周囲に認めてもらいたいという強い欲求といった内在的な偶像は、いつも文化における偶像と一緒になって働いている。伝統的な文化において周囲に認められる方法は、西洋社会における個人主義的文化の場合とは異なる（実際、ある文化において承認される言動は、別の文化において人の気分を害することがある）。にもかかわらず、心理的偶像はいつも社会学的偶像と緊密に働き、私たちをコントロールし、私たちの目を曇らせる独特な〝偶像複合体〟を作り上げる。この件に関してはティモシー・ケラー『偽りの神々――かなわない夢と唯一の希望』廣橋麻子訳（いのちのことば社、二〇一三年）も参照。

(161) D. Martyn Lloyd-Jones, *Healing and the Scriptures* (Thomas Nelson, 1982), 14.

(162) 医師たちの発言は、著者との個人的やり取りから引用。

(163) Jerome Groopman, “God at the Bedside,” *The New England Journal of Medicine*, vol. 350, no. 12, March 18, 2004, 1176–78.

(164) Lloyd-Jones, *Healing and the Scriptures*, 50.

(165) Christian Smith, *What Is a Person? Rethinking Humanity, Social Life, and the Moral Good from the Per-*

son Up (University of Chicago Press, 2010), 203.

(166) C. John Sommerville, *The Decline of the Secular University* (Oxford, 2007), 69–70.

(167) Rodney Stark, *For the Glory of God* (Princeton University Press, 2004) と Diogenes Allen, *Christian Belief in a Postmodern World: The Full Wealth of Conviction* (Westminster, 1989) 参照。

第10章　仕事に対する新たなコンセプト

(168) すでに述べたように、（仕事は創造性であるという）世界観に基づくアプローチの仕方は、プロテスタント宗教改革の中でも改革派あるいはカルヴァン派の流れにつながる傾向がある。その一方で、（仕事は愛であるという）摂理に基づくアプローチの仕方はルター派につながる傾向がある。この件に関する概要をよく説明している本は、Lee Hardy, *The Fabric of This World: Inquiries into Calling, Career Choice, and the Design of Human Work* (Eerdmans, 1990), Chapter 2, "Our Work, God's Providence: The Christian's Concept of Vocation," 44–78 である。ここでハーディー（Hardy）は、ルター、カルヴァン、そして近代カトリックそれぞれの仕事観を概観している。

(169) Richard Mouw, *He Shines in All That's Fair: Culture and Common Grace* (Eerdmans, 2001), 14.

(170) 十八世紀の倫理学者フランシス・ハッチソンはこのことを説明するために有名な例を使っている。ハッチソンは、自宅の裏庭に巨額の価値がある宝物が眠っていたのを見つけた人の話を聞いたと想像してほしいと語る。しかしその後、その人がその宝物をすべて恵まれない人にあげてしまったことを聞いたとする。

自分だったら絶対にそんなことはしないとしても、そんなことをするのは馬鹿だと大声で触れ回ったとしても、その行いを尊敬せずにはいられないだろう。この行動には、道徳的な美しさという消すことのできない感覚があるからだ。

(171) Alec Motyer, *The Prophecy of Isaiah* (Inter-Varsity Press, 1993), 235.

(172) ジャン・カルヴァン『キリスト教綱要　改訳版　第1篇・第2篇』渡辺信夫 訳（新教出版社、二〇〇七年）、第2篇第2章15、二九七―二九八頁。

(173) 前掲書、第2篇第2章12、二九四―二九五頁。

(174) レナード・バーンスタイン『音楽のよろこび』吉田秀和 訳（音楽之友社、一九六六年）、八七―八八頁より。

(175) Timothy Keller, *Generous Justice: How God's Grace Makes Us Just* (Dutton, 2010). 第七章 "Doing Justice in the Public Square," pp. 148ff. 参照。Daniel Strange, "Co-belligerence and common grace: Can the enemy of my enemy be my friend?" *Cambridge Papers*, vol. 14, no. 3, September 2005, http:// www.jubilee-centre. org/document.php?id=48 も参照。

(176) このケース・スタディーは、Ted Turnau, "Reflecting Theologically on Popular Culture as Meaningful," *Calvin Theological Journal* 37 (2002), 270–96 に基づいている。ポップカルチャーと、いわゆる「ハイ」カルチャーの違いについて、ターナウほど広い考察を行うつもりはない。

(177) 文化に対するこれらの基本的アプローチに関する素晴らしい概説および実例の記述については、Andy

Crouch, *Culture Making: Recovering our Creative Calling* (Inter-Varsity, 2008), Chapter 5, "Gestures and Postures," 78ff. 参照。

(178) 「謙遜にかつ批判的」にかかわるとはどのようなことか。Timothy Keller, *Center Church: Doing Balanced, Gospel-Centered Ministry in Your City* (Zondervan, 2012), Part 5, "Cultural Engagement," 181ff. 参照。James D. Hunter, *To Change the World: The Irony, Tragedy, and Possibility of Christianity in Late Modernity* (Oxford, 2010) も参照。

(179) R. C. Zaehner. Steve Turner, *Hungry for Heaven: Rock 'n' Roll and the Search for Redemption* (Inter-Varsity Press, 1995), 1 に引用されている。

(180) Turnau, "Reflecting Theologically," 279.

第11章 仕事のための新しい羅針盤

(181) Sheelah Kolhatkar, "Trading Down," *The New York Times*, July 5, 2009.

(182) "Forswearing Greed," *The Economist*, June 6, 2009, 66.

(183) Fred Catherwood, *Light, Salt, and the World of Business: Why We Must Stand Against Corruption* (International Fellowship of Evangelical Students, 2007).

(184) "Why Was Transparency International Founded?" *Transparency International*, http://www.transparency.org/whoweare/or ganisation/faqs_on_transparency_international/2 /#whyTIFounded.

(185) Catherwood, *Light, Salt, and the World of Business*, 20.

(186) Paul Batchelor and Steve Osei-Mensah, "Salt and Light: Christians' Role in Combating Corruption," *Lausanne Global Conversation*, http://conversation.lausanne.org/en/conversations /detail/12129#article_page_4.

(187) Meera Selva, "UK Politicians: Banking System Is Corrupt," *Seattle Times*, June 30, 2012, http://seattle-times.nwsource .com/html/businesstechnology/2018564970_apeubritain banks.html. 参照。

(188) Hugh Heclo, *On Thinking Institutionally* (Oxford University Press, 2011).

(189) Bruce K. Waltke, *The Book of Proverbs: Chapters 1–15* (Eerdmans, 2004), 96. 拙著 *Generous Justice* (Dutton, 2010) はこの概念を発展させたものである。

(190) Lewis, *Abolition*, 95–121 参照。ルイスは北欧の異教、ギリシア＝ローマ文化、エジプト文明、ユダヤ教、儒教、仏教、キリスト教などの古代文化で広く確認される八つの特色を挙げている。こうした特色とは、⑴一般的な「善行」（つまり自分にしてほしいように隣人にもしてあげる）、⑵特別な善行（自分自身が属する人々・グループ・国への忠誠と愛）、⑶自分の両親や祖先への愛と尊敬、⑷子供や子孫への気配りと配慮、⑸「正義」（配偶者に対する性的な忠誠、法廷において真実を語り双方を公平に取り扱うことなども含む）、⑹約束を守る、⑺貧しい者や弱い者へのあわれみ、そして最後に⑻「素晴らしい気質」。すなわち勇気・自己鍛錬・道義心である。本章の続きで見られるように、キリスト教の「神学的美徳」はほとんど取り扱われていない。古代文化では、恵まれない人や弱者に対するあわれみが求められていたが、それは、人間は神のイメージに造られているゆえに、正しく取り扱われる権利があるという教えに基づいたものではなかった。むしろあわれみ深い言動は、尊敬を集める人が行うことだと認識されていた。つまり、あわれみをかける行動は貧しい人のためではなく、自分自身の幸せと栄誉のために行うものであった。アウグスティヌスがキリスト教の教理を用いて倫理に影響を与え、自分より弱い人をなぜ、そしてどのように取り扱うべきかということに関する古い異教の理解を変えた様子については、Nicholas Wolterstorff, "Augustine's Break with Eudaimonism," *Justice: Rights and Wrongs* (Princeton University Press, 2010), 180–207 参照。

(191) Thomas Aquinas, *Summa Theologica*, II.1.61. ホームページも含めて多くの英訳がある。例えば New Advent, http://www.newadvent.org/summa/2061.htm. 参照〔邦訳にはトマス・アクィナス『神学大全』高田三郎・山田晶・稲垣良典ほか 訳（創文社、一九六〇～二〇一二年）〕。

(192) Luc Ferry, *A Brief History of Thought: A Philosophical Guide to Living* (HarperCollins, 2011), 58–9.

(193) Ibid., 60.

(194) なぜ神がこの世界を造られたのかについて、この理解の仕方を最もよく敷衍した解説については、*The Works of Jonathan Edwards: Ethical Writings*, vol. 8, ed. Paul Ramsey (Yale University Press, 1989) にあるジョナサン・エドワーズの論文 "Concerning the End for Which God Created the World" 参照。

(195) Ferry, ibid., 58.

(196) アリストテレス『政治学』一・五〔アリストテレス『政治学』山本光雄 訳（岩波書店、一九六一年）

四二―四三頁)。

(197) ジャン・カルヴァン『キリスト教綱要　改訳版　第3篇』渡辺信夫訳(新教出版社、二〇〇八年)、第3篇第7章6、一八〇―一八一頁。ここに長い引用を紹介する。「大部分の人はそれ自身の価値によって評価すれば……最も相応しくない。だが聖書は、人はそれ自身の価値によって評価されるべきでなく、各々の内にある『神の形』すなわち我々に尊敬と愛を義務づけられている神の形が考慮されねばならないと説く時、最良の理由を示して助けてくれる。……あなたはその人が蔑視すべき無価値な人間だと言うのか。しかし主は、その人が御自身の形をもって飾られるに価することを示したもう。あなたはその人に何の義務も負っていないと言うか。しかし、神はその人をあたかも御自身の代理として立て、あなたが神に義務づけられているその分だけ彼に対して善行を行なうよう認めさせたもう。あなたはその人のために最小限の労苦を払う謂われもないと言うか。しかし、その人をあなたに推薦する理由となる神の形はそれに価しており、それにあなたとあなたの全てを差し出すべきである。……この人は私に対してまるで功績がない(とあなたは言う)。しかし、主はどういう功績を為したもうたか。……その人の悪を思わず、彼の内に神の形、すなわち……その美しさと価値の故に彼らを愛し受け入れるように我々を引きつけるこの御形を読み取ることを、忘れさえしなければ良いのである」

(198) 基本書は Brian Tierney, *The Idea of Natural Rights: Studies on Natural Rights, Natural Law and Church Law 1150–1625* (Scholars Press, 1997). Tierney, "The Idea of Natural Rights–Origins and Persistence," *Northwestern Journal of International Human Rights*, vol. 2, Spring 2004 も参照。

（199）神を信じない人が人権を信じ、大きな熱意をもって正義のために働くことは自明である（事実、この考え方は一般恩寵に対するキリスト教の理解に沿ったものである）一方で、彼らが人権に対して持っている信念は、知性によって支えられていると主張することは別のことだ。クリスチャンではない人のほとんどは、古代ギリシア＝ローマの思想家の多くが教えた信念を持っている。それはつまり、私たちは人間性を持たない宇宙から生まれたものであり、死後は未分化・無意識・非人格的な状態にあるモノに戻っていくという考え方である。しかし、キリスト教の立場に立たない政府や団体でも、古代文化が立っていた論理的にはより首尾一貫した立場に戻ることはなく、その代わりに人間一人ひとりには侵すことのできない尊厳と価値があるという立場に立ち続けた。彼らがそうしてはいけない、と妨げるものは何もない。またどのような観点からいっても、社会は、人間の生き方に関する古い考え方に戻らないほうがよりよくなる。しかし人権に関するこうした信条は、彼らの世界観から出てくる人間性の理解から見れば、大きな進歩である。なぜなら人権を大切にする信条は、神が存在しないとするよりも、神が存在するとしたほうが、より合点がいくことが多いからである。この件に関し、ニコラス・ウォルターストーフ（Nicholas Wolterstorff）は自著 *Justice: Rights and Wrongs* の15、16章に当たる“Is a Secular Grounding of Human Rights Possible?”と“A Theistic Grounding of Human Rights”でこの件を論じている。また、Christian Smith, “Does Naturalism Warrant a Moral Belief in Universal Benevolence and Human Rights?” in *The Believing Primate: Scientific, Philosophical, and Theological Reflections on the Origin of Religion*, eds. J. Schloss and M. Murray (Oxford, 2009), 292–317も参照。このように、非宗教的な何百万人という人々が人間の尊厳と権利を信じているが、こうした信念は本質的に宗教的である。

(200) 原書では、新国際訳聖書と欽定訳聖書とを合わせて聖句を引用しているが、邦訳書では新改訳聖書から引用した。

(201) 現代の読者は「奴隷」(5節)と「主人」(9節)という言葉にたじろぐ。こうした言葉を聞いてすぐに思い浮かぶのは、奴隷制度が人種差別に基づき、かつ一生の制約があり、基本的には子供を誘拐した近代のアフリカ奴隷売買だけだからである。しかし古代には数多くの「奴隷制度」が存在した。当時の奴隷制度のほとんどが厳しく残酷であったという証拠がある一方で、多くの奴隷はアフリカ人奴隷のように扱われることはなく、一般の生活を送り、給与を与えられていた。しかし仕事を辞めたり雇用主を変えることは許されず、平均で奴隷として十年働かなければならなかった。戦争捕虜が奴隷になることが多く、犯罪者の男性はガレー船の奴隷になるという判決を受けることもあった。また、当時は破産というシステムがなかったため、労働によって借金を返済するために、一定の期間だけ奴隷になることもできた。その結果はしばしば、借金を完済するまで数年間の年季奉公となることもあった。驚くべきことに、奴隷が自らの奴隷を抱えることもあった。また多くの奴隷が医師・教師・行政官・公務員などであった(Andrew T. Lincoln, *Word Biblical Commentary: Ephesians* [Word, 1990], 415-20 にある古代奴隷制に関する議論を参照)。リンカーン(Lincoln)は概説の中で、古代においては奴隷の存在なしに経済あるいは労働の構造を考えられる人は一人もいなかったといっている。残酷な形の奴隷制もあったが、奴隷制という概念——年季奉公であって、労働者には自分の技能を売り込んで他の雇用主に雇ってもらう自由はない——は既定のものであった。別の研究者の言葉を引用しながら、リンカーンは奴隷制は広く受け入れられていたので、「誰であれ、古代における奴隷制を『問題だ』と言うのは正しくない」（Westerman, 415 からの引用）と書いている。つまり、当時の社会では誰一人、奴隷自身ですら、奴隷制というシステムを廃止するべきだと思う人はいなかったのである。だからパウロの手紙は、奴隷制の廃止を目標としたものではなく、古代からあるこの多様なシステムを内側から変化させることを目指したものである。奴隷と主人との間の平等について、コリント人への手紙第一、ガラテヤ人への手紙、エペソ人への手紙、コロサイ人への手紙、ピレモンへの手紙の中でパウロが語った短い言葉に関して、研究者のF・F・ブルースは、「パウロの手紙がしようとしていることは、奴隷制という制度がしおれて死滅してしまうような雰囲気の中に私たちを導き入れることである」（F. F. Bruce, *Paul: Apostle of the Heart Set Free* [Eerdmans, 1977], 407）といっている。これは非常に正しい。太古の時代から、奴隷制度はすべての文化や社会で受け入れられていた。その後、最終的に奴隷制は廃止すべき忌むべきシステムであるという考えはキリスト教の中でのみ生まれた。それはなぜか。主にパウロが展開した福音の中に、そのような思いが含蓄されていたためである。すべてのクリスチャンはキリストの「奴隷」であって、キリスト自身も奴隷《ドゥーロス》あるいはしもべとしてこの世に来られた（ピリピ2・7）。パウロは、奴隷を持つクリスチャンの雇用主に、神の目には彼らと奴隷とは同じであり、兄弟として扱わなければならないとよく話している（Ⅰコリント7・22―23）。ガラテヤ人への手紙3章26―29節では、キリストにおいては奴隷も自由人もないと書いており、ここでも再びすべての人間は平等であることが語られている。この神学を取り入れたケース・スタディーがピレモンへの手紙である。ここでパウロはクリスチャンの奴隷であるオネシモをクリスチャンの主人であるピレモンに送り返している。ピレモンは、オネシモはピレモンにとって主にある愛すべき兄弟であり、同胞であるといわれる。Miroslav Volf, *Public Faith: How Followers of Christ Should Serve the Common Good* (Brazos, 2011) で、ヴォルフ（Volf）がいっているように、この教えは主従関係を作り変えたので、召使が雇用主のために働くという形は依然として残っていても、「奴隷制は廃止されてしまったのである、制度の外殻は残存していたとしても。……」(p. 92)。このことは当然、急速にクリスチャンの間で奴隷制度の土台を崩し、制度を弱体化させた。こうして奴隷制度は「内実が空になり」、最終的には廃棄されたのである。後に、新世界において人種差別に基づき、子供の誘拐によって人員を供給した奴隷制は聖書の原理原則から著しく逸脱するようになったため、クリスチャンは奴隷制度を廃止しようと闘うことになった。どれほど複雑であろうと、今日のクリスチャンはこの問題についてしっかり考えなければならない。キリスト教を批判する批評家の多くは、聖書は奴隷制を誤った形で認めているから、それ以外の教えに関しても間違っていると推測している。実際、聖書神学はクリスチャン共同体の中において、奴隷制度の持っている高圧的な本質を打ち壊し、最終的には、どうしても高圧的になる傾向がある奴隷制そのものを廃止するまでにクリスチャンを導いた。奴隷制は誤りであるという考えをキリスト教がどのように世界に教えたかについて、さらに知るためには、Rodney Stark, *For the Glory of God* (Princeton University Press, 2003), Chapter 4, "God's Justice." 参照。要約すると、パウロはエペソ人への手紙6章でクリスチャンに語りかけたとき、奴隷制そのものを否定したのではなかった（ローマ帝国では、そんなことを言っても無意味であっただろう）。パウロは奴隷制の中にいるクリスチャン一人ひとりに対して、彼らがどのような言動をとるべきか直接に語りかけている、そしてその内容が非常に革命的なのである。

(202) P. T. O'Brien, *The Letter to the Ephesians*, Pillar New Testament Commentary (Grand Rapids, MI: Eerdmans, 1999), 454.

(203) イエスが話しておられた時代、衣服は個人の富の大きな部分を占めていたため、衣蛾や害虫は大きな脅威であった。衣服の流行はほとんど変化しなかったので、衣服は他の人に譲られていった。そしてもちろん、人間の「盗人」は、私たちがいちばん大切にしているものを、いつでも取ろうとしていた。

(204) Jonathan Rushworth and Michael Schluter, *Transforming Capitalism from Within: A Relational Approach to the Purpose, Performance, and Assessment of Companies* (Relationships Global, 2011) 参照。

(205) Arlie Hochschild, *The Outsourced Self: Intimate Life in Market Times* (Metropolitan Books, 2012).

(206) 手始めに読むとよい文献を紹介する。資本主義については、Bob Goudzwaard, *Capitalism and Progress: A Diagnosis of Western Society* (Paternoster Press, 1997); John Medaille, *The Vocation of Business: Social Justice in the Marketplace* (Continuum Books, 2007). 経営判断については、Jeff Van Duzer, "How Then Should We Do Business?" in *Why Business Matters to God: And What Still Needs to Be Fixed* (Inter-Varsity Press, 2010); Lee Hardy, "Part Two: Applications," *The Fabric of This World: Inquiries into Calling, Career Choice, and the Design of Human Work* (Eerdmans, 1990). Rushworth and Schluter, *Transforming Capitalism from Within* も参照。全般的には、Michael Goheen and Craig Bartholomew, "Life at the Crossroads: Perspectives on Some Areas of Public Life," *Living at the Crossroads: An Introduction to*

Christian Worldview (Baker, 2008).

第12章　仕事のための新たな力

（207）Dr. Ann, "I Do, Therefore I Am! Aren't I?," *Crosswalk.* http://christiannewsrssfeed.blogspot.com/2012/06/cross walk-i-do-therefore-i-am-arent-i.html. に再録されている。

（208）ドロシー・セイヤーズ『ドグマこそドラマ――なぜ教理と混沌のいずれかを選ばなければならないか』中村妙子 訳（新教出版社、二〇〇五年）、一五八頁。

（209）前掲書、一五八―一五九頁。

（210）C・S・ルイス『キリスト教の精髄』柳生直行 訳（新教出版社、一九七七年）、三三九頁。

（211）エリック・リデルがクリスチャンでありプロテスタントの宣教師であった一方で、ジョン・コルトレーンの信仰を定義することは難しく、中にはコルトレーンは特にクリスチャンというわけではないと主張する人もいることを追記しておく。私はこの件に関し、どちらが正しいと判断する立場にはいない。しかしながら、コルトレーンが示している、神への愛と信仰と仕事との間のつながりは、活き活きとしていて正しい。

終わりに――人々を導いて信仰と仕事とを統合させる

（212）アムステルダム自由大学創立記念式でカイパーが語った講演より引用。*Abraham Kuyper: A Centennial*

Reader, ed. James D. Bratt (Eerdmans, 1998), 488 所収。

(213) "Reflections on Work: A Survey," *Redeemer Report* (church newsletter, no longer available), January 2004.

訳者あとがき

日本人にとって仕事はとても重要な要素です。仕事が生きがいであり退職後に人生の目的を失ってしまう人、仕事のせいで家族が崩壊してしまう人など、仕事によって人生が左右される人がいる一方で、仕事に意義や目的を見いだせず、いつも悶々《もんもん》としながら人生を過ごしている人もいます。クリスチャンとして、神が一番であり、神の御国のために生きることが人生の目的であるとは分かっていても、それを仕事という現実の生活の中でどのように実現していくかというと、戸惑ってしまうことが多いのではないでしょうか。

金融、エンターテインメント、政治、ファッションなど、あらゆることにおいて注目の的であり上昇志向の高い人々が集まるニューヨーク。そこでメガチャーチの牧師を務め、一流企業の要職にあったり、各分野で一流とされたりする友人や教会員にも囲まれてきたケラーが「働く」ということの意味を追究したのが本書です。仕事に関する本はたくさんあり、キリスト教を基礎にしていなくても有用なものはたくさんあるでしょう。しかしクリスチャンであっても、「神がデザインした」という観点で仕事を考えたことは、これまでどれほどあるでしょうか。「労働」「仕事」も神が創造されたものであり、今も神がその仕事の中に働いておられるということを、私たちはどれほど身近に、現実的に、また喜びをもって捉《とら》えられているでしょうか。哲学、歴史、文化、信仰などあらゆる側面からアプローチしながら、ケラーは「仕事」の意味を私たちに教えてくれます。ケラーが仕事に対する神のみこころとデザインをひもといていく中で、慣用句のように使われる「どんな仕事も大切」という言葉が、心の奥底までをゆさぶります。仕事は人生のすべてではないし、私たちのアイデンティティーを成すものでもありません。しかし、仕事は神がデザインされたものであり、強い思いをもって人間に与えられたものです。働くことの真意を照らしてくれるこの本が、ひたむきで、まじめな私たち日本人の「仕事観」を変えてくれることを祈っています。

最後に、本書の翻訳・出版に尽力してくださった皆様に、この場を借りてお礼を申し上げます。まず、今回翻訳の機会を与えてくださり、またその過程でさまざまなご配慮とサポートを頂いたいのちのことば社のスタッフの皆様。翻訳者の意向を反映させつつ、見守ってくださったことに感謝いたします。続いて、著者の真意をより正しく汲み取るため、また読みやすい日本語を導き出すため、多くの時間を犠牲にして共に悩み、意見交換をしてくれた友人のダイアン・ウィリアムス。異なる国の人や文化に興味を持ち、いつも温かい心で接してくれる彼女の愛と忍耐、そして神への献身の姿がなければ、私自身、ケラーの思いをこれほどダイナミックに受け取ることはできなかったと思います。さらに、翻訳に対する私の思いを理解し、いつも応援してくれる夫と息子。最後に、この世界を創造し、今この瞬間も私たちを愛し支えておられる全能の神に、心からの感謝を捧げます。神様の祝福が、協力してくださった皆様の上に、そして読者の皆様の上に豊かに注がれますように。

二〇一八年二月

訳　者

峯岸麻子（みねぎし・まこ）

青山学院大学英米文学科、ノースウェスト大学学際研究科、モントレー国際大学院翻訳・通訳学科卒。翻訳・通訳学修士。

翻訳・通訳業のかたわら、教会やビリー・グラハム・クルセード等、聖会での同時通訳および英語の聖書研究教材翻訳の奉仕に従事。

日本アッセンブリーズ・オブ・ゴッド教団溝の口キリスト教会伝道所多摩ヒルサイドチャーチ会員。

訳書に『ナザレのイエスは神の子か？』『それでも神は実在するのか？』『キリストの復活は事実か？』がある。

この世界で働くということ
――仕事を通して神と人とに仕える

2018年3月30日発行
2024年5月20日6刷

著　者　ティモシー・ケラー
訳　者　峯岸麻子
印刷製本　モリモト印刷株式会社
発　行　いのちのことば社
〒164-0001 東京都中野区中野2-1-5
電話 03-5341-6923（編集）
03-5341-6920（営業）
FAX03-5341-6921
e-mail:support@wlpm.or.jp
http://www.wlpm.or.jp/

ISBN 978-4-264-03894-8